日本のアジア外交
二千年の系譜

小倉和夫

藤原書店

まえがき

友好の歴史をひもとくことは、いたって易しいが、抗争の背景を探ることは、なかなか難しい。

たとえば、日中関係にしても、とかく次のような言葉をはく人が多い。すなわち、

「日中関係二〇〇〇年の歴史は、友好の歴史であり、二〇世紀の日中抗争の歴史は、長い友好の史書のほんの一頁にすぎない」

と。しかしこれは間違いである。

義和団事件を除くと、過去、日本と中国は、五回、戦火を交えている。宋朝をのぞけば、中国の主たる王朝あるいは政権のいずれとも、日本は、戦闘行為を行っている（元、すなわち蒙古の日本侵略には、宋王朝の降将、兵士たちも加わっていたことを勘定に入れると、宋朝も例外とは言えぬと言う人さえあるかもしれぬ）。

韓国ないし朝鮮との関係についても、

「朝鮮通信使を通じた、徳川時代の日本と朝鮮の関係を始めとして歴史的には、日韓両国は友好の絆で結ばれていた」

と強調する人たちがいる。本当にそうであろうか。

それも間違いである。

大和朝廷、平安貴族、鎌倉幕府、そして秀吉から明治の初めの征韓論まで、日本の内部では、常に、朝鮮に対する征服、支配、干渉の動きがあった。


今日、日本と中国との間、また、日本と韓国の間は、領土問題も手伝って、緊張関係にある。北朝鮮については、まさに、「懲罰」外交的姿勢が継続されている。

このように、緊張をはらんだ東アジア情勢のなかで、日本のアジア外交の明日のビジョンが求められている。


そうしたビジョンを考えるにあたっては、観察の時間軸を長くのばし、卑弥呼や聖徳太子の外交からも、教訓をえることが必要に思われる。なぜなら、日本近代のアジア外交が、欧米外交の従属変数になってしまったことの反省の上に立って、新しいアジア外交を再構築しなければならないと思われるからである。すなわち、日本外交が、欧米を中心とする国際社会にどう対応すべきかという課題をつきつけられた「近代」に突入する以前の段階で、日本とアジアがどう向かい合ってきたかを考察してみる必要があるのではなかろうか。

こうして時間軸を長くとって日本のアジア外交の軌跡を追ってみると、第一に浮かび上がってくる点は、日本のアジア外交が、とかく内政上の思惑によって影響をうけ、長期的な観点からの戦略性を欠きがちだったことである。従って、まず、外交と内政のからみあいが、どのような形で、日本のアジア外交に影を落としてきたかが、問われねばならない。

同時に、抗争や摩擦の背景として、国家観や領土観の問題があることに注目せねばなるまい。

今日の竹島、尖閣諸島問題にしても、一見、法的な意味での領土問題に見えるが、実は、その裏には「領土」にまつわる歴史観や国家観の問題が秘められている。一つの国家が、特定の理念、たとえば、抗日や克日といった「理念」を体現すべき精神的空間と見なされた場合、領土にまつわる問題は、そうした「精神」に結び付いた問題となる。裏を返せば、戦略的な外交においては、相手と連携するにせよ抗争するにせよ、国家を、単なる物理的領土としてではなく、ある精神を体現すべき精神的空間と見なすことを基礎としていると考えなければならない。

そうした意味から、本書においては、日本外交の「理念」とアジア外交との関連をまず冒頭で論じたものである。

小倉和夫

二〇一二年一二月

日本のアジア外交　二千年の系譜

目次

第二章　外交と連動する内政

第II部　日・中・韓の長期外交史

第三章　日中二千年史における五回の戦争とその背景

第四章　「征韓論」の歴史的系譜とその背景

日本のアジア外交　二千年の系譜

第Ⅰ部　日本の対アジア外交軸

第一章　日本におけるアジア外交の思想

1 日本の外交理念の枠を考える

外交は国益の追求であるという言葉は、言い古された表現だが、一国の外交が、その国の国際的な影響力の増大にあると考えると、そこに当然、思想や道義の問題が入り込む。また、一国の安全保障政策も、防衛力や経済力、さらには技術水準などの要素以上に、国民の意識や守るべき理念や道義の問題が影響する。

日本のアジア外交を考察するとき、そこに流れる思想、価値観、理念といったことも考慮せねばならないのは当然である。ところが、アジア外交と日本の思想との関連については、とかく二つの点にしか焦点があてられてこなかった嫌いがある。すなわち、大東亜共栄圏構想なども含む「侵略的」思想か、西洋植民地主義（あるいは近年では、アメリカとの関係を重視する政策）に抵抗する考えとしてのアジア主義の二つである。

けれども、日本の外交と安全保障政策について歴史をずっと溯って考察すると、問題の焦点は別の次元にある（すくなくとも、別の角度からの考察も必要である）ことがあきらかになってくる。すなわち、そもそも、日本という国家を、アジア（ひいては世界）に対してどのように認識して、外交を展開するのかという視点である。

日本という国家は、とかく一定の領土を持った地理的単位とみなされるか、あるいは、経済圏とみなされるか、あるいは、民族的文化的集団とみなされる場合が多い。しかし、アメリカという国家が、五十州からなる領土的単位である以上に、特定の思想や理念の団体であるように、日本についても、精神的空間としての「日本」という概念が存在するはずである。

いわゆる日本神国論は、日本という物理的領土が、神の特別の恩恵をうけているという意味をこえて、「日本」が一定の思想のもとに成立している空間であるという意味がこめられていると考えねばならない。

■日本神国論

日本という国家を精神的空間としてとらえ、そうした精神を守ることこそが日本の安全保障政策ないし外交政策の根本にあるとする思想が、日本歴史上、典型的に現れた例は、日蓮上人の、『立正安国論』であろう。

この書は、文応元年（一二六〇年）に作られ、北条時頼に上程されたものであり、その当時頻発していた自然災害の原因を、法然の唱える念仏宗の流行にもとめ、その禁断と「正法」の流布こそが、日本の国土の安寧につながることを説いたものであることは、よく知られているところである。

外交的に見て、この書が注目に値するのは、「正法」が流布されなければ、他国の侵略を招き、内乱が起こりかねないことを説いた点である。すなわち、ここでは、日本という国家が、「正法」によってこそなり立つ、精神的存在としてとらえられている。

この書が世に出てから数年後に、蒙古から通交を要求する来諜[1]が到来したこともあって、日蓮の書物は、きわめて大きな政治的外交的意味をもつこととなった。すなわち、神仏への祈願が、国防上重要な施策の一つと考えられ、現に、鎌倉幕府も、各地の寺院に祈願を呼びかけたこととあいまって、この日蓮の思想は、日本を神聖な国として守護しようとする思想へとつながっていった。

ここでは、外交上、あるいは安全保障上の理由から、国内の精神的ひきしめが必要であり、同時に、国内の内部の反対勢力を、外敵と同一視してゆく精神的メカニズムが働いていた。また、宗教論争が、高度に政治化されたことは、外交と思想が、密接に結び付いていたことを示している。

そしてそのことは、さらに言えば、時の政権が、権力や軍事力の中心であるばかりでなく、特定の思想的権威を授けられた主体であることを示すことにもつながるのであった。

こうした観点にたてば、日蓮上人本人の元来の意図はともかく、『立正安国論』は、外交と内政双方をにらんだ政治的思想にほかならなかった。

元来日蓮の考え方によれば、現世は、法（宗教的教え）を実現すべき場所である。従って社会なり、国家なり、そうした単位は、一種の宗教的単位となる。神国思想は、政治的に見れば、国家を理念なり思想空間とみることである。

そうなると、日本は神国である以上、その中での争いやけんかは控えるべきことになり、また国家の安全保障と精神的ひきしめは同一次元で捉えられることになる（国内の争いは、神国の中ではさし控えるべきとの主張は、例えば一二三六年の石清水八幡宮と春日社の水をめぐる争いの際にも見られたといわれる[2]）。

このような、神国思想の政治的機能は、一九三〇年代においても垣間みられたところである。治安維持法の実施、日本の植民地における神社参拝の奨励や強制などは、戦時体制に突入しつつある日本が、自らを一つの精神的空間として定義づけることと並行していたのである。

（1）東大寺所蔵になる漢文文書の日本語訳文（川添昭二『蒙古襲来研究史論』雄山閣出版による）は次の通り。
「上天眷命（いつくしまれたる）大蒙古国皇帝は、書を日本国王にたてまつる。朕惟《おも》うに古《いにしえ》より小国の君は、境土相《あい》接すれば、なお講信修睦につとむ。いわんや我《わ》が祖宗は、天の明命を受け、区夏を奄《えん》有《ゆう》す（ことごとく領土とした）。遐方《かほう》（はるかの地方）異域の、威をおそれ徳になつく者、ことごとくは数うべからず。朕は即位の初め、高麗の無辜《むこ》（つみなき）の民の久しく鋒鏑《ほうてき》（いくさ、たたかい）につかれしをもって、すなわち兵をやめ、その彊域《きょういき》をかえし、その旄倪《ぼうげい》（老人と子ども）かえらしむ。高麗の君臣は感戴《かんたい》して来朝せり。義は君臣なりといえども、歓《たのしみ》は父子のごとし。はるかに王の君臣も、またすでにこれを知らん。高麗は朕の東藩なり。日本は高麗に密邇《みつじ》し、開国以来また時として中国に通ず。朕が躬《み》に至りては、一乗の使の以て和好を通ずることなし。なお恐るるは王の国、これを知ること、いまだ審《つまびら》かならざるを。故に、とくに使をつかわし、書を持して、朕が志を布告せしむ。冀《ねがわ》くは今より以往、問を通じ好を結び、もって相《あい》親睦せんことを。かつ聖人は四海をもって家となす。相《あい》通好せざるは、あに一家の理ならんや。兵を用うるに至りては、それ誰れか好むところぞ。王、それ、これをはかれ。不宣《ふせん》。
至元三年八月　日」
（2）佐藤和彦・樋口州男『北条時宗のすべて』新人物往来社、二〇〇〇年、一五九頁

■イデオロギーと日本外交

外交に特定の道義やイデオロギーを反映させ、しかもそれを内政上の政策と連動させることは、なにも蒙古襲来への日本の対処の仕方だけに現れたわけではない。

豊臣秀吉が、一五九〇年来日した朝鮮通信使にあたえた文書[1]にはつぎのような趣旨の文言が含まれていた。すなわち、自分（秀吉）は、母の胎内に宿った時、母は、太陽（日輪）が体内に入ったという夢をみた、そして、易者は、生まれてくる者は天下にその名をとどろかせるであろうと予言した、自分は今この占いのように、日本、朝鮮、中国にその名をとどろかそうとする者である、というのである。

この文書は、直接的には、秀吉自身の「神格化」を表現しているが、それと朝鮮、中国への進出とが結び付けられていることは、秀吉の統治する日本自体が、神国化されていることに近い。いいかえれば、国内統治の理念と対外進出上の道義とが、日輪の子伝説、そして、日本の神国化によって結び付けられている。

こうした傾向は、明治時代における天皇神格化への動きにもあてはめることができよう。すなわち、国内統一と西欧植民地主義への対抗の論理と道義として、天皇の神格化が進行したのである。

このことを理解しておくことは、今日の対中国、対朝鮮半島外交の上でも重要である。中国が、靖国神社への政府要人の参拝問題について、きわめて神経質であることは、単に、第二次大戦の戦争責任やそれにまつわる国民感情の問題があるからだけではない。神社参拝の背後に存在した、天皇の神格化や「日本は神の国である」とする神国思想が、第二次大戦前の日本の政治外交上の道義であり思想であったからである。韓国が、植民地時代における神社参拝の「強要」を問題とするのも、植民地支配そのものへの反省の象徴であるのみならず、それを支えていた当時の日本の「思想」を問題とするからにほかならない。

さらに言えば、第二次大戦後、相当長期に亘って（中国の場合は一九七二年、韓国の場合は一九六五年まで）国交が開かれなかったことは、戦争や植民地支配の影響ばかりではない。自由民主主義と共産主義との対立というイデオロギー上の対立が、日本のアジア外交に大きな影をおとしていたからに他ならない。その過程は、とかく東西対立という言葉で片付けられがちであるが、実は、そこでは、日本という国家が、民主、自由という理念の空間としてとらえられており、日本の防衛は、民主、自由という価値の防衛であるとされていた。そのことが、長く、共産中国との国交を遠ざけ、また朝鮮半島と日本との関係を複雑化してきたことは否定できない。

（1）日本語原文（北島万次『豊臣秀吉の朝鮮侵略』吉川弘文館による）は次の通り。
「日本国関白秀吉、朝鮮国王閣下に答を奉る（鹿苑寺西笑兌長老之れを製す、大高檀紙を以て之れに書す）、雁書《(手紙)》薫誦《くんよう》（感動して読む）し、巻舒《けんじょ》すること（広げたりしまったりすること）再三なり、抑《そもそ》も本朝六十余州為りと雖も、此年《(近年)》諸国分離し、国綱を乱し世礼を廃し、しこうして朝政を聴かず、故に予感激に勝《た》えず、三四年の間、叛臣を伐ち、賊徒を討ち、異域遠島に及び、悉く掌握に帰す、竊《ひそ》かに按ずるに、予の事蹟は微陋《びろう》（いやしい）の小臣也、然りと雖も、予、托胎の時に当り、慈母、日輪の懐中に入るを夢む、相士《占い師》曰く、日光の及ぶ所、照臨せざるは無し、壮年必らず八表仁風《はっぴょうじんぷう》（八表は八方の極めて遠き果て。仁風は仁徳の教化）を聞き、四海威名を蒙るは、其れ何んぞ疑わん乎、此の奇瑞有るに依り、敵心を作《な》す者、自然摧滅《さいめつ》し、戦わば則ち取らざるは無し、既に天下大治し、百姓を撫育し、孤独を憐愍《れんびん》（憐れみいたむ）す、故に民富み財足る、土貢は千古に万倍す、本朝開闢以来、朝廷の盛事、洛陽《京都》の壮麗、此の日に如《し》くはなき也、夫れの世に生まるる也、長生を歴ると雖も、古来百年に満たず、鬱々として久しく此に居ず、予、国家の山海の遠きを隔つるに屑《くじ》けず、一超、大明国に直入し、吾朝の風俗を四百余州に易《うつ》し、京都の政化を億万斯年《おくまんしねん》（無限に長き歳月）に施すは、方寸《心》の中に在り、貴国先駆して入朝するは、遠き慮り有りて近き憂い無からん者乎、遠邦小島の海中に在る者、後より進む者は許容すべからざる也、予、大明に入るの日、士卒を将《ひき》いて軍営に臨《のぞ》まば、則ち弥《いよい》よ隣盟を修むべき也、予の願は他に無し、只だ佳名を三国に顕《あらわ》さんのみ、方物、目録の如く領納す、
珍重保嗇《ほしょく》（嗇は節制）不宣
天正十八年仲冬　日　　日本国　関白秀吉」

■卑弥呼《ひみこ》と鬼道

ひるがえって考察すると、日本とアジア諸国との二千年に近い関係において、日本は東アジア諸国との間で、あるいは道教、あるいは仏教、あるいはまた儒教といった「価値観」を、政治的あるいは戦略的意味をもって共有してきたことがわかる。

その嚆矢は卑弥呼である。

卑弥呼は、中国（魏）との間で、戦略的理由や内政上の動機から、ある種の「価値の共有」に基づく同盟を結んだ。

それは、一つには、『魏志倭人伝』に描かれている奇怪な風習、持衰《じさい》と関連し、また一つには、卑弥呼と中国との間の贈り物のやりとりに反映されている。

持衰とは何か。

それは、卑弥呼の使節が中国へ渡る航海に乗船した、不思議な人物である。この人物について、『魏志倭人伝』は、次のように言っている。

その行来や渡海、中国にゆくには、いつも一人の男子に、頭をくしけずらず、しらみがわいてもとらず、衣服は垢《あか》で汚れ、肉を食べず、婦人を近づけず、喪人のようにさせる。これを持衰と名づける。もし行く者が吉善であれば、生口（倭の留学生・捕魚者・捕虜・奴婢・動物など）や財物をあたえるが、もし病気になり、災難にあえば、これを殺そうとする。その持衰が不謹慎だったからというのである。(1)

この持衰については、文化的に考察すれば、一種の航海儀式ないしお呪《まじな》いにも似たものと解しうるし、また、海神信仰の象徴という考え方もあろう。(2)

しかし、持衰の持つそうした航海儀式的側面のほかに、ここには外交的、政治的意味がこめられていたと推測される。

そもそも卑弥呼は、多くの女性の巫女《ミコ》集団に奉仕されていたが、自らの意思を一人の男を通じて伝えていたことが想起されなければならない。このことから見て、卑弥呼が持衰という一人の人物を通じて自分のシャーマン的能力と権威、いわゆる鬼道の精神を中国に伝えようとしたことは十分考えられる。

現に、当時の中国では、張魯という道教系の教祖がいたとされており、朝鮮半島から中国東北地方において鬼神が祭られていた[3]。『魏志倭人伝』に、持衰の記述があり、また当時の中国に似たような鬼道、道教の風習があったことは、卑弥呼が、中国に対して、(自己の力の源泉を暗示する目的とともに)実は、邪馬台国と魏が、共通の「思想」、価値観によって結ばれていることを暗示しようとしたものと考えられる。

このことは、中国側が、(卑弥呼の意図に答える形で)卑弥呼に送った「贈り物」にも現れている。二三八年に、卑弥呼が魏に派遣した使節(難升米——発音はナニソグム)が、中国側に贈った贈り物と、お返しに受け取った中国側の贈り物のリストは、次表の通りである。

日本側賜物　男奴隷　四人
　　　　　　女奴隷　六人
　　　　　　斑布　二匹二丈

中国側賜物　竜模様の紅い絹織物　五匹

紅い絹の絨毯　十張
茜《アカネ》染め　五十匹
藍《アイ》染め　五十匹
紺地の文様の絹織物　三匹
細かい模様の絨毯　五張
白絹　五十匹
金　八両
刀　二口
銅鏡　百枚
真珠　五十斤
赤色顔料　五十斤

ここで注目すべきは、中国側の贈りものが（日本側の贈り物に比べて極めて豪華であることの他に）、その内容において、卑弥呼の鬼道あるいは呪術の儀式と関連する品物をわざわざ選んでいることである。すなわち、絨毯、銅鏡、真珠、赤色顔料などが目につく。これは、中国側が、卑弥呼の鬼道的力を認知した上で、そうした「思想」をいわば、共有せんとする意志を暗示したものと解し得よう。

このように、邪馬台国と魏との関係は、当時卑弥呼が、戦争を辞さなかった狗奴国《くなこく》との対立、そしてまた、魏、呉、蜀三国が相争っていた中国情勢を背景とした、一種の同盟関係であったが、その関係に深さと広さを与えたのは、共通あるいは類似した価値観の共有であったといえるのではなかろうか。

（1）石原道博編訳『新訂　魏志倭人伝』他三篇、岩波文庫、一九八五年、八一頁
（2）武光誠・山岸良二編『邪馬台国を知る事典』東京堂出版、一九九九年、一二九頁以下
（3）同右、六九頁以下

■価値の共有と内政

卑弥呼のケースが暗示しているように、国と国との間の戦略的関係が、「共通の価値観」によって強化されるとき、そうした価値観は、単に外交的意味を持つばかりではなく、お互いの国内の政治体制の維持、強化をも含意している場合が多い。

聖徳太子が、隋に送った遣隋使の場合もそうした色彩が強い。六〇七年、小野妹子が、隋に渡った際持参した国書には、

「聞く、海西の菩薩太子、重ねて仏法を興すと」

との文言があり、当時の大和朝廷と隋王朝とが、仏教の信仰を共有することが強調されていた。遣隋使が、仏教の導入をその大きな目的の一つとしていたことは、国書の文言もさることながら、妹子

に仏教僧が数十名同行したことからもあきらかである。そして、この場合、当時の日本の政治において、氏族毎の氏神信仰から国家レヴェルの統一された国教たる仏教への転換をはかることによって、天皇を中心とする国家体制を樹立しようとする、内政上の要請があったことは明らかである。

価値観の共有が強調されるとき、それは外交的意味を越えて、内政上の意味合いがふくまれているのである。

このことは、徳川綱吉が、一六五三年、将軍就任祝賀のための朝鮮通信使の受け入れに熱意を示したことにも現れている。

綱吉政権にとって、朝鮮通信使の受け入れは、政権の思想的基盤強化とも間接的につながっていた。すなわち、綱吉政権は思想や学問を重視し、いわば武に代わる文治の政治の定着化をすすめようとした政権であり、その一環として、儒学（朱子学）の振興を図り、学問所として昌平坂聖堂を設立したことで知られる。このように儒学の官学化を図ろうとする政権にとって、儒学を統治の中心にすえていた当時の朝鮮との交流は、いわば政治的価値観の共有という意味をも持っていたと見なければならない。

こうした観察に従えば、徳川時代のいわゆる朝鮮通信使を通じる交流も、李朝朝鮮と徳川政権が、共に儒教的思想を統治の根幹においていることを相互に確認しあうことに一つの大きな意味があったと考えることができよう。

このように理解すれば、徳川時代の朝鮮通信使の接受にあたって、禮式をめぐって日朝双方が神経

表 1-1　朝鮮通信使一覧

年	朝鮮	日本	将軍	使者・記事
1607	宣祖 40	慶長 12	徳川秀忠	呂祐吉、慶暹、丁好寛　捕虜送還。回答兼刷還使。国交再開
1617	光海君 9	元和 3	〃	呉允謙、朴梓、李景稷　捕虜送還。回答兼刷還使。日本統一の祝賀
1624	仁祖 2	寛永元	家光	鄭岦、姜弘重、辛啓栄　回答兼刷還使。家光襲職の祝賀
1636	仁祖 14	寛永 13	〃	任絖、金世濂、黄戻　泰平の祝い
1643	仁祖 21	寛永 20	〃	尹順之、趙絅、申濡　家綱生誕祝賀　これ以後通信使と称す
1655	孝宗 6	明暦元	家綱	趙珩、兪瑒、南龍翼　家綱襲職の祝賀
1682	粛宗 8	天和 2	綱吉	尹趾完、李彦綱、朴慶俊　綱吉襲職の祝賀
1711	粛宗 37	正徳元	家宣	趙泰億、任守幹、李邦彦　家宣襲職の祝賀
1719	粛宗 45	享保 4	吉宗	洪致中、黄璿、李明彦　吉宗襲職の祝賀
1748	英祖 24	寛延元	家重	洪啓禧、南泰耆、曹命采　家重襲職の祝賀
1763-64	英祖 40	明和元	家治	趙曮、李仁培、金相翊　家治襲職の祝賀
1811	純祖 11	文化 8	家斉	金履喬、李勉求　家斉襲職の祝賀。（対馬で応接）

権仁燮『朝鮮と日本の関係史』明石書店、2000 年、218 頁の表を基に若干著者が補正

質になり、時として厳しい折衝が行なわれた理由も自ら明らかになる。すなわち、儒教的思想とそれに基づく禮式の共有を確認することこそが、日朝双方にとって大切だったからである。

■近代化の思想の共有

歴史的にみて、次に問題となるのは、明治以降、近代において、日本はアジア諸国と、思想と理念を共有したか否かであろう。

明治、大正時代の日本が、第一に掲げていた理念は、社会の近代化であろう。この理念と思想を日本は、アジアと共有しようとしたであろうか。

日本の近代化は、これを、国際的側面からみれば、自らの西洋化によって、己れの地位を国際社会において認知してもらうという側面と、西洋植民地主義から自らを守るという側面をもっていた。

この両者が、交差するところで、アジアにおける旧秩序たる中華思想的秩序の除去という問題が生じた。中華秩序をなんとか守りつつ近代化をはかろうとする中国、そして、儒教思想からの脱却をためらう韓国王室とそれをとりまく政権を前にして、近代化の論理と理念をアジアに及ぼそうとした日本は、そうした近代化の精神を真に共有しうるパートナーをアジアに見いだせなかった。

日本の近代化は、かくして中華帝国の崩壊を早め、朝鮮半島を「日本化」する行為へとつながった。

その結果は、今日にいたるもその影をおとしている。たとえば、中国や韓国が、それぞれの経済発展路線が軌道に乗った後にも、（あるいはその前よりむしろ後になって）日本との「過去」の問題を外交問題化しがちである理由の一つはここにある。

なぜなら、もし、現在、近代化と経済発展の論理と思想を、これらの国々が、本当に日本と共有できるためには、中国、韓国の近代化に果たした日本の役割を、客観的に見直さなければならないからである。しかし、日本の果たした役割を認めることは、日本と協力した人々の役割の再評価にもつながりかねない。そして、そこには、第二次大戦後の中国や韓国の政権の正当性の問題が横たわっているのである。

いわゆる「過去」や歴史認識の問題が、いつまでも、日中、日韓の間で政治問題になりやすい一つの理由は、（表面的な国民感情の問題もさることながら）近代化の論理と思想を、長い間、日中、日韓両国は、真に共有できなかったからなのだ（このことは、日本と台湾との関係と対比してみればとりわけ明らかとなる）。

■思想的空間としての現代日本

今日、日本のアジア外交において、日本は、日本自身によって、如何なる思想的空間としてとらえられているであろうか。

この点を考えるにあたっては、まず、日本が現在、対外関係において、価値の共有を強調している相手である、米国との関係において、如何なる価値を重んじているかを、見てみる必要があろう。

日米間の主な共同声明またはプレスリリースを、過去五十年ほどの間をとって比較してみると、表

1―2のように、一九八〇年代末期から、日米間のパートナーシップという点が強調され、それと並行する形で、「価値の共有」が謳われていることがわかる。

このことは、一九八〇年代末以降、日米の同盟関係に、ある種の変化が生じてきたことを暗示している。すなわち、日米同盟は、長い間、双方の信頼関係の維持強化を基礎とした、二国間の防衛協力体制であったが、年月が経つとともに、それは、日米両国がパートナーとして、世界において特定の価値観の維持、強化を実現するための枠組みに変わったことを暗示している。

いいかえれば、東西対立といった冷戦構造のもとでのアジアの軍事的緊張に対処するためのものであった日米同盟が、世界的規模での防衛協力体制に変貌していったことを裏書きするものである。すなわち、価値の共有の強調は、同盟が、特定の国や陣営に対抗するためのものというより、一定の国際秩序とそれを支える「思想」ないし価値観を国際的に(そして国内的にも)維持強化するためのものになったことを意味している。

■現代日本のアジア外交における価値の共有

こうした歴史的考察と、日米同盟上の価値観の共有の内容と意義を観察してみた後、日本の現代のアジア外交における価値観の共有(または否定)の問題をどのように考えたらよいであろうか。

とりわけ、民主、自由、といった観念を、どこまで日本外交は、アジアにおいて適用してきたであろうか。

表 1-2　日米共同声明及びプレス・リマークにおける日米関係の定義づけの変遷

年月日	共同宣言または声明の主体	日米関係の定義づけ	日米関係を律すべき原則として言及されている事柄
1957 年 6 月 22 日	岸総理大臣 アウゼンハウアー大統領	共通の利益と信頼に基礎をおいた…緊密な関係	主権の平等、相互的利益及び協力
1965 年 1 月 13 日	佐藤総理大臣 ジョンソン大統領	共通の信条と共通の目的に基づく…盟邦関係	
1973 年 8 月 1 日	田中総理大臣 ニクソン大統領	共通の政治理念と相互依存感に基礎をおく友好協力関係	世界の平和と繁栄のために果たしている役割の価値を認識、共通の目的のための協力
1975 年 8 月 6 日	三木総理大臣 フォード大統領	成熟した、互恵的かつ補完的関係	建設的かつ創造的協力
1981 年 5 月 8 日	鈴木総理大臣 レーガン大統領	同盟関係	連帯、友好及び相互信頼
1985 年 1 月 2 日	中曽根総理大臣（レーガン大統領と会談後のプレス・リマークス）	かけがえのない日米関係	信頼、責任、友好
1989 年 9 月 1 日	海部総理大臣（ブッシュ大統領と会談後のプレス・リマークス）	地球規模のパートナーシップ	自由と民主主義という基本的価値の共有
1992 年 1 月 8 日	宮澤総理大臣とブッシュ大統領	グローバルパートナーシップ	政治的・経済的自由、民主主義、法の支配及び人権の尊重
1996 年 4 月 17 日	橋本総理大臣とクリントン大統領	歴史上最も成功している二国間関係	共通の価値、即ち自由の維持、民主主義の追求及び人権の尊重
2001 年 3 月 19 日	森総理大臣とブッシュ大統領	アジア太平洋地域の平和と安全の礎	友情、相互信頼及び民主主義という共通の価値観
2001 年 6 月 30 日	小泉総理大臣とブッシュ大統領	安全と繁栄のためのパートナーシップ	共通の価値観、相互信頼及び友情
2006 年 6 月 29 日	小泉総理大臣とブッシュ大統領	歴史に最も成熟した二国間関係	共通の脅威への対処、普遍的価値観の推進

「中華民国」との国交樹立、韓国との外交関係の樹立は、あきらかに、東西対立の状況とアメリカとの戦略的関係からの、当然の帰結と見るべきであり、そこに日本外交の価値観の反映があったとするのは、いささか後講釈的色合いが強い。

むしろ、民主、自由の価値観に基づく外交は、例えば、朴正熙《パクチョンヒ》政権時代の、韓国の民主勢力への政治的支援のありかたに反映されていたと見るべきであろう。朴政権時代、日本政府当局は、戦略的考慮から、軍事政権との関係を重視し、民主勢力の支援は、日本国内の野党および一部の有志にゆだねられていた。すなわち、ここでは、価値の共有よりも、戦略的利益が重視されていたといえる。

ところが、一九七九年十月、朴大統領が暗殺され、その後軍事クーデターによって全斗煥《チョンドファン》が政権を掌握すると、日本の鈴木政権は、約二年にわたるその政権下にあって、韓国との首脳会談をひかえるとの態度をとった。これは、全斗煥が、学生運動を武力で鎮圧した、いわゆる光州事件を始め、民主主義に逆行する行動をとったことに対する日本側の外交的留保であった。

同様に、一九八九年の、いわゆる天安門事件の後、日本は、欧米諸国とともに、対中国制裁措置に加わり、相当期間、ハイレヴェルの政治接触をひかえる政策をとったが、これも、いってみれば、日本の価値観を真っ向から否定する行動をとった中国政府への外交的措置であったといえる。ただ、この場合、日本は、「いたずらに、中国を国際社会で孤立させせれば、中国内部の穏健派の政治的勢力を逆に弱体化せしめるおそれもある」として、一部の欧米諸国とくらべると、人道援助や文化交流には柔軟な姿勢を示した。ここには、民主、自由といった価値の共有は、アジア諸国の場合、外部から強制的なかたちで押し付けられてはならないとする、日本の考え方が、色濃く滲み出ていたといえるだろう。

さらに言えば、ここには、外交における思想の役割についての、現代日本の、ある種の考え方が潜んでいた。

そもそも、ある価値観を外交政策にからめて打ち出すということは、その国なり社会を、そうした価値観を実現すべき空間とみなしていることを意味する。米国が、自由、民主を外交政策の上に強く反映させ、欧州諸国が、人権や平等の概念を、国際政治の上で強調するのは、米国という国自体の成り立ちが、民主、自由という概念によっているせいであり、また欧州連合が、「西欧的価値観たる、人権、平等」を連合の中心にすえているからにほかならない。

いずれの場合も、国なり社会は、そうした価値を実現すべき「教場」であり、その社会や国は、ある種の宗教的あるいは思想的空間となっている。

中国共産党の場合も、本来は、中国という国家なり社会は、共産主義という思想を実現すべき空間になっていることに注意を要しよう。このようにイデオロギーを中心に形成された国家に対して、違う価値観の共有をせまること自体、ある種の思想闘争であり、そうした闘争を外交にもちこむことに対して（とりわけアジアにおいて）、日本外交はためらいがちである。それは、かつてアジアでみずからが植民地支配や侵略によって、人権、民主を蹂躙した歴史があるからだけではなく、そもそも、現代の日本が、（民主、自由を標榜しているとはいっても）そうした特定の価値や理念そのものを国家形成の基本的要因とは必ずしもしていないからである。

しかし、ここには、さらに微妙な要因がからんでいる。それは、そうした「価値」そのものの、国際政治上の取り扱いについての日本の考え方である。

明治以来の日本の近代化は、単なる技術や知識、風俗を通じての日本の「西洋化」ではなかった。そこには、ものの考え方、そして時にはものの感じ方まで、「西洋化」される過程があった。その過程において、そうした「西洋化」が、社会的に受け入れられるためには、できるだけそうした過程が、「自発的」な、自然な形でおこなわれることが不可欠であった。一旦そのプロセスが、外からの強制によるものであるとの色彩が強まれば、予想外の抵抗が強まるおそれがあったからである。

そう考えると、アジアの民主化についての日本の外交姿勢は、実は、近代化の過程での、日本の苦い体験をひそかにアジアの国々と共有せんとする要素を含んでいるとも言えよう。

2　アジアの反植民地運動と日本

アジアの国々または人々との価値観の共有を考えた場合、道教、仏教、儒教といった、いわば伝統的価値観、あるいは宗教的思想のほかに、近代においては、(西洋)植民地主義への反抗という政治的信条ないし理念の共有如何という問題がある。

■ベトナムの反仏運動と日本

列国との協調により国益を確保し、日本の国際的地位を高めようと努力することを一方の極とし、他方、植民地あるいは半植民地化されていた多くのアジア諸国における反植民地運動を支援することをもう一方の極とすると、この二つの極の間のどこに政策の軸をおくかは、日本外交におけるジレンマであった。具体的に日本当局は、このジレンマにどのように対応したのであろうか。

一言で言えば、反植民地運動への支援を、日本の民間人が行うのは、大体においてこれを黙認する一方、政府自身は、中国（清朝）や欧米列強の利益を侵害しないよう意を用いた、と言えよう。そのことが、典型的にあらわれたのは、ベトナムの改革ないし革命運動に対する日本政府の対応であろう。

例えば、二〇世紀冒頭、ベトナムに、いわゆる東遊《ドンズー》運動がおこり、日本への留学生が増加しようとした際、日本の官立の海外留学生の受け入れ学校であった振武学校は、当初四名のベトナム人留学生を受け入れたものの、その後は、受け入れを拒否した。その結果、数百人の留学生は、日本の私立学校に入学した[1]。その時期は、丁度、日仏両国が、（フランス側にとっては）インドシナの権益擁護と、（日本側にとっては）台湾の対岸の中国南部の安定とを、言わば「取引」するかたちで、成立させた日仏協商の時代であった。

この過程で、注意すべきは、こうした日仏協商の成立の背景の一つに、当時、フランスにおいても高まりつつあった「黄禍論[2]」の影響があったことである。すなわち、黄禍論に象徴される日本の「脅威」を封じ込めるためにフランスは、日本を「協商」の枠に入れ込もうとし、日本は、フランスと協調することによって、台湾での権益を守るとともに、列国に「受け入れられる日本」をめざして、「アジア」の知識人の革命運動の傍観者になったのであった。

それだけではない。一九〇八年以降、外国人留学生の活動への取り締まりを強化した日本政府の政策[3]の背後には、ベトナム人の運動家、中国の革命家、朝鮮の独立運動家、そして日本の社会主義団体との連携の動きに対する警戒があったと考えられる[4]。

とどのつまりは、アジアの独立運動に対する日本政府の封じ込め政策は、帝国主義列強との協調による日本の植民地支配の確保と、それとひきかえの形での列国の植民地支配の是認と保全にほかならなかったのであり、こうした政策は、外交政策であるとともに、同時に、国内の政治的要請でもあった。

言ってみれば、日本自身の植民地支配の保全、そしてそのための列国との協調は、列国の中での黄禍論の高まりもあってそれだけに重要視され、加えて反植民地主義運動家と日本国内の共鳴者が結びついてゆく可能性が出るにつれて、外交上の要請に加えて国内政治上の要請が加わり、結局、日本のアジア外交の枠組みが次第にゆがんでいったのである。

（1）白石昌也『ベトナム民族運動と日本・アジア』巌南堂書店、一九九三年、四一二頁以下
（2）例えば一九〇五年一月十六日付 *Le Matin* の記事 "France et Japon" 及び一九〇五年一月十九日付 *Le Journal de Rouen* の記事 "Le Péril Jaune"

（3）小倉和夫「近代日本のアジア外交の軌跡」8、『環』二〇一〇年冬号、二三七―八頁
（4）同右、三二八頁

■フィリピン独立運動と日本

ベトナムにおける反仏、反植民地運動に対する日本政府当局の対処ぶりにやや類似したケースとして、フィリピンの独立運動のケースがある。

一八九九年四月、日本の有志と関係の深かった中国の革命家孫文は、フィリピン独立運動を指導していたアギナルドのために、武器調達を斡旋しようとしたことがあった。[1]武器は、輸送船の沈没もあって現地に届かず、蜂起の企ては結局失敗したが、この事件には、日本の軍部の間接的関与があるとされている。[2]ところが、その一方において、外交当局は、米国の反応を考慮して、アギナルド支援には反対しており、すでに当時（一九世紀末）においてすら、軍部と外交当局のアジア政策に考え方の違いがあったことがうかがえるのである。

ちなみにこの間、青木外相がフィリピン独立軍に対する武器供与につき、「米国から武器を売ってくれるなと依頼して来てゐるから、武器など売つてはならぬ」とのべている一方で、川上参謀長が、フィリピン国独立はとても無理だが、五十年、百年の後のフィリピン国民の対日感情も考えて、独立運動を支援すべしとの趣旨をのべていることは極めて象徴的である。すなわち、外交当局は、列国との（協調）外交という点を重視していたのに対し、陸軍は、今日でいうパブリックディプロマシイの

一環、すなわち民衆の「歓心を買う」点を重視していたのである[3]。

このことは逆に言えば、民衆に対する工作としてのパブリックディプロマシイは、軍事力の行使の可能性（既存勢力の軍事力による排除の可能性）と連動しやすいことを暗示している。第二次大戦前、日本の軍部がアジアの革命勢力を活用せんとし、外交当局が、国際協調の観点からそれを控えようとしたその裏には、国際秩序の現状維持とその改革をめぐる考え方の違いがあったといえる。

いずれにせよ、半植民地運動や反政府運動に対する外交政策においては、相手国政府や第三国との関係もさることながら、長期にわたるその地域の民衆と日本との関係という視点も忘れられてはならないであろう。

一九九五年、村山首相がベトナムを訪れたときに起こった外交的エピソードは、こうした視点の重要性を暗示している。村山首相一行とヴォーヴァンキエット首相以下ベトナム政府側との正式会談に先立つ少人数の会談において、キエット首相は、つぎのように述べたのである[4]。

ベトナム人は、苦しかった抗米戦争の時代において、日本社会党関係者はじめ、日本の有志の人々が、ベトナムを支援してくれたことに深く感謝している。

自民党と社会党の連立政権であった村山政権を率いる村山首相に対するベトナムの首相の言葉は、極めて意味深長であったと言えよう。

類似の様相は、一九九八年に成立した、韓国の金大中《キムデジュン》政権においても観察されたところである。

金大中政権は、長年にわたる日本の「大衆文化」の輸入についての制限を緩和したが、その背後には、かつて朴政権時代、金大中氏が指導する民主化運動に、日本の多くの知識人や文化人が賛同し、支持していたことも、影響していたと考えられる。(5)

(1) 葛生能世『東亜先覚志士記伝』上、大空社、一九九七年、六二九頁以下、宮崎滔天『三十三年の夢』二一一頁以下
(2) 藤井昇三『孫文の研究』勁草書房、一九九六年、二一頁
(3) 葛生、前掲書、六三〇頁。なお本件についての米国の在日公使からの申し入れについては、『日本外交文書第三二巻』布引丸一件参照
(4) 右少人数会談に同席した筆者のメモによる
(5) 金大中大統領は、大統領就任後も、かつて在野時代に親しかった土井たか子、田秀夫衆議院議員等と面談するなど、旧来の関係に配慮していたことがうかがえた

■反体制運動と反日運動

反植民地主義は、信条や思想をこえて、反体制運動に結びついていったが、反体制ないし反政府勢力は現存の国際秩序の改変と連動しやすいため、外交戦略の上で、反体制勢力と外国政府との連携はなかなか行なわれ難い。

しかしながら、政府当局が反日的傾向を有するかあるいは反日運動を黙認する傾向を持つ場合、政府当局への牽制として反体制運動を日本が活用することはあり得よう。

日本が、かつて、反政府勢力を活用して、反日勢力、そして(その背後で反日運動を「黙認」してい

た）時の外国政権を牽制しようとした例としては、孫文の活用があげられよう。

一九〇八年から一〇年頃にかけて、清朝は、高まる革命運動を前に、自己の政体を守るべく、革命派の取締りを各国に要請していた。そうした状況下で、いわゆる辰丸事件が発生した。これは、革命軍に武器を輸送中であった辰丸の船長が、清朝の官憲に逮捕されたことをめぐって、日本と清との関係が悪化し、同時に、中国で、日本品ボイコット運動などの反日運動がおこった事件であった。

このとき、孫文と親交のあった内田良平は外務省とも連絡をとりあいながら、孫文に接触し、反日運動の抑止への協力を要請した。孫文は、これに対して日本品ボイコット運動の背後には広東の清朝関係者の資金援助があるとして、これに対抗するためには、こちら側も資金が必要であると応酬したとされている。[1] この例は、日本が、反政府勢力を、反日運動の抑制に活用しようとした例といえよう。

こうした歴史的体験の政策的意味は、次のようにまとめることができる。

今日の世界において、権威主義的政権に反対する民主化運動に、日本が何らかの形で支持の姿勢を示すことは、欧米を中心とする「国際社会」の良識に日本もしたがっていることを示すためのものであると考えられやすいが、民主化運動が、その国の民衆レヴェルにおける反日行動を抑制する効果がある限りにおいて、そうした運動への日本の支持は、また別の次元において一定の外交上の意味を有すると言えよう。問題は、しかしながら、日本の場合、歴史的理由により、反政府的運動家への日本当局による（間接的にせよ）支持は、相手国政府の反発をまねき、相手国政府と民衆レヴェルの反日行動家を連帯せしめる恐れが多分にあり、そうした危険性が、日本外交の選択の幅を大きく制約していることもまた事実と言えよう。

（1）この間の経緯については、小倉和夫「孫文と日本外交」『環』二〇一〇年夏号、藤原書店

3 アジア・モンロー主義とは何か

アジアにおける「アジア的」外交思想を考える時、無視できないのは、ある種のアジア・モンロー主義である。

アジアにおいて、西洋植民地主義に対抗するとの考えは、アジアの事柄はアジアに任せるべしとの思想、ある種のアジア・モンロー主義的思想につながって行った。その際、そうした責任を負うべきアジアのリーダーこそ日本である、という考え方こそ、一九世紀末から第二次大戦にいたるまでの日本のアジア外交の一つの柱であったといえる。

この考え方が、日本外交の上で、最初に具体的な形で現れたのは、日韓併合にいたる一連の過程であった。一九〇四年二月に結ばれた第一次日韓協約の内容や、その直後に派遣された伊藤博文特派大使の言動には、日本のアジアにおける責任ないし使命が示唆され、それと裏腹をなすものとして、ロシアのアジア進出をくい止めることこそが、アジアの課題であるという考えが滲み出ていた。

この点は、「東洋恒久の平和」という言葉に象徴されていた。

日韓協約第一条には、「東洋の平和を確立する為」韓国政府は、日本政府の「忠告を容るる」こととなっていた。そして、この協約は、第三条において、日本が、「大韓帝国の独立及領土保全を、確実に保証する」としていた。[1] 当の日本自体が、数年後に、まさに韓国の独立を奪った歴史に照らせば、この一連の条項は、「アジアからの西洋勢力の排除とそのための責任が日本にある」との考えを暗示していた。

また、伊藤博文が携行した、明治天皇の親書には、日本が、ロシアに対して宣戦したのは「実に東洋恒久の平和を慮ればなり[2]」とされていた。

しかし、こうしたアジア・モンロー主義的考え方は、日本だけが強引におしすすめたものではない。当時の世界的帝国、英国も、アジアにおける日本の責任をむしろ奨励し、それこそが、いわゆる日英同盟の一つの背景となっていたのである。

日英同盟の交渉過程をみると、第一次日英同盟（一九〇二年）においては、日本が韓国において「必要な措置をとる」ことが認められるのは、第三国の侵略と自国民の保護に限られているのに対して、第二次日英同盟（一九〇五年）においては、日本は、自国の利益の増進のために、韓国を「指導、監理及び保護」する措置をとることが認められている。[3] 問題は、こうした合意の背景にある考え方である。

つとに、第一次日英同盟の交渉にあたって、在英国大使館の林公使は、

「朝鮮人は自ら支配する能力を持たず、したがって、――（中略）――ここにだれが同国を統治すべきかという問題が生じるのである」

と、英国外相に向かって述べているのである[4]。

そして、当時、同様の考え方は、英国側にも広く存在した。たとえば、一九世紀末から二〇世紀初頭にかけて英国のインド総督を勤めたジョージ・カーゾンは、

「自己利益のために朝鮮に独立をそそのかすのは、愚かな人間のすることであり、朝鮮に自らの死刑を執行させるのも同然である」

といった言葉を吐いているのであった[5]。

こうした経緯が意味するところは明白である。日本の朝鮮への干渉は、第三国の侵略を防止するといった観点だけではなく、朝鮮の内政への不信、そしてそれを正す責任は日本にあるという観点に基づくものであったのである。

こうした経緯を全て、単純にアジア・モンロー主義の体現と呼ぶことは必ずしも適当ではないが、アジアのことは、アジア、すなわち日本に任せろという考え方が、早くも日露戦争前後に台頭し、それを、英国が是認したことに、日本のアジア外交の方向性を決める一つの要因があったと言える。

（1）『日本外交文書第三七巻』第一冊三八三文書

（2）『日本外交文書第三七巻』第一冊三〇二文書

（3）『日本外交文書第三八巻』第一冊六〇文書
（4）『日本外交文書第三四巻』二二文書
（5）奈良岡聰智「イギリスから見た伊藤博文統監と韓国統治」（伊藤之雄・李盛煥編『伊藤博文と韓国統治』ミネルヴァ書房、二〇〇九年、六四頁）

■対華二一ヶ条要求と日本のアジア観

アジア・モンロー主義は、このように、アジアに対するある種の「責任感」と連動していたが、その背後には、西洋植民地支配に対する反発と（そしてそれと協調することによって逆に独立と自己利益を守ろうとする）「迎合」とが同居していた。

この一見矛盾するが如き「同居」は、日本が近代化の旗印を掲げ、それを自分だけでなくアジア全体に及ぼさねばならぬと決意したからこそ生じたものであった。近代化は、西洋との接触と、ある程度の協調なくしては実現しがたい。そのことは、中国における「改革と開放」政策の歴史を見てもあきらかである。

西洋植民地支配が世界的に樹立されていた時代において、日本がその体制への協調と自己の独立の双方を実現する道は、アジアにおいて近代化の先兵となり、アジアにおける植民地支配体制の基本的秩序の守護者となることであった。このことには、日本の苦い体験もその背景にあった。

その体験とは、明治時代の、いわゆる不平等条約の改正交渉の際のものであった。

明治十四（一八八一）年三月三日、ロンドンにおいて、在英日本公使館の書記が、英国外務省に外務次官を訪ね、条約改正について話しあった時のことである。

日本大使館の書記が、「英国側はかつての(日本との間の)条約であらゆる権利を享受しているが、それは威圧、強迫によって獲得せられたものであり、対価なしに一部の権利を今後制限することを認めるべきである」との趣旨を述べたのに対して、英国の外務次官は、次のように言明したのであった。(1)


自分はその貴説に承服することはできない。すべて東洋諸国との条約は、大抵皆ほとんど同様である。もし果たして日本が威力によってその権利を奪われたものとすれば、今日に至るまでこれを暗黙裏に付す理由は無いと考える。

……………

イギリスは支那並びにシャムにおけるように、東洋諸国におけるこれらのすべての事件に参与しているのに、なぜ日本に限って参与してはならないのか。


支那(中国)やシャム(タイ)が認めていることをどうして日本は認めないのか——この言葉は、重大な意味あいを持っていた。もし、中国やタイが、ヨーロッパの尺度から見た文明と法的制度をそなえておらず、それが故にヨーロッパ人に「特権」を与えつづけるのであれば、日本もそれらの国と同一視されかねない、日本が東洋の一国であるという理由だけで一緒に扱われてしまうことを意味していた。

このエピソードの意味することの一つは、近代化の論理は、ある種の「道義」となったことである。すなわち、日本以外のアジアの国々も、近代化をうけいれ、それにそった体制を作り上げるべきであるということが日本のアジア外交の柱となり、その意味において、そこに（単に利益の追求といった観点を越えた）道義性が生じてきたのであった。

このことが、明白な形であらわれたひとつの例が、対華二一ヶ条要求交渉であった。

一九二五年一月から五月にかけて行なわれたこの交渉は、中国山東省におけるドイツの権益の処分、満州における日本の権益の延長を初めとして、中国での鉱山開発権についての要求、さらには、中国中央政府への顧問派遣など多岐にわたる「要求」や「希望」事項をめぐるものであった。

この交渉の特徴の一つは、日本の交渉態度が極めて一方的、強圧的であり、また要求内容も内政干渉的要求が強かったことである。

強圧的態度は、何よりも交渉の手順に現れていた。

すなわち、日本は、中国側と事務的な打合せや準備折衝、打診等を行なわず、唐突に、いきなり、中国政府の最高首脳たる袁世凱《ユアンシカイ》に直接要求を提出したのである。(2)

このやり方は、（袁個人の地位の確保のため日本として極力努力するとの取引材料を秘めたものではあったが）袁政権の弱みをついて一気にトップダウンで政治的取引を行なおうとする意図に基づくことは明白であった。また日本側は、多数の項目に亘る要求を項目毎に交渉することを拒否し、全体としてまとめて交渉することに固執した。加えて日本側は、交渉途次において、あるいは「袁総統と直接交渉を要求」するかのごとき手段に出ることをほのめかし、また、中国側の態度が煮え切らないことを理由に、中国側対案の受理を拒絶するとの態度も示したのであった。[3]日本の交渉態度は、単に強圧的であっただけではない。中国側に対して侮辱的発言を繰り返して憚らなかった。交渉の直接の担当者であった日置公使の言動には、

「支那側の対案なるものは余りに虫のよき次第ならずやと一番の冷嘲を加へ[4]」

とか、あるいは、

「詭弁を弄したるを以て――（中略）――其不誠実なる態度を詰責し[5]」

といった場面すらあった。

このような日本の交渉態度と関連して、注目しておくべきは、日清戦争後のいわゆる三国干渉との関連、並びにアジア・モンロー主義との関連である。例えば、大隈重信は、第一次大戦への参戦に賛同する際、ドイツ勢力を中国から駆逐することは三国干渉の復讐にあたるとの趣旨をのべている。[6]このことは、中国の陰ながらの工作もあって遼東半島の還付をドイツを含む三カ国によって強制された日本は、その仕返しを当然行なってしかるべしとする、一種の道義感を抱いていたことを暗示している。そして、この道義感は、当時日本政府部内に広まりつつあったいわゆるアジア・モンロー主義とも関連していた。第一次大戦の勃発とあい前後して日本国内では、一方で、中国の安定は、中国の力だけでは実現し難く、日本が中国の安定に責任を持つべきという考え方が台頭すると同時に、アジアはアジア人が支配するところとなるべきとのアジア・モンロー主義が唱えられ始めていたのであった。[7]

こうした考え方が広まるにつれ、日本の対中外交は、「道義性」を持ち、それが故に、一方的かつ硬直的になっていったのである。

(1)『日本外交文書第十四巻』三文書付属書二
(2)『日本外交文書』大正三年第三冊五七〇文書、及び大正四年第三冊一三七文書
(3)『日本外交文書』大正四年第三冊一七〇文書、及び一七四文書
(4)同右、二〇八文書
(5)同右、三一四文書
(6)大隈侯八十年史編纂会編『大隈侯八十五年史』第三巻、原書房、一九七〇年、一六九頁
(7)アジア・モンロー主義と日本の対中国政策との関連については、小林道彦「世界大戦と大陸政策の変容——一九一四—一六年」『歴史研究』一九九四年、六五六号参照

4 「黄禍論」のもとでの日本外交

■黄禍論への対応

日本のアジア外交の歴史をふりかえるとき、一見、人種問題への日本の対応は、アジア外交とは関係ないように見える。人種問題は主として、米国の排日移民法や、欧州の黄禍論など、いわば日本の

対欧米外交のテーマの一つではあっても、アジア外交の主題の一つではなかった、といっても過言ではないように思える。

しかし、日本のアジアとの連帯感のなかに、伝統的には、人種的アイデンティティの要素があったことは疑い難く、そうとすれば、日本がアジアをどう取り扱ったかは、日本が人種問題にどう対応したかの問題と、底流においてつながっていたと考えねばならない。

言いかえれば、日本のアジア外交という観点からすれば、日本が、同じアジア人種、あるいは黄色人種として、アジア全体のために外交を展開したか否かが問われねばならない。

こうした観点に立つとき、まずは、ヨーロッパの黄禍論に対して、日本が、アジアの一国として、どのように対処したかが、問題となる。

黄禍論が、日本外交史上、具体的影響を与えたのは、いわゆる三国干渉に始まるといってよいであろう。

三国干渉とその後数年間にわたる国際情勢の変化を観察すると、ヨーロッパの黄禍論は、アジアを団結させることにはならず、むしろ、アジアの分裂を強める触媒となったことが明らかになる。その過程は、つぎのような、悲劇とも、喜劇ともとれる過程であった。その始まりは、日清戦争にあった。

一八九五年、日清間に下関条約が成立するや、ドイツ皇帝は、周囲の者が黄禍に言及すると、その意見に大きく影響され、「極東に於ける戦禍の裡に、白人と黄色人、基督教徒と佛教徒との大闘争の前奏曲を発見した」のであった。

ドイツ皇帝に対して黄禍論をとりわけ説いたのは、元北京駐在のドイツ公使で、折から引退先の田舎から呼び出されてベルリンに居住していたフォン・ブラントであった。彼は、「黄禍の憂うべきを説き、中世に於ける蒙古人と韃靼人の欧州侵入を回想し、特殊の実益という考から離れても全欧州の共同動作を要す」と述べ、更に進んで「日本の産業組織が他日欧州の工業に恐るべき競争者となる」ことを警告した。その上で、フォン・ブラントは、「露国は亜細亜人種に対する最強の防壁であるから、露国が満州に鉄道を敷設する案を（ドイツは）支持しなければならぬ」と主張した。

ここには、二重の意味での黄禍論がにじみ出ていた。一つは一義的な黄禍論、すなわち日本の台頭が欧州にとって脅威となり得るとの意味での黄禍論であった。しかし、ここにはもう一つの要素がこめられていた。すなわち、満州を中心に、中国における中国自身の権利や収益を奪いとって中国を弱体化し、満州にロシアの収益を定着させるべきとの考え方である。この考えの裏には、中国に対する西洋植民地主義の侵略を半ば当然視するような、黄色人種たる中国に対する侮蔑感があった。後にも見るように、黄禍論は、このように二重性を持っていた。すなわち、片方で黄色人種の台頭（この場合は主として日本）を西洋に対する脅威とみなす一方、黄色人種に対する軽蔑（この場合は主として中国）を含むものであったのだ。

黄禍論の中にひそむ、この二つの一見矛盾する要素が一つにまとまり、外交戦略上の理論となり得た大きな理由は、（侮蔑の対象となっている）弱い中国を（脅威になりつつある）日本が教化し、その結果、日中両民族による連合がアジアにできれば、まさに全体として黄禍の一大脅威が生起するとの考え方があったからである。[1]

現に、三国干渉当時のドイツ外相マルシャルは、ドイツの在英大使ハッツフェルト伯爵に対する電報で、中国の領土処分と三国干渉の問題に関連して、ドイツには、二重の目的があると言える、その一つは「日本指導の下に黄色人種が結束することを防止する」ことであるとのべたのだった。[2]

こうして黄禍論は、ドイツをして三国干渉にイニシアティヴをとる背景の大きな要因となったが、同時に、この黄禍論をドイツが巧妙にロシアに吹きかけ、それがロシア皇帝の行動に大きな影響を与えた点が重要である。

このことは、ロシアが三国干渉の唱道者の一人となった後、ドイツ皇帝カイゼル・ヴィルヘルムがロシアの行動を讃えてロシア皇帝ニコライ二世に送った書簡からもうかがい知ることができる。

ロシアにとって将来もっとも偉大な任務は、アジア大陸の文明化と黄色人種の大侵入からヨーロッパ人を防衛することにある[3]（以下略）。

（1）この点を、当時の在ドイツ日本公使青木周蔵は、ドイツ側の内意として、次のように語っている。「欧州各国に於て取るべき対清政略の主義は、保守若くは守旧なるべし。他日各国の勢力にして能く清国の全体を分割して占領し得るに先だち、日本人早きに迫《およ》んで清国南北部の要所を占領し、其の勢力を張らんには、清人は其の圧倒的教導に感化せられ、余儀なく固陋《ころう》〔旧弊になじんで進歩をきらう〕の旧習を脱却し、尋《つい》で欧州流の文運を発達し、終に西人〔ヨーロッパ人〕の後見を謝絶し、経済上に於ても欧州の農産物を輸入することなきに至るべし。加レ之《しかのみならず》、日清の間に於て、「亜細亜は亜細亜人に属すべしとの主義」に其由する協議相整い、攻むるにも守るにも互に応援擁護すべしとの攻守条約を締結せんには、黄人の勢力益々旺盛となり、白人社会は危害を受くや必せり。故に、今や一方に於ては、日本人を牽制して其の勢力を発達牽制し、他の一方に於ては、是に由て清人を開明の区域に進歩せしめざるにあり、云々。」

（坂根義久校注『青木周蔵自伝』平凡社、東洋文庫、一九七〇年、二八六頁）

（2）立作太郎「明治二十七・八年の戦役とドイツ外交」『国際法外交雑誌　第二十六巻』所収

（3）『日本外交文書第十四巻』三文書付属書二

■「黄禍論」の三つの側面

カイゼルの右の言葉は、当時の黄禍論には、（相互に密接に連動してはいるが）複数の側面が潜んでいたことを暗示している。

一つの側面は、ヨーロッパ文明、なかんずく、アジアにおけるヨーロッパ植民地支配体制に対する「黄色人種」、とりわけ日本の挑戦を「脅威」とみなす側面である。

もう一つの側面は、アジアにヨーロッパ文明の光が射しこまねばならず、アジアに近代文明をもたらす使命が、ヨーロッパ諸国にあり、この使命はアジアの人々によって妨害されてはならないという点である。

加えて、黄禍論には（これまた、第一及び第二の側面と密接に連動してはいるが）第三の側面があった。

それは、アジアの反抗を、帝国主義に対する反抗の一つとみなし、ドイツやロシア帝国内部の、帝政に対する民衆の反逆と同一視し、これを抑圧することが、帝国内部の安定につながるという考え方である。

この三つの側面、すなわち、ヨーロッパ人に対するアジア（黄色人種）の反抗への警戒、アジアを開化すべきというヨーロッパ人の使命感、そして、ヨーロッパ内部の帝政の維持――こうした三つの面が最も典型的な形で表れているのが、有名な、黄禍の図である。

この図は、カイゼル・ヴィルヘルムが、ニコライ二世に贈ったもので、カイゼル自身、この絵について次のように解説している。

ヨーロッパ及び我がキリスト教に危険をあたえる極東の雲行はこの春に我々二人が最初の共同動作をおこした時から僕の絶えず注意しているところだ。とうとう僕の予言したことが明瞭な形をあらわしてきた。僕はそれを紙の上に描いてみた。一人の画家――一流の画かきだ――と共に僕はこの下絵を書きあげた。これを書きあげると共にそれが皆なに行きわたるように版画にした。画面にはヨーロッパ諸国の姿が佛教と野蛮の侵入に抗争して十字架を守護するために結合するように天使ミハエルに招かれている聖者として描かれている。また同様に我々の国内の共同の敵――無政府主義・共和主義・虚無主義に対して必要な、全ヨーロッパ諸国の共同の抗争が、特に強調されている。僕はその版画の一枚を君に送る。(1)

こうした黄禍論の三つの側面のうち、第一の側面は、いわゆる三国干渉の背景をなす大きな要因の一つともなったが、黄禍論の第二の側面、すなわち、ヨーロッパによるアジアの開化という使命感は、ロシアの満州進出にあたっての口実あるいは大義名分となったのみならず、日清戦争後のロシアの対清接近の要因の一つとなった。

（1）一八九五年九月二六日付カイゼルからニコライ二世宛書簡、大竹博吉訳纂『満州と日露戦争――外交秘録』第三篇「極東問題に関する露独両帝の往復文書」ナウカ出版、一九三三年、二九八頁

■中（清）露接近とその意味

一八九六年、ロシアは、ロシアの極東進出をもって、アジアの文明開化のために必要なものとし、そのための方策の一つとして、満州に東支鉄道を（民間会社として）建設することについて中国と合意し、しかも鉄道と付属地への守備隊の派遣、さらには、日本の攻撃に対する露、中（支那）の攻守同盟を結んだ。(1)

露支協定は、このように、アジアをヨーロッパ人の手によって開化せしめるとの意図（ないし口実）の因《もと》に結ばれたとも言えるが、黄禍論との関係で言えば、このほかの要因として、清と日本を分離し、両国を対立に追いこむことによって、黄色人種の陣営を分断することをねらっていると見ることができよう。言いかえれば、十九世紀から二十世紀の初頭にかけて、日本は、（少なくとも、ドイツやロシア

においては）ヨーロッパ人の極東支配への挑戦者とみられていたのに対し、中国はむしろ、ヨーロッパから見ればかっこうの進出先であり、半ば提携者とみられていたのである。言いかえれば、黄禍論は必ずしも白人種の黄色人種に対する人種的な偏見や憎悪といった「感情」に根ざしたものときめつけることはできず、むしろ極めて、政治的、戦略的要素を強くもった、ある種の政治的プロパガンダであったことに注意する必要があろう。

（1）Henry Norman "People and Politics of the Far East" London, 1895. 邦訳は、ゴルヴィツァー前掲書五八頁に依る

■「黄禍論」と日英同盟

このように、色々な角度から見ても、ヨーロッパの黄禍論が、実は日本を目標としたものであっただけに、日本は、それに反発しながらも同時にそれにどのように対処すべきかという深刻な問題に直面した。とりわけ、三国干渉の経験は、日本が台頭することに対してヨーロッパがいかに警戒心を持っているかをまざまざと日本の頭に刻みつけたからである。

日英同盟は、実は、そうした問題に対する一つの答えでもあった。

もとより、一九〇二年に結ばれた、いわゆる第一次日英同盟に至る過程において、狭い意味での黄禍論が、この同盟を結ぶに至った日本側の主な動機の一つであったと見ることはできない。日英同盟

は日本側から見れば義和団事件以後激しくなったロシアの満州進出と、朝鮮におけるロシアの影響力の浸透に対する警戒から推進されたものであった。しかしながら、この同盟には、台頭しつつある日本に対して、ヨーロッパ諸国が「連合」して対抗することにならないよう（すなわち、日本が西欧諸国からいっせいに袋叩きにあわないよう）にする、という動機が、一つの背景となっていたことは否定できず、その意味において、日英同盟は、黄禍論にあらわれたような日本警戒論に対する日本側の戦略でもあった。

しかし、第一次日英同盟に黄禍論が及ぼした影響は、日本側においてだけでなく（あるいはそれよりも）むしろ英国側にあった。

すなわち、日本の思惑の丁度裏側として、英国側にも、日本を抑えこむためにこそ日英同盟が望ましいという意見があったのである。

例えば、一八九五年、英国の下院議員として活躍したヘンリー・ノーマンは、その著書において、次のように述べた上で、日本との同盟を説いていた。

> 中国に破局が起これば、アジア全体に大きな政治変動が起こるだろう。アジア民族が結束して一種のアジア版モンロー宣言を出し、いたるところで『アジアをアジア人の手にとりもどせ』という叫びが噴き出すことだろう。そして日本がこうした運動の先頭に立つことはまちがいない。(1)

このように、日本が先頭に立ってアジア人の共同行動を促し、西洋植民地支配に対抗するおそれがあるという意味での黄禍論は、第一次日英同盟の時代から、英国においても、口にされていたことであり、そうしたおそれに対する方策として、日本をいわば西洋植民地主義勢力の側に引きこむために、日本との同盟が考えられた（あるいはそういう側面も存在した）と言えるのである。

そして、この考え方（すなわち、同盟によって日本を抑制するという考え方）は、日露間の緊張が高まるにつれ、むしろ英国側で高まっていった。英国国王が、一九〇四年四月、ロシアの大使に対して、日英同盟はむしろ日本を抑制するためのものであると語ったとされていること(2)は、このことを暗示している。

もとより、英国国王の右の言葉は、ロシアと英国が決定的対立関係に立つことのないよう、ロシアに対して発せられた「言い訳」とも考えられるが、他方、インドにおける植民地支配の安定を重要な外交上の柱とする英国としては、アジアにおける日本の台頭が、インドの独立運動に刺激を与えることをおそれ、日本をとりこんでおく必要性を強く感じつつあったことも否定できない。このことは、第二次日英同盟の交渉において、英国が、同盟の適用範囲をインド大陸にまで広げようと提案してきたこと(3)からもうかがえるところである。

こうした英国の考え方に日本が呼応したものこそが、日英同盟であったとも言える。いいかえれば、日本は自らを「白人国家」の同盟国と位置づけることにより、「黄色人種」そして「アジア」を脱色しようとしたのである。

(1) ゴルヴィツァー前掲書、五八頁
(2) 鹿島平和研究所編『日本外交史8　第二回日英同盟とその時代』鹿島研究所出版会、一九七〇、四頁
(3)『日本外交文書第三八巻』第一冊七七文書付属書七七頁

■「黄禍論」の歴史的意味

ここで注意すべきは、黄禍論に対するこのような日本の対応は、日本が、己れの弱さを自覚して、戦略的な同盟によってその力を強固にしようとする意図と共に、実は、その裏腹として、日本の国力の増進が、諸外国の警戒感を招くことをいかに防止するかという、いわば防御的、協調的要因を持っていたことである。

この意味において、黄禍論は、日本の反発と反撃を招いたと同時に、実は、日本を欧州植民地主義体制に組みこむ上での同化作用の触媒《しょくばい》ともなったのである(1)。

そして、それが故にこそ、黄禍論は、感情的には日本人を「アジア」へ近づけたとしても、外交的には実は日本を「アジア」から切りはなしていったのである。

(1) この点につき、日露戦争後の日本の基本外交方針を決定した、一九〇五年五月二四日の閣議文書に、

次のような文書があることが注目される。すなわち、

「今回の戦争に因り、我が邦の真価は列強に認められ、其の嘆賞を博したると同時に、畏懼猜疑の念も亦裏面に存在することを覚悟せざるべからず。此の念は戦後我が国力の発展と共に益々増張すべきが故に、我が国をして孤立の地位に立たしむるの虞なき能わず。然れども若し英国と攻守同盟の約を訂せんには此の憂を防ぎ、他の排擠《はいせい》を免るるを得べし」（『日本外交文書第三八巻』第一冊十八文書）

■日露戦争とアジアとの訣別

このように、日英同盟は、日本の「アジア」からの訣別の大きな契機となり、また、その触媒ともなったが、日本とアジアとの関係にさらに大きな影響を及ぼしたのは、申す迄もなく日露戦争であった。ここにおいても、黄禍論は陰に陽に日本の外交戦略に影響した。

日露開戦が目の前に迫る中、日本政府は、開戦の場合を想定して、中国に軍事行動を共にするよう要請すべきか、あるいは中国に対して厳正中立を要請すべきか、の二案を真剣に検討した。

その結果、日本政府は、中国に中立を要請する案を採用したが、その主たる理由は、中国を直接日露の戦闘にひきこむことによって中国の排外熱を煽り、ひいては中国国内の混乱を助長することを恐れたためであった。しかし、さらに追加的理由があった(1)。

それは、日本と清国との提携が、黄色人種の連合として、徒らにヨーロッパの黄禍論を煽りかねないとの懸念であった。そしてこうした懸念が、日清提携への動きを抑える一因となった。

しかも、一見、戦略、あるいはタクティックスともとれる、こうした考慮の背後に、実は、黄禍論

に潜む一層深刻な要因に対する日本の本能的な反応がかくれていた。

それは、黄禍論が、実は人種偏見というよりも、「非文明国」たるアジア、「野蛮な」アジアという見方ないし偏見に根ざしていた点である。

ヨーロッパ人のインテリの間の議論という形で書かれたアナトール・フランスの小説『白き石の上にて』に描かれた日本の姿は、黄禍論の本質が人種的なものというより、アジアの野蛮性、後進性に対するヨーロッパの歴史的偏見に基づいており、さらにその背後には、西洋植民地支配を合理化せんとするヨーロッパの、これまた歴史的感情があったことを暗示している。


この巨獣がその鼻面をのそのそと日本という蜜蜂の巣の方へ突き出しているあいだに、この黄色い蜜蜂の方も、翼や針ですっかり武装をととのえて、この熊の全身をところきらわず刺し傷で血まみれにしてしまいました。

《こいつは植民地争奪戦争だよ》と、或るロシヤの大官はことさらに、僕の友人のジョルジュ・ブールドンにいってよこしたものです。ところが、この種の植民地争奪戦争の根本原則は、ヨーロッパ人が相手の国民よりも優秀だということにきまっていたものです。そうでない場合には、その戦争は植民地戦争といわれないことは明瞭ですよ。つまり、この種の戦争では、ヨーロッパ人は砲兵隊で攻撃を加え、これに対してアジヤ人やアフリカ人は、矢や棍棒や投槍や嘴形鉄棒で防戦するということにきまっていたものです。(中略)

ところが日本人は、この法則を逸脱してしまったんですね。(2)

このように、日露戦争は、日本が「野蛮なアジア」から訣別する大きな第一歩であったのだ。

(1) この点については、『日本外交文書第三六巻』第一冊五〇文書において、次のようにのべられている。
「恐黄熱の再発を防ぐこと
白人種が黄人種の跋扈を恐るること、即ち所謂恐黄熱は近時多く其声を耳にせずと雖欧州人の胸裡には依然伏在して、動もすれば輙ち発動し彼等をして此迷想の下に一致せしむるの恐れあり。故に若し日清両国相合して露国と戦うに於ては、或は之れが動機となりて再び恐黄熱を熾んならしめ、其結果遂に独仏等の諸国をして干渉を敢てせしむるの恐れ亦甚だ鮮なからず。」

(2) アナトール・フランス『アナトール・フランス長編小説全集　第十一巻』所収「白き石の上にて」白水社、一九五〇年、一六四―一六五頁

■連盟における人種差別問題

黄禍論に対する日本の対応は、基本的には、日本を欧米社会の一員として位置づけることによって、黄禍論を克服せんとするものであった。その意味において、日英同盟を始めとして、日本の外交路線は、アジアからの離脱とアジアへの背信の要素をもっていた。

人種問題の背後に、日本のアイデンティティの問題がふくまれており、また、黄色人種としての

「道義」が関与していたとすると、国際連盟において、日本が、いわゆる人種差別禁止条項にどのように対応したかは、単に国際連盟への日本の外交姿勢の問題としてだけではなく、日本のアジア外交の一側面としてみなければならないであろう。

■日本の第一次提案

日本は、ベルサイユ講和会議において、国際連盟規約第二一条の宗教自由の規定に加えて、次のような条項をおくことを提案しようとした。

各国民均等の主義は国際連盟の基本的綱領なるに依り、締約国は成るべく速かに連盟員たる国家に於ける一切の外国人に対し、如何なる点に付いても均等公正の待遇を与へ、人種或は国籍の如何に依り法律上或は事実上何等差別を設けざることを約す。

しかし、この案は、移民国家である米国にとって受け入れられないものであることが明らかとなり、そのため、米国との内々の折衝を通じ、日本は、この条項を、言わば一種の努力目標とすることとし、「成るべく速かに」均等公正な待遇を与えるべきとの趣旨に変更して提案した。(1)

しかしながら、豪州、そして英連邦を率いる英国は、こうした規定には消極的であり、日本は、さらに譲歩して、人種平等の原則を是認するという、いわば、原則的な精神規定とすることを提案した

が、米国、豪州などの合意を得られず、しからばと、こうした原則を前文に記すことに止めるとの案を提示した。すなわち、

各国民の平等及び其の所属各人に対する公正待遇の主義を是認し

という文面を前文に挿入するという案であった。

しかしこの案も英米両国などの反対で（委員会レヴェルにおいて）否決された。

日本政府は、総会に日本提案をあらためて行うことも考慮したが、英米の反対が明らかになったいま、多くの賛同者がでないおそれがあり、それでは、かえって日本の立場を害することになるとの判断から、(2)提案することをあきらめ、日本の立場をあらためて表明するに止めたのであった。

日本が、この問題について、最後まで強硬な態度を貫ぬかなかった理由は、この問題が、移民問題とからみ、各国の国内問題としての要素が大きいことを十分意識していたからであることは疑い得ない。

しかし、より基本的には、日本の提案の動機が、人種差別反対という「道義」よりも、実際上、連盟において日本が、人種故に不利な扱いをうけないようにとの、実利的要素を色濃くもっていたからである。「日本が現に連盟で五大国の班に列する事実にかんがみ、待遇の優劣は当連盟に関するかぎり問題にならない(3)」といった、英国のセシル委員の言葉は、日本の意図の一端を看破したものといえよう。いいかえれば、日本の人種差別禁止提案は、アジアの人々の代表としての日本の「道義」というより、日本自身の実利的目的という側面が強かったのだ。

ただ、そうは言うものの、日本提案の否決は、日本の連盟に対する信頼を揺るがせるものであった。この点を、牧野全権は、次のように雄弁に指摘している。

ある国民に対して平等、公平の待遇を与えないこととなれば、それはその国民の性質及び立場に対し異様の感想を与えることにもなり、ついには将来、連盟各員の国際関係を律する規準である正義、公平の主義に対する彼らの信念を動揺させるに至るであろう。かかる心的状態は目下考慮中である連盟唯一の確固たる基礎であるべき協力、協調に対し最も有害なものと思われ、われわれが前述の提議をあえて行なったのも結局、好意、公平並びに道理の健実確固たる基礎の下に国際連盟が建設されることを希望したがゆえにほかならない(4)。

連盟の勧告を無視し、やがて連盟を脱退し、アジアに侵略の手を伸ばしていった日本の道程は、実は、人種差別条項を否決した連盟みずからも手をかしたものであったといわざるを得ないのである。

（1）本提案及びそれにまつわる経緯については、『日本外交文書』大正八年「講和会議経過調書」其三―其六による
（2）鹿島守之助『日本外交史』(12)パリ講和会議、鹿島研究所出版会、昭和四十六年、一八八頁
（3）（1）前掲書、其六
（4）（1）前掲書、其七

5　アジア主義の構図を問う

思想や価値観と、日本のアジア外交との関係を考えるとき、現代においてすぐ頭に浮かぶのは、いわゆる「アジア的価値観」の問題である。マレイシアのマハティール首相が、かつて唱えた東アジア共同体構想や、シンガポールのリーカンユー首相が、西欧型民主主義に対するアジア的民主主義といった概念に言及したことなどから、一時、「アジア的価値観」とは何かが、広く議論された。

こうした議論においては、「アジア的価値観」は、西欧の価値観をそのままの形で普遍化することへの抵抗と見られ、その政治的意図が問題とされがちであった。

いいかえれば、「アジア的価値観」の強調は、その内容もさることながら、そもそもそういった概念を持ち出すこと自体が、西欧的価値の普遍化に対する反発である、という論理の展開が一般的であった。

たしかに、歴史的にみれば、「アジア的価値観」が強調される時は、そうした価値観を、アジアをこえて広く世界に共有させようとする、いわば能動的な動きではなく、「西欧」あるいは米国に対する反発の論理である場合が多かったといえよう。いいかえれば、それは、欧米思想の進出に対して、自己を守ろうとする受動的対応であった。

しかしながら、そうした受動的対応の「核」として、民族主義や特定の宗教（たとえばイスラム教）ではなく、「アジア」という概念が持ち出されたことに注目せねばならない。ここでは、一国あるいは一民族の「反抗」なりその固有性の擁護を、一つ一つの国、民族の問題としてとらえるのではなく、アジアの国々の共通の課題としてとらえようとする発想がある。

こうした発想がなぜ出てくるのかは、必ずしも自明ではない。一見、そうした発想は、アジアが（日本などを例外として）長く欧米の植民地主義の犠牲になったという、共通の「運命」を体験したからのように思える。しかし、それだけではないと考えられる。自己の思想や価値観の原点を「アジア」に求めるのは、そこにアジアを一つにまとめようとする政治的意志が働いており、その意味では能動的要素をもっていると言わざるを得ないからである。

■豊臣秀吉にとっての「アジア的価値」

こうした観点から「アジア的価値観」の問題を論ずるとき、興味深いのは、豊臣秀吉の考え方である。

一五八〇年代前半、あいついで四国、九州を平定し、日本国内の統一を実現しつつあった秀吉にとって、自分にとっての「日本」の概念は、次第に膨張しつつあった。

一五八六年、秀吉は毛利右馬頭（輝元）宛の十四箇条の指示を書いた覚書において、高麗への渡海に言及し(1)、また同年、大坂城でイエズス会の日本副管長ガスパール・コエリョと会見した際、朝鮮とシナの「征伐」に言及している。[2]このことは、朝鮮半島への進出が、内地の統一とほぼ同じ論理で考えられていたことを暗示している（琉球についても同様であった）。[3]

ここで一つの問題は、琉球、朝鮮はまだしも、何故秀吉がシナ（明）まで国内の論理を広げて適用しようとしたか、という点である。中国は、朝鮮や琉球と違って、対馬や薩摩の「属国」扱いする歴史的根拠もないにもかかわらず、秀吉が明の征服という企図を持ったのは何故か、という点である。

ここには、西洋植民地主義の東洋進出がからんでいると見るべきであろう。

すなわち、秀吉の対外征服の動きや意図表明は、ポルトガルやスペインの宣教師と秀吉との接触の機会と重なっていることに注意すべきである。

特に、「シナ」征服の意図を、わざわざコエリョに言明していることは、西洋の植民地帝国の東洋進出の論理を日本、そしてアジアに適用したことを暗示しているといえよう。[4]

さらに、秀吉のアジアへの侵略的進出意欲が、キリスト教の排斥と連動していたことを忘れてはならないであろう。

一五九一年七月、秀吉が、ポルトガルのインド総督に送った返書の内容[5]を見ると、そこには、キリスト教をもって日本国民を魔道にひきいれるものであるとの糾弾と共に、日本、明、印度までも含めてアジア全域で行われている「神儒仏」は元来同じものであるという主張が行われているのである。[6]

秀吉の日本統一は、日本という国家意識の明確化と拡大化を伴い、そのプロセスは、次第に、今日でいうところの（地理的）アジア、そして価値の共同体としてのアジアという概念の形成を含んでいたのだった。

(1) 池内宏『文禄慶長の役』正編、吉川弘文館、一九一四年、一五―一六頁
(2) 松田毅一『豊臣秀吉と南蛮人』朝文社、二〇〇一年、三一頁
(3) 秀吉は、つとに一五八二年、因幡国、鹿野城の城主亀井茲矩《これのり》に、将来琉球を領地として与える旨約束し、後年、島津義久の琉球支配を認めざるを得なくなると、亀井氏に対し、代地として、明の浙江省の土地を与える約束を行っているのである（赤嶺守『琉球王国』講談社、二〇〇四年、八五―八六頁）
(4) 秀吉の朱印状などの書状において、高麗、唐と並んで南蛮国という文字がたびたび出現していることに（たとえ、それがヨーロッパ人を意味せず、今日のフィリピンのような領域を意味していたとしても）注意すべきであろう
(5) 松田、前掲書、一二一―一二三頁
(6) この点については、秀吉の作った和歌の例をもあげて大東亜共栄圏の発想に近いものと見る見方もある（石原道博『文禄・慶長の役』塙書房、一九六三年、四二頁）、また秀吉の国家意識と対外政策との関連については、例えば浅見正三「秀吉外交における国家意識」（『歴史教育』八―六、一九三三年）がある

■アジア主義への迷いと反発

西洋植民地支配に対抗する思想的柱としてのアジア主義には、いくつかの限界とアジア内部での迷いと反発があった。

アジア主義的発想に対するアジア内部からのそうした消極的反応は、例えば、日露戦争の直前および戦中における韓国の反応に現れていた。大国清と、台頭する日本との間にはさまれた韓国から見れば、アジアに進出する西洋の列強とある程度協力することは、中国と日本に対する牽制となるものであった。韓国皇帝が一時、ロシア公使館に滞在していたことが象徴するように、韓国は、この時期、ロシアを中心とする西洋植民地主義のアジアへの圧力を、自己の近代化とアジア諸国との連携によってはねのけることよりも、むしろ、日本の台頭をロシア勢力によってバランスさせようとする態度をとりがちであった(1)。

やや類似の態度は、日清戦争後の、清にも観察される。

一八九六年、清は、(先述した通り)ロシアに対して、東支那鉄道建設の権利と鉄道沿線への守備隊派遣の権利を与え、しかも、日本を対象とした、一種の攻守同盟を結んだのであった。

このように、日本がアジアへの侵略的行動を本格化する以前においても、日本がアジアの大義を語ろうとすることに対して、中国も韓国も、歴史的には、反発と警戒とを隠さなかったといってよいであろう。

しかも、二十世紀の始め頃まで、韓国や中国における反西洋の動きは、一九〇〇年の義和団事件の例に見られるごとく、一般的排外主義と結びつきやすく、日本の考えるアジア主義とは違った形をとりがちであり、ややもすれば、近代化しつつある日本も「排外」の対象になりかねない傾向があった。

それだけに、日本側も、清と「反西洋」の連合を組むことには慎重であった。現に、日露の開戦止む無きに至った際に取るべき対清外交政策の基本を決めた閣議決定において、つぎのような考え方が述べられている。

（清国人は）義和団事変の結果一般の外国人に対し中心頗る憤怒を懐けるを以て、一朝露国と兵端を開き殺気興奮するに於いては一概に外人を迫害するに至るべく、清朝及現制度に対して不平を抱けるの徒亦此機に乗じて内乱を扇動し、其局終に収拾すべからざるの形勢に推移するも測るべからず(2)

ここでは、日本は、アジアの抵抗としての反西洋と一般的排外主義としての反西洋を明確に区別しているのであった。

そして、日本自身も、アジアの連合には慎重であった。それは、（先述した通り）黄禍論と関連していた。同じ閣議決定のなかに、次のような一節があった。

白人種が黄人種の跋扈を恐るること、即ち所謂恐黄熱は近時多く其声を耳にせずと雖欧州人の胸裡には依然伏在して、動もすれば輙ち発動し彼等をして此迷想の下に一致せしむるの恐れあり。故に若し日清両国相合して露国と戦ふに於ては、或は之れが動機となりて再び恐黄熱を熾んならしめ、其結果遂に独仏等の諸国をして干渉を敢てせしむるの恐れ亦甚だ鮮なからず。

アジア主義は、反アジア主義ともいえる黄禍論によって脇へよせられたのであった。

（1）小倉和夫「韓国保護国化と日本外交（その1）」（『環』二〇一一年冬号所収）
（2）明治三十六年十二月三十日閣議決定（『日本外交文書第三六巻』第一冊五〇文書）

■アジアという「負」の概念

アジアを一つにしようとする思想たるアジア主義は、これまで見たように、アジア内部からの反発、ためらいを始めとして、アジアの外の要因などいろいろな制約や障害にあわねばならなかった。

そうした障害のうち、もっとも深刻なものの一つは、そもそもアジアの思想なり伝統が、遅れたもの、非文明的なものと見なされ、いわば「負」の価値をもつものと見られてきたことである。

近代文明を代表する者は、西欧であり、アジアは非文明的であり、野蛮であるという観念が、広く西欧に見られ、それが、アジア自身のアジア観にも影響を及ぼしてきたといえる。

このことが、世界的に最も鮮明な形であらわれたのは、皮肉なことに日露戦争であった。

巷間、日露戦争をもって、人種戦争と見る向きがあるが、アジアの観点から見た場合、重要なことは、ロシアが白人種で、日本が有色人種であったことではない。ここで、「アジア」は、（ロシア皇帝が、黄禍論を煽って人種の違いを宣伝したことは事実であるが）ヨーロッパにおいて、かならずしも人種的意味にはとらえられておらず、むしろ、近代化との関係で遅れた、非文明的地域としてとらえられていた。いいかえれば、近代化しつつある日本は、アジアではなかった。むしろ、「野蛮」なロシアこそがアジア的なものである、とする見方があったことに注意しなければならない。

一九〇四年三月、ポーランドはワルシャワの国民議会の委員が発した次のような檄文は、この点を、あますところなく明らかにしている。


所謂ル白晳人種ト黄色人種トノ戰鬪又ハ歐洲文明ト亞洲野蠻トノ戰鬪ナル文字ハ我等ヲ惑ハシメス但シ我等ハ露國其物ガ則チ野蠻又ハ亞細亞的ナルヲ知レハナリ我等ハ剛勇且ツ勤勉ナル日本人ガ極東ニ於テ文明ノ爲メニ盡シタル所ヲ知ルト同時ニ日々露國ガ我カ郷地ニ於ケル歐洲文明ヲ全滅センカ爲メ何ヲ爲シタルヤヲ目擊セリ、日本ハ歐洲ノ代表者ト格鬪スルニ非ラス否ナ波蘭土及芬蘭土ニ於ケル數百年來ノ文明事業ニ依テ得タル果實ヲ毀傷セントスル一ノ亞細亞蠻族ト格鬪スルモノナリ(1)

しかし、日本は、本当にアジアの近代化の先導者であり、「アジア」を、非文明地から文明の地へ変える使者であったであろうか。いいかえれば、日本の代表する「アジア」は、遅れたアジアではなく、近代化した文明のアジアであったのであろうか。

そうとすれば、日本の代表するアジア主義とは、近代化の論理そのものに他ならないことになる。

そこに、果たして、いかなる意味において「アジア」的なものが存在していたのであろうか。そこでは無意識のうちに、アジア的なものを以て近代化の論理に反する、「負」の価値を持ったものとするとの考えが、知らず内に入り込んでいたといわざるを得ないのではなかろうか。

（1）『日本外交文書第三七巻』第二冊五、露国関係編纂、一一五三号。日本が「文明のために」戦っているとの認識は、一九〇四年七月、在オーストリア大使館を訪れたポーランド人によっても、日本は「文明ノ爲メニ干戈ヲ動サレタルコト」と表現されている（同右、一〇九四号）

■アジアの近代化とアジア主義

これまでの考察に基づけば、いわゆるアジア主義を、単に、反西欧の論理としてだけとらえるのは誤っていることがわかる。第二次大戦前の日本にせよ、一九八〇から九〇年代にかけての東南アジアの指導者たちのアジア論にせよ、そうした思潮は、近代化が相当進んだ段階で強調され出したものであった。

このことは、アジア主義の主張が、自己の再定義と連動していることを暗示している。すなわち、近代化が進行するにつれて、風俗、習慣、考え方の「西欧化」も進むが、その過程で、近代化は、かならずしも西洋化を意味するのではないというかたちで、自己の再定義がおこなわれるからである。

このことは、アジア主義やアジアの価値論が、伝統的なアジアの価値観なり風俗、習慣を守ろうとする、防御的なものとは限らないことを意味している。すなわち、変化しつつあるみずからを再定義するということは、変化を前提としており、そこに新しい定義づけの意図をふくんでいるからである。いいかえれば、そこにおける「アジア」は、既存のアジアとは限らないのであり、むしろ、新しく作られたアジアなのである。アジア主義の核心は、既存のアジアの防御ではなく、新しいアジアにとっての価値観の創造なのである。

第二章　外交と連動する内政

1　アジアに「認知」されたい日本

外交は内政の延長であるとはよく聞く言葉であるが、それが真に何を意味するかについては意外に深い認識が持たれていない。

外交と内政の連動は、論理的には、相手がアメリカであろうと、欧州であろうと、ロシアであろうと存在するはずであり、現に、アメリカとの安全保障上の関係は、沖縄問題もからんで、内政と連動しやすいことは自明である。

ところが、アジアの国々との関係の場合、地理的近接性や文化的近似性のため、相手国の政権と日本の政権とが、外交戦略をこえて内政上の思惑から結びつく場合が往々にして観察される。かつて、韓国の朴政権と自民党政権との「癒着」が問題とされたことがあったが、こうした言葉が、アジアの国相手の場合に使われることが多いことも、アジア外交の一つの特徴と言えよう。言い換えれば、アジア外交においては、特定の案件の処理をこえて、日本の政権と相手国の政権が、お互いに相手を内政上の思惑によって「利用する」ことが稀ではないことを暗示している。

こうした、政治的（内政上の思惑からの）「利用」は、かつては、日本の特定の政権が中国との関係を確立し、中国によって自らの政権をいわば正式に認知されることを通じ、政権の正当性を国内的に誇示せんとしたケースにおいて観察することができる。

例えば、卑弥呼が、魏に使節を派遣した一つの重要な動機は、いまだ氏族の連合体的性格を払い落とすことができていなかった邪馬台国の王権（女王の権威）を確立するために、「中国の権威」というマントをみずから着用しようとしたところにある。

また、西暦六〇〇年に、聖徳太子が中国に派遣した遣隋使に対して、皇帝が陪臣を通して日本の風俗を問うた際、日本の使節が、「日本の王は天を以て兄となし、日を以て弟となす」と説明したとされているが(1)、この説明のしかたは、使節が、日本の政治体制を中国に知らしめ、認知してもらいたいとの意向をもっていたことを裏書きしている。

さらに、小野妹子が隋朝に持参した有名な国書において、日本側が、自らを「日出ずる処の天子」と呼んだことも、類似の動機によるものと言えよう。この国書については、古来、日本が中国と対等であることを示そうとした云々との解釈があり、その点をめぐって論争があったことは良く知られているが、焦点は、対等云々という点よりもむしろ別の政治的動機にあったと見るべきであろう。すなわち、聖徳太子を中心とする日本の政権が、中国の新しい政権にしっかりと「認知」されたいというところにあったと考えるべきであろう。

同じことは、程度の差こそあれ、遣唐使にも観察されるところであるが、平安朝となって、日本の「唐風化」が進むにつれて、単なる「認知」をこえて、日本がいかに「唐風」を身につけているかを誇示し、そのことによって日本の地位を認めさせようとする動きへとつながっていった。このことが、最も典型的あるいは象徴的に現れたのは、七〇二年の遣唐使粟田真人《あわたまひと》であろう。真人は、全く中国の文官のごとき服装に身を包み、漢文を読んで、唐朝の人々の称賛をえたという。(2)それだけに、時代を経るにつけ、遣唐使が、中国でいかなる扱いをうけるかに日本は神経を使うようになっていった。(3)

このように、日本の事情の説明や「中国との共通点の誇示」といったことは、その後も、日本の対中接触の主たる動機の一つであった。中国が宋の時代に入り、日本からの「使者」が、ほとんど僧侶によるものに限られてきた時代においても、そうした傾向が観察される。たとえば奝然《ちょうねん》と太宗との面談のエピソードである。

九八三年入宋した奝然《ちょうねん》は、太宗に対して、日本の天皇家が、長年にわたって続いていることを説明し、太宗はこれを聞いて、王朝がしばしば変わる中国と対比したという逸話である。

この逸話は、日本の使節が、熱意をもって日本の政治制度や実情を説明したことを示唆しており、ここにも、いわば「認知外交」の色彩がにじみ出ていたといえる。

こうした日本の「認知外交」は、日本における新しい政権の登場のたびに見られる傾向であった。徳川時代の初期においても、家康は、島津藩や側近の大名を通じて明朝に対して勘合貿易の再開をよびかけたが、(4)この間の経緯は、家康が、自己の政権の正当性を明によって認知させる目的をもっていたことをうかがわせるものである(この点は、家康の書簡中に、日本が他国から朝貢をうけているかの如き表現があることからも推測できるところである(5))。

もっとも、このように、中国の「政権」を自らの地位の安定のために「利用」した典型は、足利義満であるともいえる。

十五世紀の初期、義満は、表2―1[6]のごとく、あいついで中国（明）に使者をおくり、国書を提示したが、こうした義満の動きは、「明」という政治的マントをみずから着用することによって、自己の政権の正当性を確立しようとした試みに他ならなかった。事実、義満は、明からの使節を、みずから漢服を着用して接見したのであった[7]。

義満が、ことさら明朝との国交に熱心であったのは、もとより、貿易上の利益の観点もあったであろうが、何よりも南北朝の対立の冷めやらぬ時代において、特別の政治的意味を持っていた。それは、義満が、自らを、天皇の地位に比肩すべきものに押し上げ、そうした地位を明朝に認めさせ、そのいわば代償として、日本を明朝の朝貢国として位置づけたかったからである。そのことは、有名な義満の永楽帝への書簡において、義満が、自らを「日本国王臣源」と称したことに如実に現れていた[8]。

こうした、政権同士の「相互利用」は、皮肉なことに、やや違った形ではあるが、秀吉の場合にも垣間見ることができる。秀吉は、朝鮮に侵攻し、天皇を北京に移し、北京周辺十ヶ国を皇室領にすると言った夢想に近い考えをもっていたが[9]、秀吉の行動を仔細に観察すると、秀吉は、明朝の権威を自らの権威にだぶらすことによって、自己の政権にいわば「はくをつける」ことをねらっていたと解釈できる。そのことは、秀吉もまた義満のように、明使を接見する際に、明の冠服を着用し、部屋に明朝の絵画をかけていたことに象徴されていた。

しかも、こうした姿勢ないし方針は、日本の歴史の上で、大国中国に対してのみならず、朝鮮王朝との関係においても観察されるところが興味深い。

たとえば、対馬藩は、十六世紀ごろから、年一回朝鮮から下賜された冠服を着用し、『告身』（朝鮮から受けた官職の辞令）をもって朝鮮に赴いたと言われているが、[10]一地方大名のやり方であったとは言え、そうした対馬のやりかたは当然中央政府の知るところになっていたと思われ、しかも、この対馬

表2-1　日-明間の使者一覧

年月	派遣者	使者名	国書等	貢物
一四〇一・八	義満	祖阿 肥富	有	有
一四〇二・二	建文帝（恵帝）	天倫道彝 一庵一如	有	大統暦等
一四〇三・三	義満	堅中圭密	有（建文帝永楽帝双方二通）	有
一四〇四・五	永楽帝	趙居任	有	金印等
一四〇四・十一	義満	明室梵亮（倭寇の「首領」の送還）		
一四〇五・五	永楽帝	兪士吉	有	有
一四〇五・十一	義満	源通賢	有	有
一四〇六・六	永楽帝	潘賜、王進	有	印章等
一四〇六・六	義満	堅中圭密	不明	有
一四〇七・五	義満	同右	不明	有
一四〇八・五	義満	同右	不明	有

藩を家康が活用して朝鮮との国交修復を試みたことは、意味深長である。このような家康の対朝鮮外交は、（豊臣勢力の未だ残存していた当時の状況のもとで、かって朝鮮へ進攻した豊臣家と新しい徳川家との違いを明らかにせんとする意図とともに、そのタイミングから見て）家康から秀忠への将軍職の世襲体制を、国際的にも認知させようとする試みであったといえよう。

このように、徳川時代の朝鮮通信使は、えてして政権の認知と密接にからんでいた。たとえば、一六四三年の通信使の場合もそれに当たる。

この年の通信使は、家光に世継ぎが誕生したことを祝賀するという異例の形のものであったが、（家光の家督相続には、忠長との確執があっただけに）家光の地位に対する国際的認知を確保しておきたいとする幕府の思惑がからんでいたのではないかと想像されるのである[11]。

こうした世襲や政権の認知の問題は、決して遠い昔の物語ではない。たとえば、北朝鮮の世襲体制を（その対外的姿勢とは別の次元の問題として）どの程度「認知」するかは、日本や韓国にとって大きな問題である。韓国の李明博政権が、金正恩の主催する式典にどのような代表を送るかは、金政権への「認知」の程度を意味するものであった。また、一九八〇年代、鈴木政権においては、民主化運動を「弾圧した」とされていた全斗煥政権をいわば完全に「認知」した形となるような日本の総理の訪韓には、消極的態度が目立ったが、これも、いわば「認知外交」を拒否するという意味で、認知外交の裏側をなすものであった。

また、中国との関係でも、内政上の思惑から中国ないし中国の「権威」を借用するといった政治手法ないし類似の行動は、よく観察すれば、今日でもしばしば見受けられるところである。

たとえば、数年前安倍総理が、中国を訪問した際、中国側主催の晩餐会において供された料理が、超一級のもの（燕巣のスープ）ではなくそれ以下のもの（ナマコのスープ）であったことが、ことさら我が国のジャーナリズムで問題視されたことがあった。それは当時政治家としての経験の浅さをめぐって首相の資格云々の議論がジャーナリズムの一部で行われていたことと結び付いていたと考えられる。すなわち、首相としての中国訪問の一つの目的が、ある種の「はくをつける」ことにあったことが（すくなくともジャーナリストの見方として）暗示されている。

また、逆説的ではあるが、小泉首相が靖国神社参拝問題で、中国と軋轢をひきおこし、しかもみずからの立場を長期にわたって堅持し、かえって日本国民の人気を博したことは、中国を喧嘩の対象として内政上「利用した」という側面をもっていたとも言えよう。

（1）「隋書倭国伝」（石原道博編訳『新訂　魏志倭人伝他三編』岩波文庫）
（2）石原道博編訳『旧唐書倭国日本伝』岩波文庫新版
（3）こうした過程については、小倉和夫「遣唐使をめぐる外交戦略」（雑誌『東亜』二〇〇八年七月）参照
（4）これらの書簡についての解説は、紙屋敦之『大君外交と東アジア』吉川弘文館、一九九七年、一〇頁以下参照
（5）辻善之助校注『異国日記』二（『史苑』一―二、一九二八年）

(6) 佐久間重男『日明関係史の研究』吉川弘文館、一九九二年等を参考としてとりまとめたもの
(7) 田中健夫『中世対外関係史』東京大学出版会、一九七五年、六五頁、臼井信義『足利義満』吉川弘文館、一九八九年、一七九頁等
(8)『善隣国宝記』によるもの。なお義満と明との往復書簡の現代語訳は佐久間(前掲書)に全文掲載されている
(9) 田村栄太郎『史料からみた秀吉の正体』(下) 雄山閣、一九六五年、二八〇頁以下、及び同右二八五頁
(10) 李進熙『李朝の朝鮮通信使』講談社、一九七六年
(11) 類似のケースとして、綱吉の将軍就任祝賀使節をあげることができるが、これについては、小倉和夫「徳川時代の対中外交と安定期の対朝鮮外交」(雑誌『東亜』二〇〇九年三月号)参照

■現代における「認知外交」の意義

日本が、アジアにおいてしっかりと「認知」され、理解されたいとするのが日本外交の長い間の伝統であったとしても、それは、近代にいたるまで、主として、中国や朝鮮半島の国々との間で、対等、あるいは、信頼できる隣国として扱われることを意味していた。

しかしながら、近代においては、そこに、違った意味が付加され、むしろその付加された部分が、重要性を増してきた。それは、日本が、(欧米先進国を中心とする)国際秩序の主要な担い手の一人であるという意味づけである。

言い換えれば、広い国際社会における日本の地位と立場を、アジアの国または人々に理解せしめる

ことが日本の近代外交の一つの大きな柱となった。

このことは、第二次大戦前においては、多くのアジアの国々が、植民地また半植民地化されていた状況下であったために、日本は、西欧の倫理とそのつくりあげた国際秩序をアジアにおいて代弁する役割を演ずることにつながった。

その結果、日本は、一方で近代化のモデルとして他のアジアの国々が見習うべき対象とされつつも、同時に、アジアから離脱したものとして眉をひそめられる場合もあった。

明治時代の鹿鳴館に招待された朝鮮の使節団の残した次の覚書は、あますところなく、西欧的近代化の代弁者としての日本に対する当時の朝鮮政府関係者の「嫌悪」をあらわしている。


日本の女子はみな西洋の着物を着けている。これは維新以後の風俗だという。女子の開化が男子の開化に勝るとも劣らないのを見ると、開化以前には女子にいい風俗がなかったことと推測される。殊に、一つの笑い話しになるのは、二十歳余りに見える一人の美しい女が、大勢の人波のなかで余の手を握って何かを話し掛けたのである。舌人（通訳）に聞くと、それが他ならぬ陸軍卿の夫人で、宴会にお越し頂いたことに対し感謝の意を表したという。

床頭（机先）の一介の書生に過ぎない余は、夙に娼婦や酒母の手を握ったことも一度だにないので、いきなりの出来事に戸惑うしか仕様がなかった。舌人は「これが我が国で貴賓を接待する第一の作法です。怪しく思わないで下さい」という。そこで余は急に欣然な顔を見せながら、宴会へのお招きに預かったこと、お蔭さまで立派な宴会に参らせて頂いたことについて感謝した。これは俗に「気違いの傍に立つと正常な人も気が狂う」という表現にぴったりと当てはまる。男女に倫理がなく、尊卑に法がなくなったこと、ここに至るとは、嫌らしくて堪らない

(『東槎漫録』一八八五年一月二十三日)[1]

一方、日本は、アジアの国であることを、アジアは勿論、世界においても認められることに努力した。例えば、(前述した)人種差別に対する日本外交の姿勢は、そうした日本の姿勢とも関連していた。しかし、こうしたアジアの国としての自己主張と、西欧主導の国際秩序の担い手としての日本という、二つの軸は、とかく衝突しがちなものであった。そして、この二つの軸を一つにまとめあげるものは、アジアに日本的な秩序をうちたて、それを国際的に認知せしめることであった。そうした方向こそが、日本をアジアの「侵略国」への道をとらすことになった一つの要因であった。

(1) 宋敏「明治初期における朝鮮修信使の日本見聞」www.nichibun.ac.jp/graphicversion/dbase/forum/text/fn121.html

■「認知外交」の今後

第二次大戦後、アジアの国に対する日本の「認知外交」は、二つの軸を中心にすすめられてきた。

一つは、アジアにおける先進民主主義国として、アジアの経済発展と政治的安定に寄与することによって、国際社会一般において日本の地位を認知せしめることであった。

二つ目の軸は、日本がアジアにおいて、いわば教師であり、先導役として認められることであった。政府開発援助をてこにしての外交や、G7／G8首脳会談などの国際フォーラムにおいて、アジアの声をできるだけ反映させようとした努力などは、そうした、認知外交の現れであった。

しかし、今や、多くのアジア諸国においてまがりなりにも民主的政治体制が定着しつつあり、また経済発展も軌道に乗って、民間の貿易や投資の役割が増大している時代において、アジアにおける日本の「認知外交」は、一つの曲がり角にさしかかっていると言える。

史上ほとんど初めて、日本は、アジア諸国の真のパートナーとしての日本を自己規定せねばならず、またそのように認知してもらうべき時代が到来したのだ。

しかし、その場合、大きな問題は、果たして多くのアジア諸国が、現在の国際秩序について、基本的には現状維持を望むのか、それとも、かなり基本的な改編を指向するのかという点である。

日本と韓国を除けば、アジアにおいて米国と緊密な防衛条約を結んでいる国はなく、また、韓国とシンガポール以外のアジア諸国は、政治的にも、経済的にも開発途上国としての地位を主張している。

こうした状況下では、日本とアジアとのパートナーシップの形成には、アジアが、みずからの世界的責任を自覚し、明日の世界のビジョン作りに日本と共に積極的に参画することが必要であろう。

■「認知外交」としての謝罪外交

第二次大戦後の日本のアジア外交において、アジアの国々の認知、理解をもとめる際に、しばしば問題になってきたことは、日本のアジアに対する「侵略的」行為に関する謝罪の問題である。

この問題は、えてして、国民感情の問題としてとらえられがちであるが、外交政策として考えれば、まず第一に問われなければならない点は、何故この問題が、戦争直後、あるいは、日中、日韓国交正常化の直後よりも、むしろ、一九八〇、九〇年代に至って日本とこれらの国との政治、外交問題に発展したかの点であろう。

別表1、及び**2**、にかかげた、「謝罪」の文言の経緯を見ても分かるとおり、いわゆる「村山談話」に至る前の段階では、日本の謝罪は、誰が、誰に対して、何について、何を謝罪するのか、必ずしもはっきりしていなかった。

日本という国家が、中国なり韓国という国家と国民に対して、戦争や侵略的行為や植民地支配によって、国民に多大の損害を与え、国家の尊厳を傷つけたというのか否か、その責任は誰にあるのか、そのことについて、日本という国家ないし国民全体が、真に反省しているか否かなどの点について、つきつめて、謝罪の文言を考察してみると、かならずしも明白でない点が残っていた。

そうしたあいまいさは、第二次大戦後、日本が、いわゆる自民党を中心とする保守政治に支配され、保守政党は、第二次大戦の「戦犯」をすくなからず抱えていたことに象徴されるように、戦前と完全には決別していなかったからこそ、残存していたといえる。

他方、中国や韓国も、日本との戦略的関係を重視する際には、こうした「謝罪」外交を日本に強く要求はしなかった。中国にとって、ソ連邦の脅威が強く感じられた時代には、日本への謝罪要求は、脇にのける傾向があり、また、北朝鮮の脅威に対処する上で、日本との戦略的関係が重視される時には、同じ傾向が、韓国側にも現れていた。

しかしそうした戦略的要因が、薄くなると、謝罪の問題が表面化しがちになった。しかも、その傾向は、中国や韓国自身の国際社会における「認知」外交と連動していた。すなわち、両国の目覚ましい経済発展が軌道にのり、国際的地位も確立してくると、韓国、中国ともに、国際社会における自らの国の地位に対する「認知」を要求するようになる。その場合、日本に対しては、まず過去の「屈辱」を清算することを要求することにつながったのである。

ここには、もう一つの、基本的問題がひそんでいる。

もし、日本が、完全に経済的に先進国であり、民主主義の定着した国であることを、アジアの国々に認知してもらいたいのであれば、まずもって、過去において、日本が、アジアにおいて、民主と自由を蹂躙した事実を、明白にみとめ、その反省に立つことをはっきりさせる必要があるはずである。

そこに、アジアにおける日本の認知外交と謝罪外交の今日的意味が存在するのであり、また何故謝罪問題が、外交をこえて、大きな内政問題となるのか、その真の理由がひそんでいるといえよう。

別表1　日韓間の主な謝罪発言

一、一九五〇年九月　小坂善太郎外相訪韓時の記者会見発言

「皆さんに与えた辛苦はわかる。しかし、いつまでも過去のことを言っても幸せにはなれないから、お互いに力を合わせて明るい未来を開こう」

（小坂善太郎氏の回想録より）

二、一九六五年二月　椎名外相のソウル空港到着時の声明

日韓両国は、古くから一衣帯水の隣国として、人の交流はもちろん、文化的にも、経済的にも、深いつながりがありました。両国間の永い歴史の中に、不幸な期間があったことは、まことに遺憾な次第でありまして、深く反省するものであります。

（『記録：椎名悦三郎（下）』より）

三、一九八四年九月　全斗煥大統領訪日時の歓迎夕食会における中曽根首相の発言

遺憾ながら今世紀の一時期、わが国は貴国及び貴国民に対し多大の苦難をもたらした。このあやまちに対し、深い遺憾の念を覚える。

（朝日新聞）

四、一九八四年九月六日　天皇陛下主催夕食会（全斗煥大統領のためのもの）における天皇のスピーチ

永い歴史にわたり、両国は深い隣人関係にあったのであります。このような間柄にもかかわらず、今世紀の一時期において、両国の間に不幸な過去が生じたことは誠に遺憾であり、再び繰り返されてはならないと思います。

（同夕食会に出席した安倍晋太郎外相の回想録）

五、村山談話（一九九五）（中国にも適用される）

わが国は、遠くない過去の一時期、国策を誤り、戦争への道を歩んで国民を存亡の危機に陥れ、植民地支配と侵略によって、多くの国々、とりわけアジア諸国の人々に対して多大の損害と苦痛を与えました。私は、未来に過ち無からしめんとするが故に、疑うべくもないこの歴史の事実を謙虚に受け止め、ここにあらためて痛切な反省の意を表し、心からのお詫びの気持ちを表明いたします。また、この歴史がもたらした内外すべての犠牲者に深い哀悼の念を捧げます。

六、菅首相談話（二〇一〇）

本年は、日韓関係にとって大きな節目の年です。ちょうど百年前の八月、日韓併合条約が締結され、以後三十六年に及ぶ植民地支配が始まりました。三・一独立運動などの激しい抵抗にも示されたとおり、政治的・軍事的背景の下、当時の韓国の人々は、その意に反して行われた植民地支配によって、国と文化を奪われ、民族の誇りを深く傷付けられました。

私は、歴史に対して誠実に向き合いたいと思います。歴史の事実を直視する勇気とそれを受け止める謙虚さを持ち、自らの過ちを省みることに率直でありたいと思います。痛みを与えた側は忘れやすく、与えられた側はそれを容易に忘れることは出来ないものです。この植民地支配がもたらした多大の損害と苦痛に対し、ここに改めて痛切な反省と心からのお詫びの気持ちを表明いたします。

このような認識の下、これからの百年を見据え、未来志向の日韓関係を構築していきます。また、これまで行ってきたいわゆる在サハリン韓国人支援、朝鮮半島出身者の遺骨返還支援といった人道的な協力を今後とも誠実に実施していきます。さらに、日本が統治していた期間に朝鮮総督府を経由してもたらされ、日本政府が保管している朝鮮王朝儀軌等の朝鮮半島由来の貴重な図書について、韓国の人々の期待に応えて近くこれらをお渡ししたいと思います。(以下略)

別表2　日中間の主な謝罪発言

一、一九七二年九月二五日　人民大会堂における夕食会でのスピーチ　田中角栄日本国首相

日中両国は地理的に近いのみならず、実に二〇〇〇年にわたる、多彩な交流の歴史をもっています。しかるに、過去数十年にわたって、日中関係は遺憾ながら、不幸な過去を辿ってまいりました。この間、わが国が中国国民に多大のご迷惑をおかけしたことについて、私は改めて、深い反省の念を表明するものであります。

(同夕食会に同席した王効賢女史の回想記録より)

（補足）一九七二年九月二六日の日中首脳会談における周恩来の発言

日本政府首脳が国交正常化問題を法律的でなく、政治的に解決したいと言ったことを高く評価する。戦争のため幾百万の中国人が犠牲になった。日本の損害も大きかった。我々のこのような歴史の教訓を忘れてはならぬ。田中首相が述べた「過去の不幸なことを反省する」という考え方は、我々としても受け入れられる。しかし、田中首相の「中国人民に迷惑をかけた」との言葉は中国人の反感をよぶ。中国では迷惑とは小さなことにしか使われないからである。

（石井明他編『日中国交正常化・日中平和友好条約締結交渉——記録と考証』岩波書店、二〇〇三）

「周総理直率地説、田中首相表示対過去的不幸過程感到遺憾、併表示要深深的反省、這是我們能接受的。但是、〝添了很大的麻煩〟這一句話引起了中国人民強烈的反感。因為普通的事情也可以説〝添了麻煩〟。這可能是日文和中文的含意不一様。田中解釈説：従日文来説〝添了麻煩〟是誠心誠意地表示謝罪之意、而且包含着保証以後不重犯、請求原諒的意思。如果你們有更適当的詞匯、可以按你們習慣改。道歉的問題解決了。」

二、一九七二年九月二九日　日中共同声明

日本側は、過去において日本国が戦争を通じて中国国民に重大な損害を与えたことについての責任を痛感し、深く反省する。また、日本側は、中華人民共和国政府が提起した「復交三原則」

を十分理解する立場に立って国交正常化の実現をはかるという見解を再確認する。中国側は、これを歓迎するものである。

「日本方面痛感日本国过去由于战争給中国人造成的重大損害的責任、表示深刻的反省。日本方面重站在充分理解中华人民共和国政府提出的〝复交三原則〟的立場上、谋求实現日中邦交正常化这一見解。国方面対此表示欢迎。」

三、村山談話、前掲

2　アジアに背を向けた日本

アジアに認知、理解されることを望んだ日本外交及びアジア大陸に関与しようとした外交戦略の流れの一方で、日本のアジア外交には、アジアに背を向け、アジアから独り離れようとする、もう一つの顔があった。そうした顔は、アジアからひきこもり、アジアへの関与から身を遠ざける姿勢にほかならなかった。そうした姿勢がどうして、またどういう状況の下に生じたかを歴史的に考えてみる必要がある。

■空白の六世紀

日本の歴史上、そうした「引きこもり」的対外政策が採用された最初の例は、いわゆる「空白の六世紀」であろう。

西暦五世紀において、華々しく展開された、「倭の五王」の外交（表2―2参照）の後に生じた、空白の六世紀の日本の外交政策である。四七八年、倭王「武」（雄略天皇）が、中国の宋に遣使した後、聖徳太子の遣隋使（六〇七年）にいたる間、日本と中国ないし朝鮮半島の国々との間に緊密な外交的接触が行われた気配がないのである。

この「引きこもり」は、おそらく、朝鮮半島における日本の領土的利権（いわゆる任那あるいは加羅地方）の消滅ないし大幅な減少、半島における新羅と百済の力の増大、そしてなによりも、蘇我氏と物部氏の抗争や天皇の暗殺などに象徴されるような（天皇家の統治の確立をめぐる）日本国内の権力闘争の影響ではないかと考えられる。いいかえれば、国内の権力闘争の深刻化と（相対的に見た）日本の対外的影響力の減退が、「引きこもり」的外交政策を惹起したものと考えられる。

■遣唐使の中止

次に、日本の戦略的外交が内向きに転じた大きな分岐点は、六三〇年からほぼ二〇〇年間続いていた遣唐使（表2―3）が、八九四年菅原道真《すがわらのみちざね》の建白書によって正式にとりやめとなったことであろう。

元来八世紀全般と九世紀始めには、遣唐使のみならず、中国北方の大国渤海と日本との間に相互の

表 2-2　倭の五王の中国への遣使と冊封

421 年	**讃** （仁徳天皇説有力）	朝貢	官位授受
425 年	**珍** （履中天皇説有力）	遣使 上表文 朝貢	安東将軍 倭国王
443 年	**済** （反正天皇、または允恭天皇）	遣使 朝貢	安東将軍 倭国王
462 年	**興** （允恭、または安東天皇）	遣使 朝貢	安東将軍 倭国王
478 年	**武** （雄略天皇）	遣使 上表文	安東大将軍 倭国王

出所：石原道博他編訳『魏志倭人伝・後漢書倭伝・宋書倭国伝・隋書倭国伝』岩波文庫、1985 年

使節の交換が、比較的頻繁に行われていた。それが、道真の上中の前後から大きな変貌を遂げつつあった。そして、遣唐使派遣の中止にいたる背景をさぐると、そこに各種の要因がからんでいたことが分かる。

遣唐使の派遣を時代を追って観察すると、まず目に付くことは、その頻度あるいは一つの派遣と次の派遣との間の期間である。遣唐使派遣（任命）の空白期間をみると、七五九年から七七七年までの一九年間、七七九年から八〇三年までの二五年間、八〇三年から八三六年までの三四年間と、次第に空白期間が長くなっていった。

また、任命から実際の渡航までの年月も、元来は二年ほどであったものが、次第に三年、四年となるものまで現れ、また中には、承和年間の遣唐副使小野篁《おののたかむら》のように、病と称して渡航を拒否するものまで現れるに至った。

更に、七世紀までは北路が多かった遣唐使の渡航ルートも、新羅と日本との対立を始めとし、朝鮮半島情勢の変化に伴って、（また中国北部の情勢変化によって）東シナ海を横切る南路

表 2-3　遣唐使の一覧表

630 年（出発）— 632 年（帰国）	：犬上御田鍬・薬師恵日
653 年— 654 年	：吉士長丹・吉士駒
654 年— 655 年	：高向玄理（唐で死去）・河辺麻呂・薬師恵日
659 年— 661 年	（659 年入京） ：坂合部石布（南海に漂着し殺害される）・津守吉祥・伊吉博徳
665 年— 667 年	（唐使劉徳高を送り唐使法聡を迎える） ：守大石・坂合部石積・吉士岐弥・吉士針間
667 年— 668 年	（唐使法聡を百済に送る。入唐していない可能性あり） ：伊吉博徳・笠諸石
669 年—（帰国年時不明）	：河内鯨
702 年— 704 年	（ただし人により 707、718 年。702 年入京） ：粟田真人・高橋笠間・巨勢邑治・山上憶良
717 年— 718 年	（717 年入京）：多治比県守・大伴山守・藤原馬養
733 年— 734 年	（～ 739 年。734 年入京）：多治比広成・中臣名代
752 年— 753 年	（～ 754 年。752 年入京） ：藤原清河（清河は最終的には唐にとどまって帰国せず）・大伴古麻呂・吉備真備
759 年— 761 年	：高元度・内蔵全成
777 年— 778 年	（778 年入京。唐使趙宝英を迎えるも途中で死亡） ：佐伯今毛人・大伴益立・藤原鷹取・小野石根・大神末足
779 年— 781 年	（780 年入京。唐使孫興進を送る）：布勢清直
803 年— 805 年	（804 年— 806 年とも。804 年入京） ：藤原葛野麻呂・石川道益（石川道益は唐で死亡）
836 年— 838 年	（839 年及び 840 年とも。838 年入京） ：藤原常嗣・小野篁（小野篁は病を理由に日本にとどまる）

注：①当初６回目まで（６回目を含む）は、いわゆる北路で往復、以降は往路だけ渤海経由のもの１回、帰路のみ北路をとったもの１回を除けば、全て南路で往復したものと見られている

②746 年の石川乙麻呂および 894 年の菅原道真・紀長雄は任命はされたが派遣は中止。761 年に任命された仲石伴等は船破損のため派遣されず、また 762 年の中臣鷹主等は天候上の理由で渡海できなかったとされている

③派遣された船の数は当初は１隻または２隻、９回目の派遣から４隻の場合がほとんどを占める

出所：主として東野治之『遣唐使船』朝日選書、1999 年、28 − 29 頁の表および同書の記述から筆者がとりまとめた

を利用することがほとんどとなり、その結果、遭難の危険も倍加した。

しかし、こうした事情にもまして、遣唐使派遣事業の推移に影響した要因は、中国の国内政治情勢と、日本の政治状況の変化であった。

中国においては、八世紀後半のいわゆる安禄山の乱以降、藩鎮体制とよばれる地方勢力の拡大がみられ、九世紀には康全泰の乱、裘甫《きゅうほ》の乱等、騒乱が目立ってきた。のみならず、会昌の廃仏運動に象徴されるごとく、仏教の衰退と儒学の復興といった風潮が見られた。これら全ては、唐帝国がその「国際性」を次第に失い、内向き志向になっていく過程であったともいえる。

一方、日本の国内情勢も変化しつつあった。

一つには風俗、宮廷のしきたりなどの面における唐風化の完成があった。八一八年に採用された服装の形式、すなわち朝廷における唐服の使用は、唐風化が完成しつつあることを象徴していた。

経済貿易面でも変化が起こっていた。新羅の商船の往来が激しくなり、唐と日本との通商関係促進に占める遣唐使の役割は減少していった。

このことは、朝鮮半島における新羅の支配の確立と裏腹をなしており、それはまた、半島情勢が日本国内の政争や日本の対中国外交に直接影響を及ぼすおそれが解消しつつあることを意味していた。

言い換えれば、朝鮮半島の問題について、日本と中国の間で戦略的対話を行う必要性は次第に薄くなっていたのであった。

■外交戦略に優先する内政

これら全ての事柄ないし要因が重なった結果、遣唐使の派遣の意味は、外交上のものよりも内政上のものに変化していった。

一つには、遣唐使の派遣や唐使の接受が皇太子の即位に伴う行事として重要性を与えられるという兆候が生じた。(1)

また、延暦の遣唐使に最澄《さいちょう》、空海《くうかい》が同行し、帰国したことに最も典型的に表れているように、仏僧の中国派遣によって僧に「政治的」箔《はく》をつけ、仏教の定着を図るという国内政治上の思惑が、遣唐使派遣に絡んできていた。(2)

このように、遣唐使の派遣が内政上の思惑と絡めば絡むほど、遣唐使節団内部で摩擦が生起したり、遣唐使の役を事実上拒否したりする例が起こってきた。こうした例は、逆にいえば、遣唐使派遣を巡る外交的、国家的戦略が弱まってきたことを暗示しているといえよう。(3)

こうした経緯を顧みれば、八三六年に遣唐使が任命されてから六十年近く経って行われた菅原道真への遣唐使任命が、道真の中止上申書の提出によって中止となったのは極めて自然の成り行きであった。(4)

言い換えれば、道真の任命は、最早全く内政的理由によるものであり、それが故に道真は任命をきっぱり断るために上申書を提出したとも考えられるのである。

道真の上申書が、遣唐使中止の理由として、唐の衰微と航海の困難をあげていることはよく知られているが、これらの要因は、すでにかなり以前から大なり小なり認識されていたことであり（唐の情勢の評価については若干の論議があったとしても）、これに平安中期以降の財政的困難の事情を加えれば、道真の中止勧告は、ある意味では自然の流れであった。言い換えれば、道真の任命自体も「一種のジェスチュア」にすぎず、中止勧告の提出と、それに基づく中止は、もともと仕組まれた政治的筋書きであったとの考え方も成立する[5]。

中には、かつての道真に対する讒言事件[6]のように、道真の任命自体、外国へ道真を追いやり、場合によっては遭難の憂き目にあわすための隠謀であったとする考え方もある。

いずれにしても、遣唐使の外交的、戦略的意味の低下に伴い、任命は内政的要因によって左右される面が強くなったのである。

しかし、この同じ過程を別の角度から見れば、中国との関係という外交問題が、内政と絡まなくなった（内政上の意味が少なくなっていた）とみなすこともできる。

唐と日本の戦略的関係は、遣唐使の中止とともに消失し、また戦略的要素が稀薄になったからこそ遣唐使は中止されたのであった。

（1）鈴木靖民『古代対外関係史の研究』吉川弘文館、一九八五年、一九七頁

（2）皇太子の「胸の病」を治すために役立つ仙薬を中国から得ることにより、皇太子の地位を安定化せしめる目的を持った遣唐使節も存在したといわれる。同右一二四頁

（3）遣唐使節内部の軋轢としては、例えば七七七年に任命された遣唐使節団における副使の交代や、大使の佐伯今毛人《さえきのいまえみし》が病と称して唐に赴くことを拒否した例や、八三八年の遣唐使節団の大使たる小野篁が、病を理由に渡航しなかった例などがあげられよう（東野浩之『遣唐使船』朝日選書、一九九九年、一二一—三頁）

（4）道真の上申書の原文は次の通り。

「請フレ令メンコトヲ三諸公卿ヲシテ議二-定セ遣唐使ノ進止ヲ一状

右臣某謹ミテ案ズルニ下在唐僧中瓘《ちゅうかん》去年三月附シテ二商客王訥等ニ一所レ到ルノ之録記ヲ上、大唐ノ凋弊載スルコトレ之ニ具ナリ矣。更ニ告ゲ二不朝之問ヲ一、終ニ停ムルヲ二入唐之人ヲ一。中瓘雖モ二区々之旅僧ナリト一、為ニ二聖朝ノ一尽スノ二其誠ヲ一。代馬越鳥、豈ニ非ザランヤ二習性ニ一。臣等伏シテ検スルニ二旧記ヲ一、度々使等、或ハ有リ二渡リテレ海ヲ不ルレ堪ヘレ命ニ者一。或ハ有リ二遭ヒテレ賊ニ遂ニ亡ボスレ身ヲ者一。唯未ダレ見三至リテレ唐ニ有ルヲ二難阻飢寒之悲シミ一。如クンバ三中瓘ノ所ノ二申報スル一、未然之事、推シテ而可シレ知ル。臣等伏シテ願ハクハ、以テ二中瓘録記之状ヲ一、遍ク下シテ二公卿博士ニ一、詳ラカニ被レンコトヲレ定メ二其ノ可否ヲ一。国之大事、不ニシテ二独リ為ナラ一レ身ノ。且ツ陳ベ二款誠ヲ一、伏シテ請フ二処分ヲ一。謹ミテ言ス。

寛平六年（八九四）九月十四日、大使参議勘解由長官従四位下兼守左大井行式部権大輔春宮亮菅原朝臣某」

（児玉幸多ほか編『史料による日本の歩み（古代篇）』吉川弘文館、一九六〇年、二四二頁より引用）

（5）例えば坂本太郎『菅原道真』吉川弘文館（一九九七年、八八—八九頁）、また、この点については、宇多天皇の譲位のタイミングとの関連で、道真を任命したものの、同じ天皇が自己の任命した遣唐使の報告を聞くことができないようでは、唐との信書の授受に差し障りが生じるとして、派遣の中止に至ったとする見方もある（鈴木、前掲書、二〇五—二〇六頁）

（6）詳細は、坂本、前掲書、四九頁以下参照

■平安貴族の内向性

道真の建白書の前後から、平清盛の台頭にいたる、ほぼ二世紀にわたって（すなわち十世紀から十一

世紀にかけて）平安貴族政治は、対外政策という観点から見れば内向的であった。

多くの平安貴族たちにとって、外国人あるいはそれとの接触は、「けがれ」とみなされた。『源氏物語』（藤壺の巻）のエピソードは、そうした平安貴族の性向をしめしている。宮中で誕生した御子の人相を占うため、中国（宋）から渡来した占い師を、宮中に招くことは「異人のけがれ」を宮廷にもちこむことになるという理由から、わざわざ御子を占い師のところまで連れていったほどであった。

後年（一一七〇年）、清盛が福原の別荘に後白河法皇を招き、法皇と宋からの来客の接見を設定したとき、時の右大臣藤原兼実は、「天魔の為すところかな」と嘆いたといわれるが[1]、この事件も、平安貴族における「異人嫌い」の傾向をしめすものと言える。

こうした内向き思想は、現実の外交政策にも当然影響した。たとえば、一〇七二年、僧成尋《じょうじん》が宋に渡り、神宗の書と信物を持って帰国した時の、日本側の対応である。

朝廷はこれへの対応に苦慮し、成尋の帰国した一〇七二年から五年も経ってようやく僧仲回をして（天皇の信書ではなく朝廷の官吏の名の）返書とお返しの信物を持って宋へ渡海せしめたのであった。しかし仲回の渡航の後は、日本側から積極的な動きは全くなく、むしろ、宋側から地方官の書簡や宋の朝廷の信書が届けられた[2]。

そしてこの傾向は、たびたび宋の商人が書簡や方物などを持参して来日したにもかかわらず、清盛の時代まで継続された。その背後の要因は、何であったか。

一つには、十世紀の始め、唐が滅亡、つづいて渤海も滅び（九二六年）新羅も高麗に取って代わられるという、大陸情勢の変化に日本が対応できなかったこともあろう。しかし、それよりも重要な要因は、中国に君臨することとなった宋朝が、「尚文軽武」をとなえ、文人支配と経済重視の方策をとり、周辺民族国家（金や西夏）との関係の上でも、和平を維持するために交易上の利益（銀、絹、茶などの貢物）の提供による安定化をはかったところにあった。こうした宋朝の政策は日本にも適用され、多くの宋の商人の渡来や密貿易をふくむ貿易関係は継続されたが、政府間の外交的、戦略的関係への誘いは、中国からもたらされなかったのであった。

加えて、日本国内の政治体制も影響した。平安貴族政治は、権威と格式による統治であり、そうした権威と格式の維持は、血統の維持と保守主義によって可能となるからである。十世紀の平安朝では、律令制を始め唐風文化は定着しており、中国の制度や風習を熱心に導入することが政権の権威確立に最早必須ではなかったのだった。

（1）藤原兼実の日記『玉葉』（巻五）『史料による日本の歩み　中世編』吉川弘文館、一九九六年、六一頁

（2）藤原禮之助『日中交流二千年』東京大学出版会、一九八八年、一三〇頁

■仏僧の活動をどう見るか

もっとも、十世紀から十一世紀にかけて、政府間の外交戦略関係はほとんど見られなかったと言っ

ても、日本の仏僧は、中国にしばしば渡航し、中国の朝廷へ出入していたことをどう考えるかの問題がある。

事実、主な例だけをあげてみても、この時期、つぎのような仏僧による中国朝廷との接触が見られる。

九八三年　奝然《ちょうねん》の入宋、太宗に謁見。

一〇〇八年　僧が入宋し、「国の東に祥光が現れたが、旧人から中原の天子が聖明であるとこの瑞祥があると伝えられている」と、真宗に奏上、真宗は喜び寺院を建立す。

一〇七三年　僧成尋、七人の弟子と共に入宋。五人の弟子が先立って帰国した際、神宗の書と贈物を持参。

一〇七八年　僧仲回が朝廷の官吏の返書とお返しの贈物を持って入宋。(1)

こうした仏僧の活躍には、いろいろな時代背景がからんでいたと思われるが(2)基本的には、中央政府の消極性と僧侶の政治的思惑の双方がからんでいたと見て良いであろう。すなわち、都の貴族達としてみれば、地方政治に乱れがひろがり、同時に地方の有力者の密貿易も頻繁になっている状況で(3)これらの動きをコントロールする力はなく、対外関係の国内への影響を極少化することは望ましかったと考えられる。

また、僧侶の側においては、僧侶階級は、当時、一つの隠れた政治勢力であり、自己の権威を高め、政治力を増大する一つの方途は中国への留学であったとみられるのである。[4]

（1）石原道博編訳『中国正史日本伝(2)』岩波文庫及び藤原禮之助、前掲書等より著者がまとめたもの
（2）詳細は、小倉和夫「清盛の『経済外文』」（雑誌『東亜』二〇〇八年八月号所収）参照
（3）十一世紀になると私貿易の罪で罰せられた官吏は著名な例だけでも清原守武（一〇四七）、藤原伊房（一〇九四）等の例が生じている
（4）一二二七年、三年の中国留学を終えて帰国しようとする道元に対して、師の如浄が、「国王大臣に近づくことなかれ、ただ深山幽谷に居」るべしとの送別の辞を贈ったとされていること（中村新太郎『日本と中国の二千年』中、東邦出版社、一九七八、三二四頁）は、逆に言えば、仏教僧侶の中に、権勢に近づこうとしたものが多かったことを暗示している。現に、日本における臨済宗の始祖栄西は、布教の便宜のためとはいえ、清盛や清盛の異母弟頼盛、さらには源頼朝や政子にも近かったといわれ、仏教の僧侶と時の権力者とのつながりを示唆している。なお、この時代における日本の僧侶の訪中は、日本からみても、また中国からみても、お互いの情報収集の媒体であったという要素に注目する必要があろう

■平安朝と現代

こうした平安朝の歴史は、決して現代と無縁ではない。

大陸中国と日本が一九七二年に国交正常化に踏み切る前、日本の「友好人士」が、日本と大陸とをしばしば往来したが、これは、そうした人々の主観的意図はともかく、国全体から見れば、内政への

はねかえりを極力さけつつ、大陸中国の内情についての情報を得る手段であった。

内向き思考は、決して情報ルートの封鎖につながるとは限らない。そこには、それなりの役割をはたす人々が、時代時代に存在するのである。

言い換えれば、国際社会への「参入」と関与は、政治ないし戦略的なもの、貿易と経済、文化と思想、そして、情報交換という、いろいろな次元で行われるものであり、そのどの次元での係わりあいがどの程度深く、広いかは、その時々の国際情勢と国内政治状況に依存すると言えよう。また、どのような人物が、対外関係で活躍するか——政治家、学者、ジャーナリスト、外交官、経済人、文化人、僧侶などなど——は、これまた、国際社会とその国との距離と関係の態様によって変わって行くということを、平安朝の日宋関係から学ぶことができよう。

事実、現代においても種々学者や実業界出身の「密使」が起用されるのも、外交と内政を切断しつつ情報交換を行おうとする試みの一環といえる。

■対清外交における「ひきこもり」

アジアに対するひきこもり、あるいは背を向けた外交は、徳川時代の対清外交にも強く見られたところである。

徳川幕府のいわゆる幕藩体制の樹立を、おおよそ一六三〇年代とすると、明朝が滅亡し清が台頭する一六四〇年代とはほぼ重複する。

明の遺臣が、徳川幕府に援軍を依頼した経緯もあって、清朝と徳川幕府の関係は当初から微妙ではあったが、十七世紀の後半から盛んになっていた日清貿易上の理由からみて、また、徳川幕府の威信と権威を高めるためにも、清との公的な関係の樹立は、本来徳川幕府にとっても望ましいはずのものであった。にもかかわらず、日本は、アジアに背をむけ、結局清との間に公的関係を樹立することはしなかった。何故であったか。

そもそも、清との間の貿易の急増は、日本からの金銀の流出をまねき、それが銅決済の導入と国内での銅不足につながるという悪循環を生んでいたことは事実であった。しかしだからといって、これが清との貿易の制限と政治的関係構築の拒否にいきなり結び付いたとは考えられない。むしろそこには、戦略的考慮がはたらいていたと考えるべきであろう。

そうした戦略的考慮の一つは、清朝のいわば誕生地と関連している。即ち、中国北方民族と日本との関係であった。そしてそれは、幕府の蝦夷地対策とも関連していた。

すなわち、十七世紀の半ば頃から蝦夷地における松前藩の支配が公認され、アイヌとの交易も制度化され、それに伴って、アイヌと接触のあった中国北方民族の「脅威」への警戒感も強まる傾向にあった。現に幕閣の中には、アイヌ族の（松前氏支配に対する）反抗運動にあたって、アイヌ族が中国北方民族に援軍を頼む可能性があるとして、これを憂慮する者がいたほどであった[1]。

こうした北方での清への警戒感に加え、この時期に幕府が清朝に警戒感を抱いた具体的理由としては、中国への西欧文化とキリスト教の浸透の問題があったと考えられる。

すなわち、イエズス会の宣教師マテオ・リッチは、一五八三年広東で布教を開始し、一六〇一年には北京で永住許可を得ていた。そして清朝が確立した後も、順治帝、康熙帝ともにキリスト教の宣教師に対して寛容な態度をとった。順治帝の時代には、イエズス会の宣教師アダム・シャール（湯若望《タンルオワン》）は、天文を司る官職「欽定監」に任命されていた。

こうした状況での中国と日本との接触は、マカオやルソンを経由する交易を通じた通商面の接触とあいまって、中国を経由したキリスト教思想や西洋文化の移入につながりかねないとの懸念が、明確な形ではないにせよ徳川政権に存在したと考えてよいであろう。

これらの要因は、一言で言えば、幕藩体制の安定と関連していた。日本と清との間の貿易も、一時盛んになったものの、一七一五年には、新井白石の正徳新令によって、旧来の半分以下に制限された。そうした制限も、金銀の流出をとめるといった経済的動機もさることながら、中国人商人及びそれと結託する邦人による密貿易が盛んになる懸念を前にして、幕府の体面と権威を保つという、国内政治上の動機による面も強かった。(2)

このような全ての要因が重なって、幕府は、中国（清）を西洋とほぼ同様「蕃夷の国」として鎖国の対象としたのであった。

こうして幕府は、一六二一年以降、中国人との接触を、専ら長崎奉行所の管轄とし、一世紀後の一七一五年の新井白石の改革（海船互市新令）では長崎に来航する中国船は、長崎奉行所の発行する「信牌」を持たねばならず、その書状では、年号は日本の年号を用い、清の正式名称「大清」という国名は用いてはならないこととなった[3]。

その間、林羅山をはじめ、幕府の官吏の中には、中国人を「蕃夷」と呼ぶ風習すら定着していた[4]。

このように中国を蕃夷扱いにした背後には、日本が中華秩序の外に立ち、むしろ、観念的には、中国を日本的秩序の中にとりこむという政治的意図があったといえよう。

秀吉は、中国を日本的秩序の中に取り込むために、明への侵攻を企図したが、徳川政権は、鎖国体制という逆の形で、中国をいわば「観念的に」日本的秩序の中に位置づけたのであった。

それは、徳川政権が、大名統制と国内の政治体制の安定化を至上の目的としていたからであった。そして皮肉なことに、徳川政権は、中国とも鎖国することによって、日本的な「中華秩序」をうちたて、その中に中国を押し込め、そうすることによって、幕藩体制の安定を図ったのであった。

他方、このような日本の対中国政策が、日本の意図ないし戦略通りに実行し得た裏には、ちょうど日本の対清政権の対をなすものとしての、清の対日外交姿勢があった。

清朝は、中国統一事業を実現するや、日本に対しても、中国の権威に服するよう要求するとの立場をとった。

一六四四年、清の順治帝は、中国大陸へ漂流してきた日本人十三名を日本に送還することとし、朝鮮国王にその転送を依頼したが、そうした措置をとる理由として、清は「今ヤ内外ヲ一統シテ四海ヲ家ト為シ各国人民ミナ朕（註・清の皇帝）ノ赤子ナレハ務メテ所ヲ得サシメ以テ皇仁ヲ広ムヘシ[5]」という考え方をとったのであった。

このように清朝は、漢民族の明朝を亡ぼした北方民族でありながらも、中国の伝統的な中華思想を継承しようとしていた。このことが、最も明瞭な形で公式化されたのは一七六四年に出版された『大清一統志』においてであるとされ、そこにおいては、西洋諸国と日本はいずれも蕃夷の国であり、本来中国に朝貢すべき国とされていたのである。

また、このような中華思想を現実に日本にあてはめようとした際、清は、朝鮮を対日外交の窓口とした。かつて元朝が、対日折衝の窓口を終始高麗においたように、清も朝鮮をして対日接触の窓口としたのであった。

このことは、元朝も清朝も、異民族（漢民族以外の民族）による中国支配であり、その支配の形態を、漢民族の伝統による中華思想に置くにあたって、はっきりと中国の朝貢国と位置づけられた朝鮮を極力活用するという方策をとったことを意味している。

いいかえれば、中国にとって、朝鮮半島は地理的、歴史的理由から、はっきりと中華秩序の内部にとりこまなければならないものであった。しかし、日本は、観念的には中華秩序に従うべき対象国ではあったが、実際上中華秩序の内部に是非とも位置づけられねばならない対象ではなかった。

徳川政権の日本にとって、中国が観念的には「蕃夷」であったとしても、実際上中国が日本への朝貢を行っていたわけではなかったことの、ちょうど裏側として、清朝は、観念的には日本を朝貢国扱いしながらも、実際上は、そうした関係が樹立されないままに事態が推移することを意にとめない、との対日外交姿勢をとっていたのであった。

（1）『本朝通鑑』（第十七）図書刊行会、一九一九年、七九六頁
（2）宮崎道生『新井白石』吉川弘文館、一九八九年、二二一―二二三頁
（3）この間の経緯の詳細はロナルド・トビ著、速水融、永積洋子、川勝平太訳『近世日本の国家形成と外交』創文社、一九九〇年、一五六―一五七頁参照
（4）『林羅山文集』弘文社、一九三〇年、一二六頁
（5）日本国際連合協会発行『日本外交文書』明治年間追補第一冊、一九六二年、所収の『日清交際史提要』第一編「発端」より

■脱亜入欧の真の意味

このように、徳川政権の清朝に対する外交戦略と内政との結びつきを考察してみると、いわゆる「脱亜入欧」という言葉の意味も、通常観念されているようなものとはやや違ったものであることがわかる。

「脱亜入欧」は、外交的、政治的観点からすると、とかく、中華秩序的世界から、西欧型の国際秩序に参入すること、また、文化的に言えば、中国文化の代わりにヨーロッパ文化を吸収することへの転換と理解されやすいが、はたしてそうであろうか。

たしかに表面的には、そうした現象がみられたことは否定し難い。しかし、そもそも、徳川時代において、日本は、これまで見たように、清朝と外交関係をもたず、中国ですら鎖国政策の対象となっ

ていたのである。そうとすれば、明治維新における転換は、外交的にみれば、開国ではあっても、脱亜ではなかったはずである。なぜならそもそも、日本はアジアに既に背をむけていたからである。

ここに、他の東アジア諸国とは異なり、日本が、早期の近代化にとりくむことの出来た一つの理由が存在する。すなわち、日本の場合、中華秩序からの脱出という過程をわざわざ改めて取る必要がなかったのである。李朝朝鮮をはじめとし、ベトナムなどにおいても、西欧への対応は、同時に中華秩序への対処と連動していたからである。

いいかえれば、明治維新は、内政上の変動と西欧への対処という二つの軸のなかで実現したのであった。そこには、中国の宗主権や中国的秩序への考慮はほとんど必要なかったのである（この点は、正に、明治初期における日本と李朝朝鮮との外交交渉における彼我の立場の違いにも反映されていた（第四部参照））。

■鎖国という外交政策

いずれにせよ、徳川時代のいわゆる鎖国体制は、これを、外交政策の一環としてとらえるならば、外の世界と日本との価値観ないし思想の衝突を処理して内政上の安定と国家の軍事的政治的安全保障を確保しようとした政策とみなさねばならないであろう。

今日、このような鎖国的な外交政策を採用している国は、一見、北朝鮮などごく一部の国に限られているように見える。しかし、国際社会への関与の程度という観点から見れば、日本のいわゆる専守防衛政策も、ある種のたてこもり政策であり、その意味で鎖国的要素をもっているともいえる。鎖国が、対外的接触の厳しい制限であるとすれば、対外的な軍事行動を一切認めない「平和主義」は、鎖国のある側面を共有しているとも言えよう。

現代の日本外交の基礎をなしている専守防衛という考え方と、かつての鎖国政策の間には、さらに一つの共通点がある。それは、みずからの対外的軍事力行使についての理念ないし思想を放棄している点である。いいかえれば、国内の一定の体制（江戸時代の場合は、幕藩体制、現代においては「平和憲法」に基づく自由民主主義体制）を維持、強化するためには、対外的軍事力行使を慎むことが重要であるとの前提がおかれていることである。

しかも、みずからの国土を物理的に守らねばならない場合は別として、戦争にうったえること自体が悪であるという現代日本の思想と連動した国内政治体制の維持は、武家社会の論理と倫理と連動した幕藩体制の維持と、奇妙にも類似したところが見られるのである。

そうした意味において、鎖国、とりわけその原点となった秀吉の、宣教師追放令とその後の動きについて以下に考察してみることは、現代的意味をもつものである。

■宣教師追放令

一五八七年六月に公布された、豊臣秀吉の宣教師追放令(1)は、宣教師自身にとっては、突然のものであったとしても、諸大名への通知の徹底の問題はじめ、いくつかの兆候から判断して、若干時日をかけて準備されて来たものであることは明らかである。

それだけに、かなり長い間宣教師に対してアレルギーを示さなかった秀吉が、個人的理由や感情の変化により対外的戦略を急変させたとは考えられない。むしろ、秀吉の政策は、きわめて政治的、外交的な戦略にもとづくものであったと見なすべきであろう。

第一に、一五八七年という年に注目する必要があろう。この年の五月、薩摩の島津義久が、秀吉に降伏、つづいて、数週間の間に、あいついで、キリシタン大名の大村純友（肥前）、大友宗麟（豊後）が死去し、二重の意味で、九州のキリシタン大名を政治的にとりこむためにキリスト教に寛容である必要は、秀吉にとってなくなっていたのである。むしろ、九州を平定した今、外国勢力が、キリシタン大名の領地において、内治に混乱を引き起こすことこそがおそれられたとしても不思議ではない。

また、いわゆる追放令とあい前後して出された、十一ヶ条の禁令において、一向宗とキリスト教が並列され、農民をこうした信仰に引き入れることが禁じられていることは、特定の宗教が、農民の反権力運動につながることを阻止するといった動機が存在したことを示唆している。

ここで、日本のアジア外交との関連で注目しなければならない点は、キリスト教を始めとする西洋の思想と影響が、反体制勢力の強化につながるのではないかという憂慮、すなわち、西洋による日本の「植民地化」への懸念が、アジアへの西洋の進出によって、強く感じられていたのではないかという点である（日本においてすら、大名によるキリスト教会への土地の寄進は行われており(2)、こうした動きは、西洋の進出に対して一層秀吉の警戒心をあおる要因となったと見られる）。

言い換えれば、鎖国とは、外からの脅威が内部からの脅威と結び付くことを警戒して国を外界から隔離しようとする安全保障政策であったといえよう。

(1) 秀吉の宣教師追放令は次の通り（児玉幸多、佐々木潤之介編、新版『史料による日本の歩み』近世編、吉川弘文館、一六一－一七頁）

「一、日本ハ神国たる処、きりしたん国より邪法を授候儀、太以《はなはだもって》不レ可レ然候事

一、其国郡之者を近付門徒になし、神社仏閣を打破之由、前代未聞候、国郡在所知行等給人に被レ下候儀者、当座之事候、天下よりの御法度を相守、諸事可レ得二其意一処、下々として猥義(儀)曲事事

一、伴天連《ばてれん》其智恵之法を以、心さし次第ニ檀那を持候と被二思召一候へハ、如レ右日域之仏法を相破事、曲事候条、伴天連儀日本之地ニハおかせられ間敷候間、今日より廿日之間ニ用意仕可二帰国一候、其中に下々伴天連に不レ謂族申懸もの在レ之ハ、曲事たるへき事

一、黒船之儀ハ、商買《ママ》之事候間、格別候之条、年月を経、諸事売買いたすへき事

一、自今以後仏法のさまたけを不レ成輩ハ、商人之儀ハ不レ及レ申、いつれにてもきりしたん国より往還くるしからす候条、可レ成二其意一事

　已上

天正十五年六月十九日」

(2) 岩生成一『鎖国』中央公論社、昭和五十九年、八七頁

■アジアとの連帯

この場合、西洋植民地主義のアジアへの進出に警戒心をいだくのであれば、なぜ秀吉や徳川幕府は、

中国と連帯する動きをしめさなかったのか、あるいは、すくなくとも、中国や朝鮮は、鎖国の対象にはならないことを、当初からはっきりさせなかったのは何故かが問われねばならないであろう。

その答えは、おそらく、秀吉の大陸政策にあった。

秀吉は、いわゆる朝鮮進出並びに明征服（ないし明との安定的関係の樹立）を目指していたと考えられる。この政策は、後にのべるごとく、西洋の勢力の日本およびアジアへの進出と無縁ではない。秀吉のアジア大陸への進出は、西洋のアジア侵略を前にしてアジアに新しい秩序を打ち立てようとする動きでもあった。いいかえれば、秀吉のアジア政策は、かれの「南蛮政策」と連動していたと考えられる。

しかし、その後を受けた徳川幕府は、丁度中国大陸が明から清への政権交代期にあたっていたこともあって、むしろ大陸から身を遠ざける政策をとった。

四〇〇年前後の年月を隔てて、ちょうど類似した状況が、日中戦争、そしてその後数十年にわたる日中関係の断絶という形で現れたのであった。

■貿易制限の論理

鎖国政策において注意すべきは、もともと秀吉は、貿易については寛容であり、特段の制限を加えようとはしていなかったことである。秀吉の宣教師追放には、わざわざ商売は別であると断り書きが入っているほどであった。また、徳川幕府も、一時は、台湾に拠点を設け、貿易振興に役立たせようとした時期もあったほどだった[1]。

それが、次第に貿易面でも統制が厳しくなって行った背景には、いくつかの要因がからんでいたと言えよう。

一つには（前述した通り）貿易目的の来日者でも、裏にキリスト教の普及という目的があるものが潜入する危険が感じられるようになったからであるが、大名による対外貿易を幕府のもとに一元化することや、ヨーロッパ商人による事実上の独占を防ごうとする思惑もからんでいたものと考えられる。

さりながら、おそらく最大の理由は、貿易網が広がり、商人の活動が活発になれば、社会的に見て、武士の論理と支配を揺るがす動きが生じるおそれがあったためであろう[2]。

ここにおいても内政上の安定指向が強く対外政策に反映していたのである。

（1）幸田成友『日欧通交史』岩波書店、昭和十七（一九四二）年、三一二―三一三頁

（2）和辻哲郎『鎖国』筑摩書房、昭和三十九（一九六四）年、三九二頁

■ひきこもり外交と内政

これまで見たように、ひきこもり外交は安全保障政策や国内体制の安定化と密接に結びついている。

現代においても、例えば北朝鮮の政権が、政治的のみならず、経済的にも国際社会との接触を厳しく制限している背後には、国内体制の維持、強化という内政上の必要性がからんでいるからに違いない。

しからば、同じ共産主義国とは言いながら、何故中国は、改革と開放を唱え、経済的には「開かれた」政策をとりうるのであろうか。それは、共産党組織そのものを、経済発展と経済的利益の効率的分配組織に活用する政策をとり、政権の正当性そのものを、共産主義的平等主義におかず、経済発展においたからである。けれども、まさに、その結果、今日の中国は、腐敗と格差の拡大に悩まねばならないのである。

言い換えれば、中国の今後の政局の安定性と、対外開放の程度と態様が、正比例したかたちで実現されるか否か、すなわち、中国の国際社会との関与の程度がどう推移するかは、かならずしも予断を許さないと言えよう。

また、このこととの関連で、中国を国際社会にできるだけ関与させようとするのであれば、第一に考慮すべきは、中国国内の政治的安定であることに留意する必要がある。すなわち、中国へのいわゆるエンゲージメント・ポリシーを遂行するのであれば、中国国内の民主化運動や人権問題についての外部からの「注文」は、慎重に行う必要があるということである。国際社会で一般的に認められている価値を中国も共有すべきであるとして「道義外交」を展開することは、エンゲージメント・ポリシーの一部をなすものではあるが、それが、中国の国内政治の安定を損なうものであれば、中国が、「エンゲージ」するどころか、逆にひきこもり的傾向をしめすことにつながりかねないことに注意すべきであろう。

3 内と外とのディレンマ――アジアの改革諸勢力に対する日本の対応

■反政府勢力との連携

日本のアジア外交において、政権同士の癒着に近い関係や、相互の「政治的利用」が生じてきたことの裏側として、日本とアジア大陸の国々との関係において、反政府ないし、時の政権に反抗する勢力と日本とが結び付く場合が時として存在した。

古代における、日本の百済復興のための遠征、いわゆる白村江の戦いにいたる日本の対応も、見方によっては、反抗勢力との連携とも言える。また、蒙古襲来の直前、蒙古とそれに屈した高麗の開京政府に反抗した、三別抄（特別保安部隊）が、日本に援軍を要請し、それへの対処をめぐって朝廷で議論があったこと[1]や、明朝から清朝への転換期にあたり、明朝の遺臣が、徳川政府に援助を請うたことは、反抗勢力と日本との連携が、少なくとも可能性として考えられていたケースと言えよう。

近代においては、朝鮮、中国、ベトナム、インドなどの反政府、反植民地勢力と日本との連携のありかたは、その時々の相手国政府や、植民地宗主国との関係で、きわめて微妙な外交、政治問題であった。

アジア大陸における革新運動に日本が大きくかかわったほとんど最初の例は、李朝朝鮮政府の腐敗を糾弾し、皇帝を中心に自主独立への動きを結集しようとした「独立協会」運動とその後裔たる「一進会」の動きに対する日本の対応であろう。

朝鮮におけるこうした政治運動に対して、日本の軍関係者の間には、これを、日露戦争にあたって日本軍の作戦のために活用すべきとする動きもあったとされているが(2)、外交当局としては、次のような考慮から、こうした運動との連携には消極的だった。すなわち、このような政治運動が大衆化すればするほど、政局の不安や治安の悪化をまねき、韓国の政情一般を不安定化せしめるおそれがあり、運動の取り締まりを奨励することが望ましいという考え方であった(3)。

中国との関係では、二十世紀の初頭、「扶清滅洋」を旗印に、義和拳と称する儀式的武術や民間信仰と結び付いて、山東省から北京にかけて広がった民衆運動すなわち、いわゆる義和団運動に対する日本の対応がある。

日本政府は、清朝が、義和団運動を利用して列国を中国から排斥しようとする動きに対して、列国と協調してこれに制裁をくわえ、この運動が、列国の経済的権益の集中する南中国へ波及せざるよう意を用いた(4)。

こうした政策には、義和団事件の歴史的意味についての洞察はまったくなかった。すなわち、義和団運動には、民族主義的要素があり、それには清朝も同調せざるを得ないほど、列国の中国進出に対して民衆の反発が高まっていたことについて、長期的にどのように対処すべきかの観点はほとんど見られなかった。

加えて、日本当局の態度の裏には、単なる列国との協調路線を越えて、日本の台湾経営との関連があった。一八九〇年代の後半には既に、台湾における抗日運動がはじまっており[5]、これを沈静化せねばならないと感じていた日本は、義和団事件の余波が、中国南部、とりわけ福建省周辺に波及することを警戒したのであった。

義和団運動を、中国の民族主義の一つの表れと見るならば、そうした民族主義の「制御」のために列国と協調し、清朝政府と妥協するという日本当局の考え方は、中国南方の民族主義運動への日本の対応と連動し、それは、日本の台湾の植民地経営とも結びついていた。なお、折からロシアは、清朝を援護して北方での権益を拡大しようとして他の列国とはやや違った路線をとっており、それが日本の政策にも影響した面もあったといえる。

(1) 村井章介『北条時宗と蒙古襲来』NHKブックス、二〇〇一年、九七頁以下
(2) 林雄介「一進会の前半期に関する基礎的研究――一九〇六年八月まで」(武田幸男編『朝鮮社会の史的展開と東アジア』山川出版社、一九九七年所収)参照
(3)『日本外交文書第三七巻』一、四八五頁以下に所載の明治三十七年十二月三十日付、駐韓公使宛の外務大臣訓令電報参照
(4) 一九〇〇年七月六日の閣議決定とその意味については、小倉和夫「近代日本のアジア外交の軌跡」6(藤原書店『環』二〇〇九年夏号所収)参照
(5) こうした台湾内部の動きについては、例えば、永井算己「互相保護約章と廈門事件」『信州大学文理学部紀要』第十号、一九六一年参照

■アジアの改革勢力への背信──金玉均と金大中への対応

一八八一年、金弘集《キムホンジブ》を団長とする、李朝朝鮮の視察団「紳士遊覧団」が日本を訪問し、日本の指導層、知識人と会談するほか、各地を視察した。

この使節団の一員に、朝鮮の改革を強く唱える金玉均《キムオクギュン》が加わっていた。金玉均は、当時は特段反政府勢力を率いていた訳ではなかったが、一八八二年の、いわゆる壬午《インモ》事件で、守旧派の大院君が実権をにぎり、清国の関与が深まったことを契機として、次第に清との関係の清算と朝鮮の近代化を目指して日本に接近し、同時に、国王の側近を排除し朝鮮近代化のイニシアチヴを取ろうとしてクーデターを計画、実行した。

このクーデターとその後の金玉均の政治運動に対して、日本は、どう対応したであろうか。

一方、その約百年後、一九七三年に、いわゆる金大中事件が発生した。韓国の軍事政権ともいえる朴政権に対して民主化運動を展開していた金大中が、日本訪問中、韓国の情報機関関係者によって拉致され、韓国へ連れ戻されるという事件であった。日本は、この事件にどのように対応したであろうか。

この二つのケースを比較すると、百年の歳月と事件の性質の違いにもかかわらず、隣国韓国の改革や民主化運動に対する日本の対応の仕方において、ある類似性を認めることができる。そしてそれは、日本のアジア外交における道義や思想の問題ともからんでいるように思われる。

まず、金玉均への対応は、どうであったか。

一八八四年のクーデター、いわゆる甲申事変が、まさに起らんとしていた直前、現地の日本大使館関係者は、二つの案を東京へ提示した。

清と事を構えることを避け、金玉均等の「日本党」を保護することに止めるべきか、はたまた「日本党」と提携して内乱を起し清との一戦も覚悟するか、との二つの案であった（注目すべきは、この提案には「補足」があり、それには、仮に今回自重しても、このままではいずれにせよ、朝鮮は清を大国と考え、とかく清に依存しようとするため、日本は、いずれにしても清の勢力をたたいておく必要があり、そうでなければ「日本党」が窮地に追いつめられ、テロ行為に走るおそれがあることを警告していることである[1]）。

これに対して本国政府は、金玉均に自重をうながし、決起に早まらざるよう進言する方針をとったが、その表向きの理由は、

「目下日本党と称する者をして、務めて穏和の手段を以て、其国の開明に尽力せしむるを以て、我に利ありとす[2]……」

という点にあった。

しかし、日本が、その時点において、金玉均一派を直接間接に支援していたことは事実であったから、右の「方針」は、あくまで表向きのものに過ぎなかった。それを破っても改革派を実力で支援するためには、日本はそうする「大義名分」ないし「道義」を必要としたが、日本にはかかる「道義」はなかった（中国はそれに反して、「宗主権」による介入という「道義」を持ち合わせていた）。

そうであったために、甲申事変の処理にあたって日本政府は、日本軍の介入の責任を（一部とは言

え）現地の竹添公使の越権に帰す一方で、その点にはさして深入りせず、日本人の被害と公館の損傷についての朝鮮政府の補償を中心とする漢城条約を締結することで事を収めたのであった(3)。そして、仁川に碇泊していた日本船千歳丸へ逃亡して日本に亡命した金玉均等の朝鮮亡命者についても、日本政府の庇護によるものではないとの立場をとった(4)。

元来、金玉均等九名ほどの朝鮮人の千歳丸乗船については、仁川まで出張していた朝鮮政府のドイツ人顧問メルレンドルフの引渡し要求に対して竹添公使は、一旦これに同意したが、辻船長が、かかる人物は乗船していないと断固言明したために引渡しが行われなかったとされている(5)。すなわち、竹添公使を含め、日本政府の立場は、公けに日本が、金玉均等を支持していることを極力認めないことを以ってその基本方針としていたのであった。

その後、日本に亡命した金玉均の身柄の引き渡しをめぐって、日本と朝鮮政府との間に度重なる折衝が行われた。当初は、日本政府も身柄の引き渡しには、強く抵抗した。例えば、一八八五年三月、朝鮮の特使徐相雨《ソサンウ》が副使メルレンドルフと共に来日し、金玉均等の「奸党」を逮捕、送還してほしいと要請したが、吉田外務大輔を始め日本政府は、新聞等に日本亡命の噂はあるが、政府は承知していないとし、朝鮮側が、しからば新聞筋を調査すべしとふみこんで来ると、「万国公法」を楯に、引渡すべき理由はない、とつっぱねたのであった(6)。

しかしながら、四月、いわゆる天津条約が日本と清との間に結ばれ、日本軍隊の有事朝鮮駐留が認められ、又、ほぼ同じ時期に、英国が、朝鮮南端部の巨文島を、ロシアから守るための保障と称して占拠し、第三国に対する日本と清との連携の必要が感じられてくると、日本政府は、清との関係にことさら配慮するようになって行った。

加えて、一八八五年一月発生した、大井憲太郎や小林樟雄らによる、いわゆる大阪事件があった。大井等は、数十名の有志とかたらって朝鮮へ赴き騒乱をひき起し、以って日本における政府の退陣あるいは大革命の引金にしようとしたが、内部分裂もあり、事前に察知されて、逮捕された。大井憲太郎は、自由党系に属したが、貧農の蜂起計画が相次いで挫折した後をうけて、政局の転換の一方策として朝鮮問題を活用しようとしたのであった。金玉均は小林と親しかったが、小林等の計画に直接加担した形跡はないとされているものの(7)、日本政府当局から見れば、金玉均の日本在住が、単に朝鮮問題のみならず、日本の内政とからみあうおそれのあることが現実に目の前にさらけ出されることを意味していた。

こうした状況の下、日本政府の金玉均への態度は、次第に冷たくなり、金は小笠原へ配流され、やがて二年ほどたつと、北海道札幌、そして最後は上海へ送られ、そこで、朝鮮政府の放った刺客によって暗殺された(8)。

こうした、複雑な経緯をたどった金玉均の取り扱いを、日本外交のありかたという視点から見たとき、そこに三つの点が浮かび上がる。

一つは、公権力の介入の有無の問題である。金玉均のクーデターにせよ、日本への亡命にせよ、日本大使館、ひいては日本の当局の関与は、否定すべくもない事実であったにもかかわらず、政府は直接的関与を否定し、現地の公使のいわば越権行為に帰して、外交的、政治的責任を回避しようとしたことである。

第二に、そうした措置の仕方の背後には、（大阪事件との関連にみられるごとく）国内政局に大きな影響をあたえることへの懸念があった点である。

そして第三に、一時的なものであったにせよ、朝鮮政府、そしてその背後の大国清との連携という戦略が、結局日本をして金玉均を見放すことへつながったことである。

こうした歴史の鏡のなかで、一九七〇年代の金大中事件を観察すると、同じように、三つの点が浮かびあがる。

一つは、金大中が、韓国の情報機関によって東京グランドハイツホテルから拉致されたことについて、韓国政府も日本政府も、韓国の公権力の不当な行使（従って日本の主権の侵害）を最後まで認めず、現場に指紋の残された金東雲など一部のいわば「個人的」関与の問題として処理したことである。

第二に、こうした処理が、金鐘泌《キムジョンピル》総理の訪日による政治決着という形で行われた裏には、日本、韓国双方あるいは、いずれかにおいて政権基盤をゆるがすような、内政上の衝撃をあたえてはならないとする考慮が働いていたとみられることである。

第三に、当時の国際情勢に目をむけねばならない。金大中事件の発生した、一九七三年は、日中、米中国交正常化の過程がようやく始まったばかりであり、同時に、中国とソ連邦との対立が深まっていた時代であった。そうした状況の下で、日韓関係の安定は、戦略的にとりわけ重要であった。

このように、金玉均の処置も、また、金大中事件の処理も、ともに、内政上の理由からの「責任回避」と、二国間関係の戦略的考慮によって処理され、そこには、朝鮮近代化や韓国民主化に対する、日本の「道義」や、確たる思想の反映はほとんど見られなかったといえよう。そこに、日本のアジア外交における、「改革勢力に対する背信」を垣間見ることができる。

(1) 一八八四年十一月十二日付竹添進一郎公使発伊藤博文・井上馨参議宛内信（『日韓外交史料集成』第三巻所収）
(2) 外務部臨時代理発竹添公使宛十一月十二日付電報（同右）
(3) 『日本外交文書第十八巻』一九八文書付録一
(4) 田保橋潔『近代日鮮関係の研究　上』文化資料調査会、一九四〇年、一〇四二頁
なお金玉均の千歳丸乗船についての日本政府関係者の関与の実態については、金玉均伝や韓国側史料は、関与はなく、日本人の知人や千歳丸の船長のあっせんによるとしており、日本の研究者の論文（例えば、『早稲田法学』第五一巻、一九七六年三月所収、大畑篤四郎「金玉均の政治亡命と日本」一四〇頁）も、これを認めているが、金玉均亡命の前後関係から見て、金の亡命について日本の官憲の関与が全くなかったとは考え難い。
(5) 琴乗洞『金玉均と日本』緑蔭書房、一九九一年、一六三―一六五頁
(6) 『日本外交文書第十八巻』六七、六八文書
(7) 琴、前掲書、二二七頁。田保橋、前掲書、一四三頁
(8) 琴は、この暗殺を以って、日、清、朝鮮三国政府の連携による謀殺としている（琴、前掲書、三一

六頁以下）

■二人のボースと日本のアジア観

金玉均などの韓国の志士に対する日本の支援に関する「道義」が韓国の近代化にあったとすると、日本がアジアにおいて対応しなければならなかったアジアのもう一つの「道義」は、植民地支配からの独立運動の精神であった。

こうした独立の道義を掲げて日本と接近したアジアの指導者の中に、インドの独立運動家、R・B・ボースとチャンドラ・ボースがいた。

■R・B・ボースと日本の対応

R・B・ボース（ラシュ・ビハリ・ボース）は、一八八六年、カルカッタの北、チャンダルナガル近くの農村に生れた。ボースは、植民地政府の下級官吏として働く傍ら秘かに反英運動に身を投じ、一種の二重生活を送っていたが、第一次大戦を大きな契機として、一九一五年、ラホールで蜂起する計画をたてた。しかしこの計画は事前にもれたため、失敗に帰した。

この事件を契機としてボースの周辺、特に同志たちへの英国の追及は厳しくなり、ボースの活動の幅はせばめられていった。ボースは、再決起のためには武器が必要であると考え、その調達を主たる目的として日本へ、偽名で入国した。(1) 時に一九一五年六月であった。

ボースがこのように日本を拠点として、アジアの他の国の反植民地運動と国際的な連携を模索しつつある頃、シンガポールでボースの同志が、英国植民地当局によって逮捕された。その同志の所持していた書類から、タンクールという偽名で日本に滞在しているインド人が実は英国当局が探索していたR・B・ボースであることが当局の知るところとなった。

このことがきっかけとなって英国当局は、一九一五年十月、タンクールはインドにおいて犯罪行為をおこなった者であり、同人を即時逮捕してシンガポールへ送還するよう日本政府に要請してきた。(2)

これに対して日本政府は、慎重な態度を崩さなかったが、日英同盟の信義も考慮に入れたのであろう、以後、この問題は、ボースの日本滞在許可、あるいは追放の問題として日英間の折衝の対象となった。

英側は、上海か香港（できる限り香港）への追放を希望した。(3) 英側は、ボースを乗せた船が上海または香港に向かう途中、海上にて、英国海軍が介入してボースを逮捕することを考えていた。

また英国は、日本がこのような英側のやり方にあくまで同意しないのであれば、ボースを上海へ日本側が一方的に追放するよりも、むしろ日本に滞在せしめて監視下に置いておく方が英国としては好ましい旨日本政府に通報してきた。(4)

元々ボースの国外強制追放に慎重であった日本政府は、こうした英国の態度を勘案してボースの日本滞在を許し、その行動を監視することとなった。

しかるに一九一五年十一月二七日、ボースは上野精養軒で開催された在日インド人の集会に参加したが、この集会は、出席した日本人がインド独立を口にするなど、全体として相当に反英的集会であった[5]。

その結果、この集会の翌日、ボースは日本の警察から国外退去命令をうけた。但しその理由は、あくまで、ボースがドイツのスパイと関係を持ち、ドイツのためにスパイ行為を働いたという理由に基づくものであった[6]。

日本政府が、一面ボースの国外退去を渋りながら、結局、在日インド人の反英集会を契機としてボースの国外退去に一気にふみきった背景には、日英同盟（第三次日英同盟）上の信義があった。

日英同盟は、その前文（ハ）項において、次のように規定していた。

東亜及印度ノ地域ニ於ケル両締約国ノ領土権を保持シ並該地域ニ於ケル両締約国ノ特殊利益ヲ防護スルコト

これをうけて、右条約第一条は、次のような規定を置いていた。

日本国又ハ大不利顛国ニ於テ本条約ニ記述セル権利及利益ノ中何レカ危殆ニ迫ルモノアルヲ読ムルトキハ、両国政府ヘ相互ニ且隔意ナク通告シ其ノ侵迫セラレタル権利又ハ利益ヲ擁護センガ為ニ執ルベキ措置ヲ協同ニ考量スベシこの条項は、第二次日英同盟条約の第三条と第四条を背景としたものである。すなわち、第二次日英同盟においては、英国は、日本が韓国について有する特殊権益を承認し、日本は、英国が印度について有する特殊権益を承認し、相互に帝国主義的権益を認めあっていたが、第二次日英同盟後に、日本が韓国併合にふみきったため、第三次同盟においては「韓国」という文言が、「東亜」という漠然とした表現に変えられたのであった。

言いかえれば、日英同盟は、その一つの眼目として、日本の韓国における権益の保護と英国のインドにおける権益の交換という「取引」の上に成り立っていたものであった。

このことは、裏からいえば次のことを意味していた。すなわち、日本は、インド独立運動やインド人による反英運動の取締りに協力し、英国は英国で、韓国人による反日運動の取締りに協力するという「取引」が暗に成立したのであった。

日韓併合への動きが、日本のアジアに対する一つの「裏切り」であったとすれば、この裏切りは、インドの反英運動家を袖にするという第二の「裏切り」へとつながっていったのである。

そして、そうした「裏切り」の触媒となったものこそ日英同盟であったといえる。

（1）相馬黒光・安雄『アジアのめざめ——印度志士ビハリ・ボースと日本』東亜文明社、一九五三年、一八〇—一八一頁

(2) 外交史料館資料『帝国内政関係雑纂「英領印度の部・革命党関係(一)」』一五四〇
(3) 同右、一六五六
(4) 同右、一六七〇
(5) 中島岳志『中村屋のボース』白水社、二〇〇五年、八二頁
(6) 竹内好編『現代日本思想体系 9 アジア主義』筑摩書房、一九六三年所収、相馬黒光「ラス・ビハリ・ボース覚書」

■もう一つの「アジア」

インド独立運動に対する日本政府の対応、とりわけ日英同盟との関連を考察すると、これまでのべたように、日英同盟上の「信義」が、インド独立運動に対する日本の及び腰的な態度につながっていった軌跡が浮かび上るが、近代日本のアジア外交という視点から見た場合、ここであらためて問われなければならないことがある。

それは、日本の対英及び対インド独立運動に対する外交的対応において、日本は果してインドを自らと同じ「アジア」の一員とみなしていたか否かという点である。

日英同盟による特殊権益の相互承認が、日本によるアジアへの「裏切り」を内包しており、日本政府のインド独立運動に対する対応は、まさにそうしたアジアへの裏切りの一つであったと明確に言い得るためには、一つの前提が充たされねばならない。

すなわち、日本にとってインドは、「アジア」であったという前提である。

これは一見、当たり前の前提にきこえるが、現実はそれほど簡単ではない。

例えば、一九四一年、モハン・シング大尉がインド国民軍を結成し、英国軍に反旗をひるがえすにあたって、日本に対して、大東亜共栄圏の具体的内容を教えてほしいと要求した際の日本側の態度と、それに対するインド側の評価を想起する必要がある。

シングの問いに対して、日本は明確な答えを与えなかった。シングは、そうした日本の態度を見て(日本の共栄圏にはインドは含まれていないことを察知し)、大東亜共栄圏とは、日本の「繁栄」(プロスパリティ)を主眼とするもので、他のアジアの国は、そのいわばおこぼれ(「共」栄の「共」の部分)をもらうものにすぎないと皮肉まじりにコメントしたのであった(1)。

このことは、「アジア」に対する日本外交のいわば二重の「裏切り」を暗示したものでもあったといえよう。

(1) Mohan Singh "Soldier's Contribution to Indian Independence" New Delhi, 1974, p.85-87.

■チャンドラ・ボースと日本外交

このような「背信」は、有名なチャンドラ・ボースに対する日本の対応についても、ある程度あてはまるといえる。

そもそも、チャンドラ・ボースは、長年ドイツを拠点として反英運動を展開し、ナチスドイツは、対英工作の上からボースを重用、保護していたが、ヨーロッパ戦線がドイツの思うように動かなくなった頃から、ボースの活動の中心が日本へ移ってきたという事実を忘れてはならないであろう。いいかえれば、ボースは元来、ドイツの対英工作の裏の人物であり、日本がボースを始めから支援していたわけではないということである。

もとより、一九四三年以降、日本の陸軍の諜報関係者が、インドの反英運動の軍事的価値に目をつけ、チャンドラ・ボースを活用すること、とりわけインド国民軍の指導的立場の人物として軍事的に活用することを考え、実行に移したことはよく知られている。しかしながら、一九四二年夏の時点では、チャンドラ・ボースを欧州から日本へよびよせる案については、軍といえども、ドイツ側への遠慮もあって、それ程積極的ではなかった[1]。

また、四二年十一月以降、ドイツのアフリカ作戦が挫折し、それに伴ってドイツがインド工作に関心を薄め、ボースの訪日についてドイツ側から在ドイツ大島大使に打診があった際、外務省はボースの訪日に賛同せず「是非来タケレバコレヲ迎フルモ来日前ニ『コミット』スルコトハ避ケルベシ」としてボースの入国滞在許可には消極的であった[2]。

その後、一九四三年十一月に行なわれた、いわゆる大東亜会議にチャンドラ・ボースが（正式の代表としてではないが）招待され、日本軍との共闘を強調したことにあらわれている如く、日本（とりわけ軍部）は、ボースとインド国民軍を、日本の対ビルマ、そして対インド作戦に利用し、それがいわゆるインパール作戦につながったこともよく知られているところである。しかしながらその間、日本側当局者のボースに対する関心は、専らインド国民軍の軍事的活用と関連しており、しかも、ボースと日本側には、少なくとも三つの点をめぐって溝が存在した。

第一に、日本側軍当局の干渉である。日本当局は、作戦計画や戦略上の理由から、インド国民軍の「内面指導」を行なおうとし、国民軍の自主性を損う動きを示したことが、国民軍側の不満を惹起したとされる点である。(3)

第二に、思想的かつ戦略的溝があった。ボースは、英国のインド支配を覆すためには、日本の軍事的支援だけではなく、インド独立運動に対するソ連や中国の支援を動員することが重要であるとの考え方であったが、日本側は、こうした戦略には同意しなかったことである。

第三に、第二点とも関連して、ボースは、ボースたちを中心とするインド仮政府が国際的承認をうけることによって、軍事的のみならず、政治的な活動の幅を広げようと意図したが、日本側はインド仮政府が、実態を伴っていないことを主たる理由として、インパール作戦に至る時期においても、仮政府の承認に対しては、法律論を展開して、やや消極的であった。(4)

こうした全ての「溝」を象徴することこそ、ボースの身柄の（ドイツから）日本への移送であったと言える。

一九四三年初頭、ドイツ側と日本軍当局との折衝によって、ボースの日本移送が決ったものの、陸路はソ連との関係もあり難しく、結局ドイツ海軍の潜水艦から日本海軍の潜水艦へ洋上で移送することが合意された際も、日本側は、ボースが民間人であることを理由に一時これに異議を唱え、ドイツ側からボースはインド国民軍の指導者であり、軍人とみなし得ると指摘されて初めて決断したといわれている[5]。

また、外務当局はといえば、ボースの日本への移送については、ドイツの外交当局と話し合うことなく、単に「離独直前其ノ来朝ノ計画ヲ通報セラレタルノミナリキ[6]」という状況であった。

これら全てのエピソードと経緯は、結局次のことを暗示しているといえよう。

スバス・チャンドラ・ボースのインド独立運動は、思想的、政治的、軍事的行動であった。そして、日本は、彼の反英国という側面に対しては、開戦とともにその考え方に同調し、また次第に軍事的な共同行動も実行に移していったが、彼の政治理念やその政治行動を、積極的に支持するだけの政治的意思と理念を日本は持ち得なかったのである。

（1）陸軍の岩畔大佐及び在タイ大使館岩田書記官と在タイ・ドイツ大使館ウェンドランド書記官との間に行なわれた、チャンドラ・ボースの日本呼びよせについての会談（昭和十七年六月十日付。在タイ大使発外務大臣電報第一一五七号）

（2）外交史料館文書「大東亜戦争関係一件、印度問題」に収められた「戦争中ニ於ケル対印度施策経緯」（外交記録編修委員会編纂）

（3）この点については、例えば、日本外交文書『太平洋戦争第二冊』「第二次大戦中ニ於ケル我対印度施策経緯概要」

（4）昭和十八年十月九日付大本営連絡会議決定「印度施策経緯承認に関する件」及び同付属文書

（5）A Beacon Across Asia : A Biography of Subhas Chandra Bose, ed. Sisir K. Bose, New Delhi, 1973,

p.143. 但し同書で言及されている日本側文書については、未詳
（6）注（2）に同じ

■インドは「アジア」か

チャンドラ・ボースへの日本の対応にみられるように、インドは、日本のアジア外交において、ある種のあいまいさを持ちつづけてきた。

中国、台湾、韓国、それに東南アジア諸国にくらべても、インドは、日本のアジア外交の範囲に、建前上はともかく実際上、入って来ないときもあった。今日においても、例えば東アジア共同体構想において、インドは、パキスタンやバングラディッシュとともに、その外にある。

このように、インドが、日本のアジア外交の、いわば周辺にあり、その核の一部をなしていないことは、単に、地理的に遠いためではない。

インドが、とかく日本にとってアジアの「外」にある基本的理由は、日本とインドとの関係が、戦略的に重要であっても、双方の国民一般の交流や関心の的になってこなかったからである。そのことの延長として、東アジアとは異なり、インド大陸の問題は、日本の内政と結び付くこともほとんどなかったのである。

このように、民衆レヴェルの関心の希薄と内政との関連の欠如のため、インドと日本との関係は、便宜主義的なものになるか、あるいは、一部の指導層の「戦略的」考慮の対象になるだけで、国民的

関心のひろがりにつながらなかったのである。

しかし、その故にこそ、逆説的ではあるが、インドと日本の関係は、お互いの世界における地位をクールに見つめ、透徹した歴史観にもとづいてアジアの役割を考える上で貴重なものとなり得る。

第二次大戦の原因や戦争責任についての連合国の考えに、アジアの立場から、より客観的な見方を提示できたのは、インド大陸出身の人々であったことを忘れてはならないであろう。

このことは、インド文明の精神性とも関連する。

アジアの国々の連帯は、歴史的に見ると、とかく反植民地主義であったり、風俗習慣の上での共通性や経済的交流の深さに求められることが多く、そこにはっきりした価値観やアジアの思想が体現されていることは稀である。時として儒教精神や、仏教精神が引き合いに出されるが、そうした精神を、政治的な連帯にどのように結び付けるかについては明確ではない。

しかし、インドがアジアを語るとき、そこには、近代文明の物質主義、功利主義に対するある種のアンチテーゼを含んでいる。そうした思想性あるいは精神性は、アジアを越えて世界的な思想として共有され得るものである。いわばインドは、アジアの精神を世界化するための良き触媒でありうるのだ。

この意味において、今日インドが、日本の「アジア」外交において占める意味は、決して小さなものではないであろう。

月刊
機
2013
2
No. 251

発行所　株式会社 藤原書店©
〒一六二―〇〇四一　東京都新宿区早稲田鶴巻町五二三
電話　〇三・五二七二・〇三〇一（代）
FAX　〇三・五二七二・〇四五〇
◎本冊子表示の価格は消費税込の価格です。

編集兼発行人
藤原良雄
頒価 100円

近代に警鐘を鳴らす〝世界文学〟の金字塔を打ち立てた石牟礼道子。

遂に、『石牟礼道子全集』全十七巻完結！

近代に警鐘を鳴らす〝世界文学〟の金字塔『苦海浄土』で、水俣病を鎮魂の文学として描ききった石牟礼道子。彼女の小説作品だけでなく膨大なエッセイ群に至るまで余すところなく収める『石牟礼道子全集 不知火』（全十七巻・別巻一）が二月、いよいよ別巻を残して、全十七巻の完結となる。企画から十年以上かけた一大プロジェクトだ。最後の配本となる第十六巻には、新作能『不知火』をはじめ、未発表作品『沖宮《おきのみや》』や新作狂言、歌謡『しゅうりりえんえん』ほか関連エッセイが収録される。

編集部

●二月号目次●

「石牟礼道子の作品には『持ち重り』がある。」（松岡正剛）

「石牟礼道子ただ一人」

松岡正剛

三・一一のメッセージ

先だって（二〇一一年一一月一二日）の連塾ブックパーティ「本を聴きたい」で、高橋睦郎さんが三・一一以降の日本をなんとかできるのは妹の力であろうこと、いま日本でただ一人だけ詩人を選ぶとすれば石牟礼道子であること、この二つの話をつづけさまにした。

鎮魂？ 救済？ 女流？ それとも災害？ 残念？ 漂泊？ 聞いていた聴衆がどういうふうなことを感じたかはわからないが、高橋さんの語気にただならないものがあったこともあって、会場に静かな決意のようなものが走った感じがした。高橋さんは石牟礼さんが三・一一の生まれだということとは知っていてのことだったのだろうか。

ぼくはぼくで、あれはいつごろの句だったのだろうか、おそらく六〇年代後半だったのだろうが、石牟礼さんの「祈るべき天とおもえど天の病む」を思い出していた。あとで仕事場に戻ってから、この句が句集『天』のなかに「死におくれ死におくれして彼岸花」などとともに収録されていることを確かめ、そのまま『はにかみの国』のページを開いて、「こなれない胃液は天明の飢饉ゆづりだから／ざくろよりかなしい息子をたべられない」「わかれのときにみえる／故郷の老婆たちの髪の色／くわえてここまでひきずってきた／それが命の綱だった頭陀袋」をあらためて読んだ。『乞食』という詩だ。これって三・一一のメッセージなのでもある。

その連塾ブックパーティは続いて唐十郎が望憶の声で出てくれて、最後に観世銕之丞が稽古着のまま『頼政』の仕舞を見せたうえ、『智恵子抄』の一節を謡い読みをするというふうになっていた。ぼくはそのため銕之丞さんを舞台に呼び招き、下手のはしっこでその仕舞を見るという段取りだったのだが、銕之丞が立ち位置のまま発声をし、立ち所作を見せ始めると、急にその前の高橋睦郎の「石牟礼道子ただ一人」という言葉が重なってきて、能『不知火』をしばらく脳裡から消すことができなくなっていた。舞台袖に『不知火』を演出した笠井賢一さんが来ていたこともあったかもしれない。

石牟礼さんの「持ち重り」

ことほどさように、ぼくのなかでの石牟礼さんは神出鬼没というのか、複式夢幻能というのか、だいたいは予告なくあらわれて、また理由なく去っていく人なのである。

けれどもシテではない。直面《ひためん》の、すっぴんのワキなのだ。鏡の間から橋掛りをすべってくる無念の思いのシテのため、ひたすらその背後の顛末を言葉と所作として汲み上げていくワキなのである。しかもそのワキは石牟礼さんのばあいは一人ではないし、個人でもなく、むろん個性などに細ってはいない。さまざまな記憶と形象を紡いで消えていったものたちの、その複式夢幻を担う集合能（集合脳ではありません）としてのワキなのだ。だからそこには石牟礼さんの「持ち重り」が生きる。

ぼくはあるときからこの「持ち重り」という言葉にいたく感動して、その後も会う人と石牟礼さんの話になると、必ず「持ち重り」を出してきた。石牟礼道子の詩歌や小説の言葉が美しくも凄いのは「持ち重り」があるからだとか、『あやとりの記』や『おえん遊行』や『十六夜橋』が胸かきむしられるように忘れがたいのは「持ち重り」の響きが消えないからだとか。

もうひとつ、石牟礼さんを形容したい言葉がある。これは「そこを浄化」というものだ。これはぼくが『椿の海の記』について書いているうちに思いついた言葉で、ご本人がそう言っているのかどうかはわからない。けれども、どうしたって石牟礼さんは「そこを浄化」なのだ。そこへさしかかったそこをまずは浄化する。そういう意味合いだが、いや、説明したくはない。ともかく鎮魂であれ道行であれ沈黙であれ、「そこを浄化」なのである。

いま石牟礼さんは、天草四郎を新作能に仕立てている最中だと聞いた。代官鈴木重成も亡霊になるらしい。志村ふくみさんの装束である。なんだかいまからどぎまぎしてしまいそうであるが、きっと今日の日本がどうしても必要なものを聞かせてくれるのだろうと思う。「石牟礼道子ただ一人」がそこかしこで椿するにちがいない。

（後略　構成・編集部）

（まつおか・せいごう／編集工学研究所所長）

「『不知火』は、能として書かれた石牟礼道子の内海の文化論である」（土屋）

石牟礼道子の能と内海のモラル

土屋恵一郎

石牟礼道子さんとの出会い

　私は能の興行師であった。批評家ではない。石牟礼道子さんとの出会いは、この能の興業のなかでのことであった。だから私の前にあったのは、石牟礼さんの言葉ではなく、まだ作品とはならない、未だ生まれていない言葉へと起き上がってくるなにかを待つ時間であった。

　最初に出会った時、石牟礼さんははっきりと言った。水俣で失われた命を鎮めるためには、もう言葉だけではない、「歌と音楽が必要なんです」。

　私にとって水俣は遠い場所であり水俣病についての理解もとおりいっぺんのものであった。石牟礼道子という作家の『苦海浄土』は読んでいても、ユージン・スミスの写真を知っていても、水俣病の患者の、言葉にしてしまえばどんな言葉であっても上っ面のことになる、苦しみ、痛み、そして死も、遠いものであった。だから、私は水俣病について語ることはできなかった。自分の問題として考えることもできなかった。理解することは尊大であり傲慢であると思った。今もそう思うことに変わりはない。理解をこえるほどの苦しみを理解するのは、その苦しみのかたわらにいた者だけである。

　私が、石牟礼さんの新作能を舞台にあげ、上演して、最後には水俣の地で上演しようと思ったのは、最初の出会いの時の石牟礼道子さんの言葉に動かされたからであった。「鎮魂のためには歌と音楽が必要です。それも能であってほしい。」石牟礼さんは静かな声で、東京の水道橋の道ばたに立ち止まって、私に語った。

　石牟礼さんが言ったことが、歴史上、能が担っていた役割であった。魂を鎮めることであった。能の主人公は多くはかつての物語の登場人物であり、亡霊となって登場する。能はその魂を祈りによって救済する。能は芸能であって、同時に救済の音楽であった。そもそも芸能は救済の祈りであったことを、能は今に伝えている。

　もし、この能が果たす役割を、水俣

病のために亡くなった人々への祈りへとつなげていくことができるならば、能にとって意義がある。私が考えたことはこの程度のものであった。

新作能『不知火』の冒頭の言葉

そして、わずか数カ月で、石牟礼さんは『不知火』という作品を書き上げてしまった。この本の冒頭に出てくる『不知火』が、原作である。読みながら、その言葉が私の声を刺激していることに気づいた。私は謡を習ったことがある。また、長年にわたって能を見て、聴いてきた。能のリズムで気持ちがいいところには反応する。その音楽を感受する器官、耳ではなく、読みながら声へと上がってくる声帯の奥にある器官が、反応している。

原作の冒頭の、主人公不知火の言葉がそもそも音楽として聴こえた。

夢ならぬうつつの渚に、海底より参りて候

素晴らしい。その時は、その言葉は私の声であったが、今、こうして書いている時は、この能の主人公、不知火を舞った、梅若六郎（現・玄祥）の声で聴こえる。

それは、この能の申し合わせの時であった。能は稽古とは言わず「申し合わせ」という。最初に立って「申し合わせ」をしたのは、青山の銕仙会の小さな能舞台であった。梅若六郎が、橋がかり（歌舞伎で言えば、本舞台につながる花道のようなもの）に立って、「夢ならぬうつつの渚に、海底より参りて候」と謡った時、私は本当に全身に電気が走った。鳥肌が立つというところだが、そんなものではなかった。

梅若六郎の声と謡は、現在の能にあって天下一品の声である。柔らかで深く響く。石牟礼道子の言葉が、初めて能役者の声によって語られた瞬間であった。しかし、それはまるで何百年も昔から語られてきたかのように、能の言葉であり、音楽であった。渚から現れた海の精霊であった。その時は、申し合わせなので、六郎は能装束をつけているわけではなく、着流しであった。もちろん能面もつけていない。それでも、ただ声だけで、海の精霊になっていた。

（つちや・けいいちろう／明治大学教授）

世界史の中で見た、日本のアジア外交二千年。

日本のアジア外交　二千年の系譜

小倉和夫

アジアとの抗争の歴史

友好の歴史をひもとくことは、いたって易しいが、抗争の背景を探ることは、なかなか難しい。

たとえば、日中関係にしても、とかく次のような言葉をはく人が多い。すなわち、

「日中関係二〇〇〇年の歴史は、友好の歴史であり、二〇世紀の日中抗争の歴史は、長い友好の史書のほんの一頁にすぎない」

と。しかしこれは間違いである。

義和団事件を除くと、過去、日本と中国は、五回、戦火を交えている。宋朝をのぞけば、中国の主たる王朝あるいは政権のいずれとも、日本は、戦闘行為を行っている（元、すなわち蒙古の日本侵略には、宋王朝の降将、兵士たちも加わっていたことを勘定に入れると、宋朝も例外とは言えぬと言う人さえあるかもしれぬ）。

韓国ないし朝鮮との関係についても、

「朝鮮通信使を通じた、徳川時代の日本と朝鮮の関係を始めとして歴史的には、日韓両国は友好の絆で結ばれていた」

と強調する人たちがいる。本当にそうであろうか。

それも間違いである。

大和朝廷、平安貴族、鎌倉幕府、そして秀吉から明治の初めの征韓論まで、日本の内部では、常に、朝鮮に対する征服、支配、干渉の動きがあった。

「精神的空間」としての国家

今日、日本と中国との間、また、日本と韓国の間は、領土問題も手伝って、緊張関係にある。北朝鮮については、まさに、「懲罰」外交的姿勢が継続されている。

このように、緊張をはらんだ東アジア情勢のなかで、日本のアジア外交の明日のビジョンが求められている。

そうしたビジョンを考えるにあたっては、観察の時間軸を長くのばし、卑弥呼や聖徳太子の外交からも、教訓をえるこ

とが必要に思われる。なぜなら、日本近代のアジア外交が、欧米外交の従属変数になってしまったことの反省の上に立って、新しいアジア外交を再構築しなければならないと思われるからである。すなわち、日本外交が、欧米を中心とする国際社会にどう対応すべきかという課題をつきつけられた「近代」に突入する以前の段階で、日本とアジアがどう向かい合ってきたかを考察してみる必要があるのではなかろうか。

▲小倉和夫（1938- ）

こうして時間軸を長くとって日本のアジア外交の軌跡を追ってみると、第一に浮かび上がってくる点は、日本のアジア外交が、とかく内政上の思惑によって影響をうけ、長期的な観点からの戦略性を欠きがちだったことである。従って、まず、外交と内政のからみあいが、どのような形で、日本のアジア外交に影を落としてきたかが、問われねばならない。

同時に、抗争や摩擦の背景として、国家観や領土観の問題があることに注目せねばなるまい。

今日の竹島、尖閣諸島問題にしても、一見、法的な意味での領土問題に見えるが、実は、その裏には「領土」にまつわる歴史観や国家観の問題が秘められている。一つの国家が、特定の理念、たとえば、抗日や克日といった「理念」を体現すべき精神的空間と見なされた場合、領土にまつわる問題は、そうした「精神」に結び付いた問題となる。裏を返せば、戦略的な外交においては、相手と連携するにせよ抗争するにせよ、国家を、単なる物理的領土としてではなく、ある精神を体現すべき精神的空間と見なすことを基礎としていると考えなければならない。

そうした意味から、本書においては、日本外交の「理念」とアジア外交との関連をまず冒頭で論じたものである。

「日本」をどう認識するか

外交は国益の追求であるという言葉は、言い古された表現だが、一国の外交が、その国の国際的な影響力の増大にあると考えると、そこに当然、思想や道義の問題が入り込む。また、一国の安全保障政策も、防衛力や経済力、さらには技術水準などの要素以上に、国民の意識や守るべき理念や道義の問題が影響する。

日本のアジア外交を考察するとき、そこに流れる思想、価値観、理念といったことも考慮せねばならないのは当然である。ところが、アジア外交と日本の思想との関連については、とかく二つの点にしか焦点があてられてこなかった嫌いがある。すなわち、大東亜共栄圏構想なども含む「侵略的」思想か、西洋植民地主義（あるいは近年では、アメリカとの関係を重視する政策）に抵抗する考えとしてのアジア主義の二つである。

けれども、日本の外交と安全保障政策について歴史をずっと溯って考察すると、問題の焦点は別の次元にある（すくなくとも、別の角度からの考察も必要である）ことがあきらかになってくる。すなわち、そもそも、日本という国家を、アジア（ひいては世界）に対してどのように認識して、外交を展開するのかという視点である。

日本という国家は、とかく一定の領土を持った地理的単位とみなされるか、あるいは、経済圏とみなされるか、あるいは、民族的文化的集団とみなされる場合が多い。しかし、アメリカという国家が、五十州からなる領土的単位である以上に、特定の思想や理念の団体であるように、日本についても、精神的空間としての「日本」という概念が存在するはずである。

いわゆる日本神国論は、日本という物理的領土が、神の特別の恩恵をうけているという意味をこえて、「日本」が一定の思想のもとに成立している空間であるという意味がこめられていると考えねばならない。

日本神国論

日本という国家を精神的空間としてとらえ、そうした精神を守ることこそが日本の安全保障政策ないし外交政策の根本にあるとする思想が、日本歴史上、典型的に現れた例は、日蓮上人の、『立正安国論』であろう。

この書は、文応元年（一二六〇年）に作られ、北条時頼に上程されたものであり、その当時頻発していた自然災害の原因を、法然の唱える念仏宗の流行にもとめ、その禁断と「正法」の流布こそが、日本の国土の安寧につながることを説いたものであることは、よく知られているところである。

外交的に見て、この書が注目に値するのは、「正法」が流布されなければ、他国の侵略を招き、内乱が起こりかねないことを説いた点である。すなわち、ここでは、日本という国家が、「正法」によってこそなり立つ、精神的存在としてとらえられている。

この書が世に出てから数年後に、蒙古から通交を要求する来諜が到来したこともあって、日蓮の書物は、きわめて政治的外交的意味をもつこととなった。すなわち、神仏への祈願が、国防上重要な施策の一つと考えられ、現に、鎌倉幕府も、各地の寺院に祈願を呼びかけたこととあいまって、この日蓮の思想は、日本を神聖な国として守護しようとする思想へとつながっていった。

ここでは、外交上、あるいは安全保障上の理由から、国内の精神的ひきしめが必要であり、同時に、国内の内部の反対勢力を、外敵と同一視してゆく精神的メカニズムが働いていた。また、宗教論争が、高度に政治化されたことは、外交と思想が、密接に結び付いていたことを示している。

そしてそのことは、さらに言えば、時の政権が、権力や軍事力の中心であるばかりでなく、特定の思想的権威を授けられた主体であることを示すことにもつながるのであった。

こうした観点にたてば、日蓮上人本人の元来の意図はともかく、『立正安国論』は、外交と内政双方をにらんだ政治的思想にほかならなかった。

元来日蓮の考え方によれば、現世は、法（宗教的教え）を実現すべき場所である。従って社会なり、国家なり、そうした単位は、一種の宗教的単位となる。神国思想は、政治的に見れば、国家を理念なり思想空間とみることである。

そうなると、日本は神国である以上、その中での争いやけんかは控えるべきことになり、また国家の安全保障と精神的ひきしめは同一次元で捉えられることになる（国内の争いは、神国の中ではさし控えるべきとの主張は、例えば一二三六年の石清水八幡宮と春日社の水をめぐる争いの際にも見られたといわれる）。

このような、神国思想の政治的機能は、一九三〇年代においても垣間みられたところである。治安維持法の実施、日本の植民地における神社参拝の奨励や強制などは、戦時体制に突入しつつある日本が、自らを一つの精神的空間として定義づけることと並行していたのである。

（おぐら・かずお／青山学院大学特別招聘教授）

仏第一級の経済学者であり、レギュラシオンの旗手がユーロを斬る！

ユーロ危機とは何か

山田鋭夫
植村博恭

ユーロ危機は世界経済の問題

膨大な赤字が発覚したギリシャの財政危機が耳目を引いたのも束の間、危機はやがて他の南欧諸国に飛び火し、さらにはユーロ圏全体へと拡大した。そのユーロ危機は現在、新興経済諸国や日本経済にも暗い影を落とし、アメリカ経済の不振や不安要素とあいまって、世界経済全体を沈滞の淵に追いやっている。ユーロ危機は、たしかに一時のパニック状態からは一息ついたのかもしれないが、しかし今、深く静かに世界経済の根幹を侵食しつつあるといってよい。

ユーロ危機は、たんなるユーロの危機というだけの独立した事象ではない。もちろん、本書でも分析されているように、ユーロ圏に固有な構造的弱点がこの危機を招いた一因であることは否定すべくもない。しかし、そのユーロ圏は同時にアメリカ発の金融グローバリゼーションのなかに組み込まれていたのであり、今日のユーロ危機を、二〇〇八年のあのリーマン・ショックに端を発する世界経済危機の一環をなすものとして、しかもその集中的表面化の場として捉える眼が必要であろう。そうだとすればユーロ危機は、ひとりヨーロッパに尽きない世界経済全体の問題であり、また一時的な喧騒に終わるのでなく、今後も長く尾を引く深刻な構造的危機の今日的な波頭をなしているのであろう。

このような深刻な状況のなかで、あのロベール・ボワイエは、いかなる診断をくだしているのか。これは、レギュラシオン理論——調整（レギュラシオン）の分析とケインズ派マクロ経済学とを統合した独自の制度経済学——の読者だけでなく、一度はフランスの経済学者ボワイエの名に接した読者みながもつ問いかけであろう。ロベール・ボワイエは、一九八〇年代以来フランス・レギュラシオン理論の指導的経済学者であり、ミッテラン政権、ドロール欧州委員会など、欧州統合に向けたフランス左派のプロジェクトをつねに理論的にリードしてきた。一九八〇年代に欧州統合が本格的に始動してから三〇年、いまロベール・ボワイエは欧州の現在に何をみているのであろうか。

ボワイエの独自なユーロ危機分析

ユーロ危機論をめぐっては、すでに数々の解釈が提起されている。例えば、ポール・クルーグマンも、ユーロ危機はたんに放漫財政によって引き起こされたものではなく、ユーロの創設それ自体によって引き起こされたものだと厳しく看破している。本書におけるボワイエの分析は、これと共通するところがあるものの、レギュラシオン理論の指導的論客らしく、単一通貨ユーロのもとでの各国経済の調整様式の異質性とＥＵ内の国際的ガバナンスの政治過程にまで踏み込み、他にはない独自なユーロ危機分析を提供している。ボワイエの分析のオリジナリティについて、いま少し詳細に確認しておこう。

▲R・ボワイエ（1943- ）

経済学・政治・グローバル金融

第一の独自性は、**ユーロ危機の原因について**、それはギリシャの放漫財政のせいで起こったのだといったような、表層的かつ単一原因論的な議論を退けて、主として**三つの要因の複合的結果として危機原因を析出した**点にある。本書の原文は、「ユーロ圏の制度的ミスマッチを克服すること――伝統的経済学はこれを看過し、一国中心の政治はこれに火をつけ、グローバル金融がこれに油を注いで暴き出した」と題されているのだが、副題にあるとおり本書は、「**経済学**」（市場原理主義的経済学）、「**政治**」（ユーロ圏内での自国利害中心の政治）、「**グローバル金融**」（金融イノベーションを武器としたあくなき金融収益追求）の三要因が複雑に入り組んだプロセスの産物として、ユーロ危機を分析している。とりわけ、危機をもたらした重要な一原因として、実物的景気循環論に代表される「新しい古典派経済学」の知的失敗の責任がきびしく問われている点は、本書の大いなる特徴をなしている。

レギュラシオン理論の強み

第二に、ユーロの創設以降のヨーロッパ経済の構造変化に関する、各国の調整様式をふまえた分析は、まさにレギュラシオン理論の強みを存分に発揮するものである。すでに多くの経済学者によって指摘されているように、最適通貨圏理論の観点からすれば、財政移転メカニズムの不備、労働移動の不完全、顕著な非対称的ショックの存在など、ユーロ圏は単一通貨導入のための条件を満たしていなかった。にもかかわらず、各国が共通の理念を持ち共通ルールに従うことで、単一通貨の条件が満たされていくだろうという楽観論が支配した。しかし、ユーロ導入後現実に起こったことは、北部ヨーロッパと南部ヨーロッパの間での貿易収支不均衡の非対称的拡大であった。これが南部ヨーロッパの国々の政府赤字を拡大させていった。しかも、リーマン・ショック以降、国際金融界は、ギリシャだけでなく他の南部ヨーロッパ諸国の国債にも異常な低価格をつけるようになり、それに対応して長期利子率の急上昇がもたらされた。これが、国家債務危機をさらに悪化させ、こうして悪循環が加速していったのである。ボワイエの特徴は、このような考察を、各国の調整様式の異質性の分析にまで掘り下げている点にある。ドイツは、強い国際競争力を有する製造業をもち、賃金調整もうまくいっている。これに対して、南部ヨーロッパの国々は、競争力ある製造業をもっておらず、単一通貨のもとでは賃金の切下げや緊縮財政を余儀なくされているが、これは国内の分配をめぐる社会的コンフリクトを一層激化させる。単一通貨のもとでの生産コスト削減という「内的減価」(事実上の通貨切下げ)は、まさに南部ヨーロッパ諸国の社会に強い圧力となって作用し、その多様な調整様式の機能不全を助長させているのである。

経済決定論を排して

第三に、危機のもとでの政治過程の分析についても異彩を放っている。何よりも、ドイツ的思考に基づく債務国への安易な緊縮政策の押しつけに対して警鐘を鳴らすだけでなく、欧州連合の各種諸機関の機能不全ないし相互撞着の実態が暴き出され、要するに、危機に対して、また金融界の投機的動きに対して、EUが政治的・行政的に対応しきれていない点がするどく糾弾されている。危機対応におけるこうした「政治」的側面の強調は、そのまま、危機脱出における「政治」の役割の強調へとつながる。すなわち、危機脱出の議論でしばしば見受けられる「ユーロの終焉か、ヨーロッパ合衆国か」といった性急な二者択一的思考を排し、また危機脱出のための政治はすべからく「経済」のロジックなるものに従うべきだという安易な経済決定論的議論を排して、本書は、危機脱出における「政治」の果たす役割を強調し、その「政治」いかんによって多様な将来的可能性があることを示唆する。

危機の深刻さと未来への希望

第四に、危機への対応と危機脱出策についてもう少し立ち入ると、ボワイエは欧州中央銀行の強いイニシアチブのもとで緊急に金融を安定化させ、同時にEUレベルの合意形成のもとに財政連邦主義の方向へと踏み出すことを示唆しているが、それを実現するプロセスについては、きわめてリアリストである。欧州委員会、欧州理事会、欧州中央銀行、**各国政府、金融界といったEUにおける様々なアクター間での複雑な国際的ガバナンスと現実のきびしい政治過程が決定的に重要だ**というのである。政治過程の対応の遅れは、金融不安定を加速させる。ここには、レギュラシオン学派の中堅研究者B・アマーブルやS・パロンバリーニによる近年の欧州政治過程の分析の成果が生かされている。だが、本書のボワイエは、ユーロの将来について驚くほど慎重である。そこに、われわれはユーロ危機の深刻さをみてとることができる。しかし、一九八〇年代のジャック・ドロールの時代以来一貫して欧州統合を、それも「社会的な欧州」の実現を目指してきたボワイエが、「**ユーロ崩壊は唯一のシナリオではない、多様な構図に開かれた未来がある**」としめくくるとき、そこにあるのは、まさにユーロピアンであるボワイエの不屈の信念と希望である。

(やまだ・としお/名古屋大学名誉教授)
(うえむら・ひろやす/横浜国立大学教授)

岡本太郎は、あの顔・仮面を描きながら何を見、何者と闘っていたのか

岡本太郎の仮面

貝瀬千里

晩年の作品に頻出する「顔」

強い瞳。その身振りや言葉、作品にのぞく多くの「顔」が焼きつけるように印象に残った岡本太郎（一九一一〜九六年）。絵画や彫刻はもちろん、舞台や映画美術、パブリック・アートや壁画、椅子のデザインなど、奇妙な顔は四方八方にのぞく。眼を大きく見開いて「芸術は爆発だ！」と叫ぶ、その身振りと姿が日本中に知れ渡った。

自由奔放な「芸術」を大衆に印象づけ、挑戦的な文化批評を展開した岡本太郎。彼はなぜ、これほど多くの「顔」をつくり出したのだろうか。金色の鳥のような顔と怒った「太陽の顔」が上下につく《太陽の塔》（一九七〇年）。赤いチャックの怪獣が大きな眼を開く《森の掟》（一九五〇年）。巨大な白い骸骨の面《明日の神話》（一九六九年）。白いゆらめく布が仮面と見立てられた《マスク》（一九八五年）。幼心が感じる仮面の精霊《幼神》（一九七五年）など、明らかに仮面を意識した作品も多い。

しかし実は、初めからそのような「顔」が描かれていたわけではなかった。一九三〇年代のパリで本格的な画業を開始した岡本は、パリ時代には「顔」をほとんど描かず、描いても印象薄だった。しかし戦後一九五〇年頃から、絵画には大きな眼のアニメーションのような動物や人体が跳躍し始める。さらに一九六〇年頃からメタモルフォーゼが繰り広げられ、多種多様な身体が生み出される。一九七〇年以降はまさに「顔」の大舞台となり、実に絵画作品の八割以上に「顔」が描かれるか、タイトルが仮面・顔と直接関係するものになっていた。

人間存在そのものを問う

岡本の作品に現れる多くの「顔」には、一点一点異なる表情があり、違うといえば皆違う。しかし抽象化され、増殖するように繰り返された「顔」は、反復の印象も強かった。そしてその印象が、どうやら晩年の評価に影を落としている。カメラの前で、手と眼をひらいて「爆発」

のジェスチャーを繰り返したように、制作においても自己模倣に終始したと評され、表現されればされるほど、岡本自身の「顔」――芸術家としての面子――は危機に瀕していった。

◀顔（一九六八年）

その反面、何かを暗示するように、「顔」がそれほど現れない二十〜三十代の作品は、美術的評価の割合と高いものが多い。「顔」が頻出する晩年の作品は、今でもほとんど評価されていない。それでも岡本の言述を追っていくと、明らかに「顔」は、人間存在そのものを問う根源的なテーマに通じていた。その挑発的な「顔」によって、岡本は、近視的で時代制約的な思潮や流行、あるいは認識のステレオタイプからはみ出すリアルな知を、身体を通じて触発しようとしていたようでもあったが、その意図がくみ取られ、思想的な変遷と合わせて評価されることは大変少なかった。ましてやその「顔」に、晩年の思想的な深化を指摘する者はゼロに等しい。

近年、岡本の著作の読み直しが進められ、その視点と発想の魅力が再評価されてきている。早くは、評論家・針生一郎（一九二五〜二〇一〇年）によって「近代日本の生んだもっともユニークな思想家のひとり」と評され、最近では、一面的に統一化された日本文化史観を問い直し、いくつもの源流と文化の多層性を指摘した、岡本の嗅覚の鋭さが赤坂憲雄によって再評価された（『岡本太郎という思想』）。

岡本は、あの顔・仮面を描きながら何を見、何者と闘っていたのか。人間の生や社会を鋭く問い、見つめ続けた岡本太郎だからこそ、その「顔」の理由を問わなければならない。本論はそのための試論である。

（かいせ・ちさと／新潟市職員）

歴史小説、政治小説、エッセイ、私小説、叙事詩を合わせた綜合的創作の試み

下天《げてん》の内

大音寺一雄

人の世と人間存在の曼陀羅図絵

有縁・無縁、重なり合って織りなす人の世と人間存在の曼陀羅図絵――第一部はそれを、現代に先だつ世に即して把えようとしたものである。

三作はそれぞれ独立しているが、相互に内在的連関がある。三作を通じて複雑・微妙に結びついている人間関係の把えがたさは、「前世の因縁」とでもいっておくしかないようなものである。

しかし、その前世と今生を貫いている一本の「棒のごときもの」がある。理義を求め理義に従うという精神である。それは、人を人たらしめ、時代を超えて人と人とを結びつける。

第二部「無縁私記」は、血縁に結ばれて本来支え合う筈の者がそうならず、たがいに孤立を深めて行く無残――これはそれを招いた無意識の暗黙のはたらきと、その罪を把えようとした自伝的小説であり、母と姉に手向けた mourning-work（喪の仕事）である。

罪の問題は、日本の民衆の深層意識、さらにいえば日本文化の古層に潜むものではないかと思うが、ここでも二作は独立したまま結びついており、一部と二部にも内在的連関がある。

母と子、姉と弟の内面の苦渋を、自分を軸としていわば微視的にとらえようとした「第二部」に対して、「第一部」は、現代の背景である前の世をあらかじめ巨視的に見ておくことで、「第二部」が三名の生の浮沈の単なる主観的記述に陥るのを防ぎ、それを「下天の内」なる巨きな客観的世界内の一事態として把握する上での支えとした。

あえて言えば――

一「下田のお吉」は「歴史小説」、二「兆民褴褸」は「政治小説」、拙文はそれに三エッセイ、四 私小説、〈拾遺〉「叙情詩」を合わせた綜合的創作の試みである。

第二部「無縁私記」より

母はさびれた田舎町の病院の一室で死

んだ。

　いよいよとなって、四人部屋から畳の敷いてある二階の個室に移って十日あまり、病人の傍に妻と交代で寝泊りした。

　流動食がわずかに通るような状態でも、日に何度も溲瓶のせわが必要だった。旧式の石油ストーヴの青い火は一晩中揺らいでいたが、三月初めの夜の部屋はまだ寒く、布団の裾をまくると手早く用器を差し込む。それがたびかさなると私の扱いはかなりぞんざいになっていたかもしれない。

画・作間順子

　それでも母はそのたびごとに、やせ細った腰をなんとか少し浮かせるように努めながら、『すまないね、あんたにこんなことまでさせて……』と、何度も同じことばを繰り返していた。


　わけがあって、小学校五年の時、九つ年上の姉のところへ引取られることになった。昭和十四年の秋、姉はかぞえでまだはたちになったばかり、綾子といった。

　以後、そこで育てられ、大学まで出してもらったのだから、文字通り母親代わりの姉だった。

　結婚してその許を離れてからは三人別々に暮していたが、やがて母の世話をしなければならなくなった時、私はもう五十に手のとどく歳になっていた。

　風が冷たい冬の朝、母はわずかな身のまわりのものだけを持って越してきた。帯地でも解いて作ったらしい綿入れのチャンチャンコを着て、老犬を一匹連れていた。犬好きで犬はそれまでにも何匹か飼っていたが、名前はいつもジョンといった。


（後略　構成・編集部）

（だいおんじ・かずお（本名・北田耕也）／明治大学名誉教授）

リレー連載　今、なぜ後藤新平か　89

後藤新平の「心ばえ」

春山明哲

カーネギー平和財団、ビーアドへの配慮

一九二一（大正一〇）年四月一日、日比谷図書館において米国・カーネギー平和財団から寄贈された図書一八二八冊の授受式が挙行された。今澤慈海日比谷図書館長の開会の辞で始まった式では、財団代表や米国代理大使のほか、後藤新平東京市長が挨拶している。後藤はこの前年一二月、渋沢栄一らの粘り強い要請を受け東京市長に就任した。

写真で見ると式典の雰囲気がよく伝わってくるが、おそらくこのような国際的なイベントは市立図書館にとって初めてのことではなかったか。図書館に光をあてようという後藤の配慮もあったかも知れない。面白いのは翌一九二二年七月にカーネギー財団からまた手紙が届いたことで、その趣旨は、後藤市長が送ったお礼状と物品に対するお礼であった。書簡が収められた「スクロールと優雅なる包装とは、当財団記録所に保管仕り」久しく記念したい、とのことであった。この日英両文の後藤の礼状とは後藤が花押を施して、緞子に貼り込み表装し、象牙の軸で巻物とし、さらに古代紫の紐を用いて桐の箱に入れ、古代紫房付の紐で結ぶ、という大変凝ったものであった。『市立図書館と其事業』の大正一一年一月号には、それらの写真が掲載されている。

このような後藤新平の「心ばえ」は、昭和二年八月三一日付けの東京市政調査会長・後藤新平からチャールズ・ビーアド博士への報告にも感じられる。昭和三三（一九五八）年に東京市政調査会が編集・発行した『チャールズ・A・ビーアド』に資料として収録されているこの報告は、ビーアドが初来日した一九二二年九月から五年後の一九二八年にビーアドに送られ、一九五五年メアリー夫人が編集した“The Making of Charles A. Beard”に“A Five-Year Report by Viscount Goto”として掲載されたものの翻訳である。

これは、ビーアド来日以来「五年の歳月は貴下の御寄与をして如何なる成果を齎らしめたるか。小生は此の点に関して此の際若干のご報告を申上げ」、合わせ

て市政の現状と東京市政調査会の事業の一端を知らせたい、という趣旨の報告であった。この報告は相当の長文であり、また、ビーアドの滞日中の行動や講演が直接間接にどう影響したのかを、新聞や雑誌の論説や記事、専門家の著書を引用するなど、きわめて実証的に述べている。例えば、その中には大阪市長・関一の「市政調査研究の急務」、田川大吉郎の『都市政策汎論』などがあり、また、後藤のコメントが添えられているのも興味深い。私が驚いたのは五年の歳月を経過してなおビーアドにこのような調査報告書を作成して送る後藤の配慮である。

▲カーネギー国際平和財団寄贈図書授受式（壇上は後藤新平）1921年4月1日

震災記念堂の建設

「後世児孫をして永く之を記憶せしめ、斯る不慮の天災に処する途を考慮せしむることは、独り児孫の為めのみならず、亦犠牲者を安慰するの道なり」。関東大震災の翌年、一九二四（大正一三）年八月、東京震災記念事業協会設立趣意書の一節である。永田秀次郎東京市長を会長とし、渋沢栄一、後藤新平、阪谷芳郎を顧問として設立されたこの協会は、「全市中最も惨禍を極めたる本所区横網町陸軍被服廠跡に、記念堂を建設」し、犠牲者を永久に追弔すると共に、「不言の警告を百世に垂れんと」企図したのである（『渋沢栄一伝記資料』第四九巻所収『被服廠跡』より）。

一九三一（昭和六）年完成した記念堂の庭にある高さ九尺五寸、径五尺五寸の石造大香炉の背面には故子爵渋沢栄一、故伯爵後藤新平をはじめとする芳名が列記されていたそうである。現在東京都慰霊堂となっている横網町公園には見当たらないが、帝都復興に協力した後藤と渋沢が手を携えて「不言の警告」を後世に遺そうとした「心ばえ」はいかなるものであったろうか。

一九二三（大正一二）年四月、母利恵の死去に伴いその霊前に捧げるべく後藤が再刊した『訓誡和歌集』には、米国に外遊した後藤の門出をことほぎ「九五歳利恵子」が贈った歌が載っている。

梓弓ひく手はいかにつよくとも　的つらぬくは心なりけり

後藤新平の心ばえの源のひとつは、この後藤家の庭訓にあったのではなかろうか。

（はるやま・めいてつ／早稲田大学台湾研究所）

Le Monde

■連載・『ル・モンド』紙から世界を読む　119

ユナイテッド・ステイツ・オブ・マリファナ

加藤晴久

保守的なピューリタンのアメリカというステレオタイプをくつがえす現象がいくつも出現している。無神論者であることを公言する者が増え、多くの州で同性婚が公認されている。マリファナ合法化の動きは象徴的だ。二〇一二年一一月六日、コロラド州とワシントン州が住民投票でマリファナ使用を合法化した。

実はすでに、これら二州を含む一八州で、医療目的であればマリファナの使用は認められていた。公然と栽培され、医師の処方箋があれば自由に購入できた。コロラド州は住民の健康が優良であることで知られている州のひとつだが、特別許可証をもつ一〇万七千人の「患者」がスターバックスの店舗よりも数多く存在する専門薬局でマリファナを自由に入手していた。その売上高は二〇一二年、二億ドルと推定されている。州当局の税収入も相当な額だった。

合法化以後は、タバコとおなじく公共の場では禁止、車の運転も制限付きだが、二一歳以上の者なら自由に消費できる。大麻そのものの栽培・販売だけでなく、マリファナ入りのチョコレート、穀物、ホットドッグ、ドリンクのビジネスも活況を呈する気配だ。フィリップ・モリス社などタバコ会社も参入を狙っている。

国レベルではマリファナは禁止されている。しかし一〇月に実施された世論調査では五一%が合法化に賛成だった。一九七二年には賛成二〇%だったのと比べれば趨勢は明らかだ。法務省は、連邦法は州法に優先すると指摘はしたが、放任の姿勢らしい。世論調査では六四%が連邦政府の介入に反対している。第一、若い頃はマリファナをおおいに吸ったものだと、大統領に選出される以前、オバマ氏みずから公言していた！

以上、昨年一二月二七日付『ル・モンド』の記事「ユナイテッド・ステイツ・オブ・マリファナ」と三〇日付の記事「リバータリアンの波がアメリカを変えている」を紹介した。

マリファナ「風味」のケーキやドリンク、タバコを日本人旅行者が国内に持ち込むのを空港で阻止できるのだろうか。

（かとう・はるひさ／東京大学名誉教授）

リレー連載　いま「アジア」を観る　121

怨と縁で結ばれるアジア

李相哲

上海市虹口《ホンコウ》区にある魯迅公園（元虹口公園）の片隅に目立たない石碑が一つ立っている。尹奉吉《ユンボンギル》という韓国人青年の「義挙」現場を標す石碑だ。尹奉吉とは何者なのか。一九三〇年朝鮮半島から中国に渡り、一九三二年四月二九日、この公園で挙行された天長節祝賀会に爆弾攻撃をしかけた青年である。爆破で上海日本人居留民団行政委員長の河端貞次や上海派遣軍司令官白川義則大将はじめ多くの日本人が死傷した。

その場所に記念碑が建立され、資料館も作られた。一八九六年イギリス人園芸家が設計したこの公園は当初「虹口娯楽場」と呼ばれ、園内には賭博場が設けられていた。周辺には日本人が多く住んでいたので当時は「日本租界」と呼ばれることもあった。上海内山書店店主の内山完造（後の日中友好協会理事長）や小説家として一世を風靡した魯迅もこの付近に居住していた。二人は親交の深い間柄だったという。おそらく公園の中や周辺を一緒に散策することもあっただろう。

爆弾事件が起こったとき魯迅は存命中だったから、さぞ驚いただろう。自分が散策に訪れる場所で血にまみれたテロが起こったというから。尹奉吉に爆弾攻撃を指示したのは当時上海を拠点に活動していた大韓民国臨時政府（亡命政権）の首班金九《キムグ》である。亡命政府の国務領（内務大臣）、主席を歴任した人物。一九三二年昭和天皇暗殺を狙った桜田門事件を指示したのも金九である。爆弾事件後、蒋介石は金九に五回会っている。蒋介石の目に金九はどう映ったのだろう。ひょっとして今でいうテロリストとして映ったのかもしれない。それを確かめるため米国スタンフォード大フーバー研究所を訪ねたことがある。金九やアジアを知る手がかりとなる蒋介石日記が所蔵されているからだ。蒋介石は二八歳より八五歳で亡くなる直前までほぼ一日も欠かさず日記を書いた。

アジアは調べていけば行くほど様々な形で絡みあっているなと、しみじみと感じる。

（り・そうてつ／龍谷大学教授）

連載　女性雑誌を読む　58

『女の世界』（一二）

尾形明子

『女の世界』は、実は、調べながらの同時進行で書いている。これまでも、資料として手にしていたが、一九一五（大正四）年五月から一九二一（大正一〇）年八月まで、全七六冊と思われる全体像を摑むことは難しい。私が目にしているのは日本近代文学館所蔵が中心だが、五巻から六巻に亘って九冊の欠本がある。

漠然とした全体像の中で、見えてきた部分をランダムに追う作業は、研究者としてはルール違反なのかもしれない。が、『女の世界』には、それでも追いかけてみたいと思わせる魅力がある。大正がその底辺で陽炎のように揺らす淫靡な魅力とでもいおうか。

知識、文明、教養、正義――はもちろんすばらしいが、それらに惹かれる同じ人間が、好色、猥褻、野卑、悪――に惹かれてどこが悪いか、という居直りが、この雑誌の基調にある。『青鞜』『ビアトリス』はもちろん、『婦人公論』や『女性改造』、あるいは『主婦之友』等にも、決して浮上してこない大正という時代を感じる。

一九一六（大正五）年五月一〇日発売の『女の世界』は一周年記念の定期増刊号として「地方の女」を特集する。増刊の意図を社長の野依秀一は「帝国勢力の膨張」にしたがって、遠隔地への移住、結婚が増加したこと、そのためにも各地の人間性の理解が必要であると説く。さらに情熱を込めて、「田舎の女」は都会の華美に染まることなく、「色情を制御」し、質朴であるべしと主張し、「労働に従事し自ら汗して自ら衣食する女の階級を眼下に卑視《みく》だす」都会の貴婦人の罪悪を縷々述べている。男女を問わず有閑階級批判として興味深いが、なかで『女の世界』を「僕の刊行主宰する変態婦人雑誌」と称する。本音がこぼれたのだろう。各地の名流夫人から芸者まで、幅広く地方の女がルポされていて面白いが、この号の圧巻は三六ページから七九ページまで、上部三分の一を占めて編纂された〈大正婦人録〉である。いろは順に、作家、歌人、編集者、名流婦人、画家、さらに名妓、一八四人の女性が名を連ねている。

（おがた・あきこ／近代日本文学研究家）

■連載・生きる言葉　68

明治に始まった口語体文章は昭和初頭に完成した。

粕谷一希

明治年間、島崎藤村や北村透谷、三遊亭円朝に始まった口語体文章は昭和初頭に完成したという。その文章がどこに載っていたかどうしても思い出せないが、面白い見方だと思う。

昭和初年といえば、『侏儒の言葉』の芥川龍之介、『藤十郎の恋』『忠直卿行状記』の菊池寛、そして『路傍の石』『真実一路』そして『心に太陽を持て』の山本有三、そして『女給』『神経病時代』の広津和郎があげられるかもしれない。

たしかに、風俗への新しい感覚と内容の面白さ、分析が一体となって、口語体の文章は自由自在に人間と世界を活写した。菊池寛に育てられた横光利一、川端康成もそうした視点からも眺められる。横光は『春は馬車に乗って』『機械』、川端は『伊豆の踊子』『雪国』。また『人生劇場』の尾崎士郎、『土と兵隊』の火野葦平、『放浪記』の林芙美子などもはいってよいかもしれない。

第一回の芥川賞の石川達三の『結婚の生態』、丹波文雄の『闘魚』なども読ませる。戦後映画化がもっとも多かった石坂洋次郎の『若い人』、島木健作の『生活の探求』も転向小説でありながら、読ませる技術も高い。火野葦平も転向者であることを今回初めて知った。また「翻訳工場」を称えた大宅壮一の『千夜一夜』など戦後の活躍を暗示させるものをもっている。太宰治や坂口安吾もこうした流れの中に入れてよいかもしれない。

扇谷正造の『週刊朝日』によって週刊誌時代がつくられるが、週刊誌時代のヒーローたちは、井上靖、松本清張、司馬遼太郎の三人をまつべきかもしれない。この三人によって、日刊誌、週刊誌、月刊誌と全メディアを踏破する全能作家が生まれたのである。また、『話の泉』の常連たちは文章と同時にラジオで視聴者となじんでいた。テレビ時代の作者たちもこのころから準備されていたのである。ラジオ、テレビ、インターネットの活用術はもっと研究されるべきだろう。相撲、柔道、野球、サッカー、オリンピックと世界は廻り始めたが、これが平和というものだろうか。

（かすや・かずき／評論家）

連載　風が吹く　60

神々しい笑顔

高 英男氏　20

山崎陽子

高英男さんと最後にお会いしたのは、亡くなられる半年ほど前の朗読ミュージカル（三越劇場）の楽屋だった。

いつものように、マネージャーの佐々木さん（通称マルちゃん）とおいで下さったのだが、前回、紀尾井ホールでの公演に来られた時の、あまりに弱られた高さんに衝撃を受けただけに、車椅子で来られると聞き胸が騒いだ。開演前に楽屋に来られるとの連絡に、森田克子さんと私は楽屋口に急いだ。（高さんは、朗読ミュージカルの達人森田さんがご贔屓だった）不安な思いで駆けつけた私たちは息をのんだ。綺麗に整えられた髪、ピンと伸びた背筋、お洒落ないでたちの高さんは、生気漲る輝くばかりの笑顔で、車椅子が冗談のように見えた。高さんは、澄んだ眼差しで私たちを見つめ「楽しみにしてますよ」と力強く手を握った。その表情には『神々しい』という言葉が、何よりもふさわしく思えた。

二〇〇九年七月二十三日、帝国ホテル孔雀西の間で高さんを偲ぶ会が催された。高さんの交友関係がしのばれる多彩な出席者で、大広間は埋め尽くされていた。特に親交の深かった石井好子さん、ペギー葉山さんはじめ、スピーチも多士済々。高さんの人となりが浮き彫りにされ、大スクリーンには、高さんの舞台の数々が映し出された。往年の活躍ぶりを知らない世代にとっては、想像を絶する絢爛豪華なステージで、驚嘆する人、目を潤ませて懐かしむ人の、入り混じった溜息や歓声が、巻き起こった。

宴の終わりに、高さんを支え続けた佐々木さんに感謝を、という声が沸きあがり、ステージに招かれたが、佐々木さんは、広間の後方で、皆の拍手にも呼びかけにも、首を振るばかりで、ついに応じなかった。「私は何もしてません。高さんのお陰で幸せを沢山いただきました」と呟きながら。

別れ際、「ホテルの方が、最後まで誰ひとり中座しなかったのは珍しいって」佐々木さんは心から嬉しそうに、晴れやかに笑った。

（やまざき・ようこ／童話作家）

連載　帰林閑話　218

漱石と海鼠

一海知義

海鼠と書いて「なまこ」と読む。漱石に次のような句がある。

　安々と海鼠の如き子を生めり

長女筆《ふで》誕生の日の作で、明治三十二年五月三十一日、時に漱石三十三歳。

後に紹介するように、海鼠は冬の季語として漱石の他の句にも出て来るが、小説や論文の中でも、海鼠を比喩としてよく使っている。

『吾輩ハ猫デアル』にも、海鼠は二、三度登場するが、そのメモの一つ（いわゆる「断片」三三）にいう。

　海鼠を食ひ出した人は余程勇気と胆力を有して居る人でなくてはならぬ。少なくとも親鸞上人か日蓮上人位な剛気な人だ。河豚を食ひ出した人よりもえらい。

また『虞美人草』に、「海鼠の氷つた様な」という表現が見え、最近の全集の注では、「不得要領で冷やかなさま」と説明し、参考として去来の句「尾頭の心許なき海鼠かな」を引く。

漱石はこの句が気に入っていたのか、『トリストラム・シャンデー』についての論考の中で、「尾か頭か心元なき海鼠の如し」と、ほぼそのまま使っている。

更に他ならぬ自作の小説『吾輩ハ猫デアル』について、上編・自序にいう。

　此書は趣向もなく、構造もなく、尾頭の心元なき海鼠の様な文章である……

海鼠のえたいの知れぬ所を好んだのだろう。次のような句にも、海鼠が顔を出す。

　海鼠哉よも一つにては候まじ
　古往今来切つて血の出ぬ海鼠かな
　西函嶺を踰えて海鼠の眼鼻なし
　何の故に恐縮したる生海鼠哉
　発句にもまとまらぬよな海鼠かな

（いっかい・ともよし／神戸大学名誉教授）

一月新刊

日中米の関係を歴史的に問い直す!

環

学芸総合誌・季刊
【歴史・環境・文明】
Vol. 52
'13冬号

【特集】日・中・米関係を問い直す
――アメリカとは何かIII

〈対談〉「日・中・米関係」の常識を問う
宮脇淳子＋倉山満

〈寄稿〉伊奈久喜／王柯／小倉和夫／川勝平太／川満信一／木村汎／高銀／榊原英資／田村秀男／中嶋嶺雄／朴一／R・ボワイエ／松尾文夫／松島泰勝／三木健／山本勲／渡辺利夫

【小特集】胎児性水俣病患者の現在
加藤タケ子／加賀田清子＋金子雄二＋長井勇＋松永幸一郎＋渡辺栄一＋山添友枝＋永本賢二

【小特集】大東亜戦争論の系譜
岡本道雄＋市村真一／W・トローハン

〈シンポジウム〉チャールズ・ビーアドと後藤新平
〈シンポジウム〉現代文明の危機と人類の未来
〈インタビュー〉伊東俊太郎
〈寄稿〉D・ラフエリエール／V・モロジャコフ／市村真一／安里英子

〈書物の時空〉岡田英弘／星寛治／角山榮／小林登ほか
〈書評対談〉『シモーヌ・ヴェイユ』鈴木順子＋赤坂憲雄
〈短期新連載〉柳田国男の祖母、小鶴詩稿(門玲子解説)
〈連載〉石牟礼道子／金子兜太／赤坂憲雄／新保祐司／山田國廣／三砂ちづる／河津聖恵／能澤壽彦

菊大判　四一六頁　三七八〇円

従来の中国史を書き換えるシリーズ、発刊!!

岡田英弘監修
清朝史叢書

康熙帝の手紙

発刊!

岡田英弘

在位六一年、大清帝国の基礎を築いた康熙帝(一六五四―一七二二)。三度のモンゴル遠征のたびに、北京の皇太子に送った愛情溢れる満洲語の自筆の手紙を紹介しながら、当時の東アジア全体を見渡す歴史絵巻を展開!

四六上製　四七二頁　三九九〇円

預言者トッドの出世作!

最後の転落

ソ連崩壊のシナリオ

エマニュエル・トッド
石崎晴己監訳　石崎晴己・中野茂訳

アメリカの金融破綻を預言したE・トッドの処女作の完訳!　一九七六年、弱冠二五歳にしてソ連の崩壊を、乳児死亡率の異常な増加に着目し、歴史人口学の視点から預言。本書は九〇年(ソ連崩壊一年前)新版の完訳で、ソ連崩壊のシナリオが明確に示されている。

四六上製　四九六頁　三三六〇円

人びとの怒り、苦悩、未来へのまなざし

〈大石芳野写真集〉

福島 FUKUSHIMA 土と生きる

戦争や災害で心身に深い傷を負った人びとの内面にレンズを向けてきたフォトジャーナリストの最新刊!　土といのちを奪われた人びとの怒り、苦悩、そして未来へのまなざし。

小沼通二・解説　二色印刷全二二八点

四六倍変判　二六四頁　三九九〇円

二〇一三年　新年会　報告

藤原書店　新年会

二〇一三年一月二一日（月）

年頭恒例の小社新年会。小じんまりした会場につめかけた、昨年小社で本を出してくださった方々、日頃お世話になっている皆さんで、例年以上に熱気あふれる会となった。

冒頭の社主からの挨拶では、東日本大震災で大きな被害を受けた塩竈で営業を絶やさなかった「すし哲」の主人に感じた〝心〟の大切さにふれ、総出版点数がまもなく千点を超える今、小社もさらに磨きをかけて今後の出版活動を、との決意を述べた。

来賓スピーチの筆頭は**宮脇淳子**氏（東洋史学者）。今年早々の大型企画『清朝史叢書』（岡田英弘・監修）の第一弾『康熙帝の手紙』（岡田英弘著）を携えて登壇。稀有の歴史学者であり、自身の師であり夫でもある**岡田英弘**氏の魅力と仕事の意義を存分に語った。

増田寛也氏（野村総合研究所顧問）は、元岩手県知事・元総務大臣として、東日本大震災からの復興が遅々として進まない、目先のことしか考えない今の政治に言及、百年先を見通した後藤新平の仕事を紹介しつづける小社の出版活動への期待を語った。

西舘好子氏（日本子守唄協会理事長）は、小社社主との編集のやりとりから「出版は生きもの」だと、また「どんなにしてもいい本にしてみせよう」という志を感じた、と熱く語った。

藤原書店社主

この春、『竹山道雄と昭和の時代』（『環』連載大幅加筆）を出版予定の**平川祐弘**氏（比較文学者）は、師であり岳父である竹山について、戦争中は反軍部、戦後は「反人民民主主義」で一貫し、自由主義陣営のため尽力したと紹介。

最後に、**柴田信**氏（岩波ブックセンター・信山社代表）は、「いい本とは、残る本。〝残る本〟を大切に売っていくことが、出版界のために書店がすべき大事なこと。」「大切なことは『継続』です。藤原書店にも『継続』してもらいたい」と励ましの言葉。

乾杯の音頭は、**小林登**氏（チャイルド・リサーチ・ネットワーク所長）。二一世紀はアジアの時代というビジョンを持った豪首相のエピソードを紹介し、乾杯となった。

しばし歓談ののち、**大石芳野**氏（写真家）は、東日本大震災にともなう原発事故で家や仕事を失った人々を撮りつづけた写真集にこめた思いを語った。

続いて行われた、二胡（汪成さん）、尺八（原郷界山さん）の合奏は、領土問題をめぐって緊迫する日中の、友好と文化交流への祈りのように感じられた。

（於・山の上ホテル　記・編集部）

読者の声

最後の人 詩人 高群逸枝■

▼一九九九年夏、谷川健一著『日本の神々』（岩波新書）を読んでいて、その中に出てくる沖縄の御嶽《ウタキ》（聖域）に興味をもった。さらにその年の『新潮』一二月号に、岡谷公二さんの『南の精神誌』（三〇〇枚）を見つけた。御嶽について、くわしく書かれている。

読んでいるうちに、私の心は南へ南へと向かって、どうしても御嶽というものを見てみたいと思うようになった。

年末に夫と二人で沖縄へ行く計画をたてた。夫は沖縄のホテルや民宿に次から次へと問い合わせたが、たったひとつ久高島の民宿の部屋が空いていたので、その島へ行くことになった。「黙ってオレについてくればいい」と言ってきた夫が、その時ばかりは妻の願いをかなえようと必死だったのが不思議でならない。久高島の御嶽はこぢんまりした森であった。その森の中で行われる一年のしめくくりの祭祀フバワクを見ることもできた（男はそこへ入ってはならない）。

それから二年半後夫は病死したので、久高島は大切な思い出の島と捉えていた。しかし、この本の中に、石牟礼さんが久高島を訪ねたことが書かれているのを見つけておどろいた。

三八七頁に「森の家はこの意味において、彼女の拝所《ウガン》であり……御殿庭《ウトンミャア》ではなかったか。」とある。

私は御嶽とともに、拝所も御殿庭もこの目で見た。

石牟礼道子というひとを深く理解するために久高島へみちびかれたのだと気付いた。

（愛知 **岡本一子** 68歳）

▼「しかし高群逸枝には伴侶がいた。橋本憲三。これがすごい男。逸枝の才能を信じ、研究を信じ、自分は生涯この人に捧げると決めて、死後の全集刊行まで献身的に遂行した。」（池澤夏樹、『毎日新聞』二〇一三年一月一九日書評）。

「二人の妻に『有頂天になって暮らした』橋本憲三は、死の直前まで、はためにも匂うように若々しく典雅で、その謙虚さと深い人柄は接したものの心を打たずにはいなかった。」（本書より、書評において引用）

高群逸枝と橋本憲三、このように思いを交わす夫婦の意識のあり方に心打たれた。

逸枝に共鳴し、死後、妻の全集編集に勤しむ病がちな橋本を支えて逸枝のことを聞き、その最期まで看取った石牟礼の姿に感動した。

そして、素晴らしい池澤の書評にもなお。 （東京 **飯澤文夫・滿穗**）

廃校が図書館になった！■

▼発想、アイディアで終ることはよくあること！〝完成〟までの時間を協力者たちが楽しんでいる様子が伝わりました。いい時間を過したと思います。今後のご発展を期待します！

（秋田 **黒崎一紀**）

歴史をどう見るか■

▼太平洋戦争の戦争責任を問わなかった日本は、あらゆる分野で責任を問わないことが常態化し、今、政治的社会的混乱をまねいていると思う。

著者の戦争責任への考えは明解で、今日の課題と歴史をとらえるガイドも示されている。これを参考に、個々人が歴史に照らした考えと判断基準を持てればと思う。

（神奈川 **森田悦男** 70歳）

易を読むために■

▼長年待ち望んでいた黒岩先生の本が出版され、ほんとうに嬉しく感謝しています。教えていただいて

もなかなかむずかしく、自分のものになってくれません。ノートをとっても、後に伝えようとしてもまとまりきらず、困っていました。易経の中には沢山の宝物がつまっています。易経上・下と解説、あと三冊の準備が先生の元にできているとうかがっています。部数を少くしても、何とか、何としても、易経を読み、理解して、生活に活かされる書物として、現代に、この混沌とした時代に、出版されることを心から願っています。よろしくお願い致します。

（東京　施設職員　**柴﨑直美**　62歳）

帝国以後■

▼リーマンショック後何とかしなくてはと思い、沢山の経済書を読んで来ましたが感心する本には出会えませんでした。トッド氏のことは、ソビエト連邦の崩壊を予言したことで少しは聞いていました。この本も聞いたことはあったのですが、出版されて一〇年後の今読んで驚きました。個人的にはリーマンショックから回復していないのですが、何か心が晴れ晴れした気分になりました。翻訳者の石崎晴己先生と藤原良雄社長に心から感謝します。トッド氏の本をもっと読むつもりです。

（徳島　会社員　**住友裕幸**　62歳）

漱石と河上肇■

▼本書で漱石が河上肇のことを書いた文章と、河上肇が漱石のことを書いた文章があることを初めて知りました。業績の違う二人はともに優れた漢詩人です。マルクス経済学者河上肇はその思想や情熱故に五年間も投獄されました。河上肇の漢詩の奥深さと、その詩を理解する上で欠かせない人柄やエピソードを沢山知ることが出来ました。河上肇を尊敬してやまない一海先生のお人柄も行間に溢れています。「技術的には数段上」の漱石の漢詩とともに、初心者でも理解できる漢詩の読み方が丁寧に書かれています。（東京　**立石正夫**　72歳）

※みなさまのご感想・お便りをお待ちしています。お気軽に小社「読者の声」係まで、お送り下さい。掲載の方には粗品を進呈いたします。

書評日誌（一二・一五〜一・四）

(書) 書評　(紹) 紹介　(記) 関連記事
(TV) 紹介、インタビュー

一二・一五　(書)日本とユーラシア「満洲浪漫」（「書評」／「シベリアの密林を夢みながら」／武隈喜一）

一二・一六　(書)読売新聞「政治家の胸中」（「本　よみうり堂」）

一二・二三　(紹)読売新聞「廃校が図書館になった！」（「本　よみうり堂」／橋本五郎）

(書)読売新聞「歴史をどう見るか」（「本　よみうり堂」／杉山正明）

(紹)毎日新聞「〈決定版〉正伝後藤新平」（「今週の本棚」／「近代日本のスキャンダル」／奥武則）

(書)毎日新聞「政治家の胸中」（「今週の本棚」）

(書)毎日新聞『移民列島ニッポン』（「今週の本棚」）

(書)東京新聞『移民列島ニッポン』（「読む人」／「共生への課題見えるルポ」／小倉孝誠）

一二・二五　(書)熊本日日新聞「天草の豪商　石本平兵衛」（「読書」／「栄光と転落の軌跡　丹念に」／猪飼隆明）

(紹)東京新聞「シモーヌ・ヴェイユ『犠牲』の思想」（「書物の森」／「回顧　今年の本棚」／「二〇一二年　大乱の予兆を刻む」）

一・四　(書)週刊読書人「シモーヌ・ヴェイユ『犠牲』の思想」（「学術　思想」／「『複雑な多面体』として捉える」／「巨大なテーマをめぐる一個の思索との『対決』」／合田正人）

三月新刊。

＊タイトルは仮題

近代日本の理想を描いた思想家、初の小説化

小説・横井小楠

小島英記

幕末に、独自の公共思想で近代日本の理想を描いた稀有な思想家。徹底的な理想主義者ながら、大酒を呑み、時には失敗をし、人情にあふれ、揺るぎない信念と情熱と不思議な魅力で人々を変革へと動かした小楠の「人間」を描く初めての試み。学芸総合誌『環』好評連載に、大幅加筆。

［附］略年譜／参考文献／系図／事項・人名索引

時流に屈しない真の自由主義者がみた「昭和」

竹山道雄と昭和の時代

平川祐弘

『ビルマの竪琴』の著者として広く知られる竹山道雄（一九〇三―八四）は、旧制一高、東大で多くの知識人を育て、自らは戦後の論壇で安易な西欧礼賛に傾くことなく、非西洋の国・日本がとるべき道を模索し続けた。昭和の日本が直面した問題と日本の知的伝統の軌跡をたどる。『環』誌連載に大幅加筆。写真多数。

［附］年譜／著作一覧／系図／人名索引

フランスにおける障害史の先駆的著作

盲人の歴史

Z・ヴェイガン

序＝A・コルバン　加納由起子訳

中世から十九世紀にいたるまで視覚障害者はどのように表象され、また扱われてきたのか。絶対的他者としての盲人とその社会的受容過程をつぶさに描き、旧来の謬見によるイメージを一新する野心作！

ゾラ作品の真の意味を抉る野心作

欲望する機械

ゾラの「ルーゴン＝マッカール叢書」

寺田光德

仏第二帝政期、驀進する資本主義のもと自らの強い〝欲望〟に突き動かされる一族の物語を解読。フロイトに先立ち、より深く、人間存在の根底の〝欲望〟と歴史、社会の成立を描いてみせた文豪ゾラ像を抉る。

3・11以後の宗教のゆくえ

環境京都学

宗教性とエコロジーの現在

早稲田環境塾編（代表・原剛）

科学技術文明への根源的不安が露呈する中で求められる思想とは。鞍馬寺、法然院、妙法院等、京都に根差した宗派の最高位者が、渾身で語りかける、現代人のための「宗教」。

〈特別寄稿〉石牟礼道子、緒方正人

内発的発展論と生命誌が織りなす生命の対話

〈新版〉四十億年の私の「生命」

中村桂子・鶴見和子

地域に根ざした発展を提唱する鶴見の「内発的発展論」、そして生命の全体を見つめた中村の「生命誌」。中村桂子による新版の序「内発的発展と生命誌」を付け、新たな装いをこらして復刊。

2月の新刊

タイトルは仮題、定価は予価。

石牟礼道子全集（全17巻＋別巻二）
16 **新作 能・狂言・歌謡ほか** ＊
エッセイ 1999-2000
〈解説〉土屋恵一郎
〈月報〉松岡正剛／吉田優子／米満公美子／大津円
A5上製布クロス装貼函入 七六〇頁 八九二五円

日本のアジア外交 二千年の系譜 ＊
小倉和夫
四六上製 二八八頁 二九四〇円

ユーロ危機 ＊
欧州統合の歴史と政策
R・ボワイエ 山田鋭夫・植村博恭訳
四六上製 二〇八頁 二三一〇円

下天（けてん）の内 ＊
大音寺一雄
四六上製 三一二頁 二九四〇円

岡本太郎の仮面 ＊ カラー口絵八頁
貝瀬千里 第5回河上肇賞奨励賞受賞
四六上製 三三六頁 三七八〇円

3月刊

小説・横井小楠 ＊
小島英記

竹山道雄と昭和の時代 ＊
平川祐弘

好評既刊書

環境京都学 ＊
宗教性とエコロジーの現在
早稲田環境塾編（代表・原剛）

欲望する機械 ＊
ゾラの「ルーゴン＝マッカール叢書」
寺田光徳

〈新版〉**四十億年の私の「生命」** ＊
中村桂子・鶴見和子

盲人の歴史 ＊
Z・ヴェイガン 加納由起子訳
序＝A・コルバン

『環』歴史・環境・文明 52 13・冬号 ＊
〈特集 日・中・米関係を問い直す ──アメリカとは何かIII〉
倉山満＋宮脇淳子／伊奈久喜／王柯／小倉和夫／川勝平太／川満信一／木村汎／高銀／榊原英資／田村秀男／朴一／ボワイエ／松尾文夫／松島泰勝／三木健／山本勲ほか
菊大判 四一六頁 三七八〇円

最後の転落 ＊
ソ連崩壊のシナリオ
E・トッド
石崎晴己監訳 石崎晴己・中野茂訳
四六上製 四九六頁 三三六〇円

清朝史叢書（岡田英弘監修） 発刊！
康熙帝の手紙 ＊
岡田英弘
四六上製 四七二頁 三九九〇円

〈大石芳野写真集〉
福島 FUKUSHIMA 土と生きる ＊
大石芳野 2色刷
四六倍変判 解説＝小沼通二 二六四頁 三九九〇円

メドベージェフvsプーチン
ロシアの近代化は可能か
木村汎
A5上製 五二〇頁 六八二五円

ニグロと疲れないでセックスする方法
D・ラフェリエール 立花英裕訳
四六上製 二四〇頁 一六八〇円

日中韓の戦後メディア史
李相哲編
A5上製 三二八頁 三九九〇円

幻の野蒜築港
明治初頭、東北開発の夢
西脇千瀬
四六上製 二五六頁 二九四〇円

サルトルの誕生
ニーチェの継承者にして対決者
清眞人
四六上製 三六八頁 四四一〇円

「画家」の誕生
ルドンと文学
D・ガンボーニ 廣田治子訳
A5上製 六四〇頁 九九七五円

＊の商品は今号に紹介記事を掲載しております。併せてご覧戴ければ幸いです。

書店様へ

▼1／13(日)『毎日』で、**石牟礼道子『最後の人 詩人 高群逸枝』**を池澤夏樹さんが絶賛書評！ 大反響です。そして、2月上旬には**『石牟礼道子全集・不知火』（全17巻・別巻一）が本巻完結！**この機に石牟礼道子さんのフェアをぜひお願いいたします。▼今回ご案内の**『ユーロ危機』**を引っさげ、**ロベール・ボワイエ**氏2月上旬（～3月）来日です！ 藤原帰一さんらとの国際シンポ、講演等など目白押し。▼**老川祥一『政治家の胸中』**、『週刊文春』2／7号「今週の必読」で後藤謙次さんが紹介！▼1／27(日)『朝日』では、**R・A・モース＋赤坂憲雄編『世界の中の柳田国男』**を保阪正康さんが絶賛紹介！▼同じく1／27(日)『産経』で黒川信雄さんに絶賛された**木村汎『メドベージェフvsプーチン』**は、2／3(日)『東京・中日』でも下斗米伸夫さんが絶賛紹介！▼共同通信の全国地方紙では、昨秋の話題作**石牟礼道子『最後の人 詩人 高群逸枝』**、**藤巻秀樹『「移民列島」ニッポン』**、**『世界の中の柳田国男』**、**西脇千瀬『幻の野蒜築港』**等が続々紹介されています。（営業部）

R・ボワイエ博士来日

マルクスの歴史認識とケインズの制度感覚の交点に立ち、資本主義と社会主義を解明する新しい経済学「レギュラシオン」理論のリーダー。

■日本学術会議公開シンポジウム
ユーロ危機とヨーロッパの政治経済
R・ボワイエ／藤原帰一／猪口孝ほか
【日時】二月十七日(日)　午後一時半〜
【場所】日本学術会議講堂（乃木坂）

■日仏会館フランス事務所主催
欧州統合の大いなる分岐点
R・ボワイエ／井上泰夫／勝俣誠ほか
【日時】三月七日(木)　午後六時半〜
【場所】日仏会館ホール（恵比寿）
ほか続々予定

大石芳野写真展

福島*FUKUSHIMA* 土と生きる

【日時】四月三日(水)〜四月一二日(金)
一〇時半〜一九時（最終日一五時まで）
【場所】コニカミノルタプラザ
ギャラリーC（無休／入場無料）
（フルーツの新宿高野四階）
JR新宿駅東口から徒歩1分

出版随想

▼年が明けて早や一月《ひとつき》。小社は創業来毎年一月に、お世話になっている著者、業者、書店・取次、マスコミの方々をお招きした小さな新年会を開いてきた。今年も大雪の降り積もった後の寒さ厳しい中で催された。百人位の会場に百五十人を超える方々が集い大賑わいの会となった。九十歳を超える塩川正十郎先生までお見えいただいたのには恐縮した。当日の会の模様は二七頁を参考にしていただきたい。

▼「失われた二〇年」といわれて久しい。数年前、民主党に儚い望みを託すもあっけなく期待を裏切られた国民。新しい安倍政権は如何？〝金融緩和でデフレから脱却〟のかけ声はいいが、現実に経済は動くのか？すでに、円安、株高で調子は上々のように見えるが、それはこれまでこの二〇数年何もやってこなかったから、〝金融緩和〟で動いたまでで、問題はこれからだ。現在、問題は山積している。しかも長期の問題だ。

▼働き手が少なくなって、扶養される年金受給者人口の飛躍的増大。高齢者人口の増大は、種々の方面の社会的コストを増加させる。にもかかわらず長期のビジョンがない。決して付け焼き刃ではすまない。この数十年の間に確実に大問題になる。加えて、高度成長時代のツケがきいて、多くのシステムが制度疲労を起こしている。新しく制度を作り直す時だ。しかしそれには又大変な労力と時間がかかる。しかしこの問題も急務。時間を遅らせば遅らす程、必ず事件や事故が起きる。教育関係やスポーツ界、土木・建築関係……。枚挙に暇がない程次から次へと問題が発生することは必至だ。

▼国民の一人一人が生活している中で感じている要望を、市・町・村各所に、大アピールをして〝声〟の箱を置いたら如何なものか？その〝声〟を、市・町・村から国に上げていく。今国民が抱えている不安とは何かをまず国が理解すること。〝民主主義〟を標榜する国家なら、時間がかかってもそれ位のことをやらなければなるまい。短兵急に理想の国家を作ることはできない。たとえ後藤新平のような大政治家がいたとしてもだ。（亮）

■アジアの急進勢力と日本外交――孫文の運動への日本の対応

一九一一年の中国辛亥革命の立役者であり、中華民国成立時の臨時大総統に就任した孫文。孫文と日本との関係は、主に、孫文の運動に共鳴した日本の「志士」たちとのつながりや、一部の政治家との関係を通じて深いものがあり、そうした歴史は、巷間良く知られているところである。

しかし、孫文と日本との関係を、「日本の外交当局が、中国の革命家の日本滞在や日本における活動、さらにはその運動一般に対して、どのように対応したか」という視点から観察すると、そこにまた、別の側面がうかびあがる。それは、外交戦略的観点から、中国の革命運動をどう位置づけるかという問題であるとともに、急進的革命思想を、政治思想としてどう受け止めるかの問題をはらんでいたからである。

孫文は、一八九五年十一月に初めて日本の土を踏んだが、すぐハワイへ向かい、長期にわたり日本に滞在したのは、一八九七年から一九〇三年半ばまでの時期であった。

この時期、孫文はしばしば、医学士「中山樵」と名乗っており、こうした偽名をつかっていたことは、清朝官憲の監視がすでに身辺に及んでいた証拠とみられるが、清朝政府から日本当局に対して、孫文の処遇について正式の要請があった気配はなく、また、日本も、未だ有力な政治家とは見られていなかった孫文について、これを特段外交的に活用する意図も持っていなかった。

他方、思想的にいえば、日本当局のなかで比較的中国の革命運動に同情的であった、大隈重信はじめ憲政党内閣の人々も、共和制を唱える孫文一派よりも、立憲君主制を主張する、康有為らの改革派を重んじ、康と孫との会合をあっせんしようとする動きを示していた。

　他方、日本当局のなかには、孫文の運動を、戦略的に活用せんとする意図をもって、行動する動きもあった。

　たとえば、一九〇〇年八月のいわゆるアモイ事件[1]や、同十月の恵州事件[2]などにおいて、日本の台湾経営の安定化と対岸での日本の勢力強化のため、中国南方における革命運動を助長しようとする（日本側の）動きがあった。

　また、後年（一九〇八年前後）においては、中国における日本商品のボイコット運動を抑える裏面工作を孫文に依頼しようとする動き[3]も出現したほどであった。

　しかしながら、中国情勢が一層不安定化し、孫文の動きも国際的に注目されるようになると、清朝政府は、自己の政体（王朝）の維持のためにも諸外国の支援を要請し、また革命派の取り締まりを要求するようになり、それに合わせて、日本の孫文に対する対応も、一層慎重になっていった。

　そのことを最も良く象徴している事柄は、一九一〇年の孫文の来日と滞在許可をめぐる対応であった。

　孫文は、一九一〇年十一月、ペナンで、同盟会の幹部黄興たちと秘密会議を開き、広州での武装蜂起の計画を練った。この蜂起を指導する根拠地として孫文は日本を考えていた。そのため、孫文は一九一〇年六月、ペナンに赴く前に日本に立ち寄り、数週間滞在した。その時、孫文は、「タカノ」という偽名で横浜に来航したが、日本の官憲の知るところとなり、「タカノ」としての上陸は認めるが早々に退去することが条件とされた[4]。

他方、孫文が、宮崎滔天とその友人の働きかけもあって、東京にしばらくの間滞在できたこと、また、日本政府当局は日本の新聞に「孫逸仙渡来説」という記事があることを放任し、同時に、わざわざ「タカノ某と名のるものは孫文ではない」という否定コメントを新聞に掲載させていることから見て、日本政府は、東京における孫文の支援者との接触までは拒否せず、しかも孫文の日本上陸を巧妙にとりつくろうという態度をとっていたと言えよう[5]。

ちなみに、その間、そしてその後において孫文は、宮崎を始めとする日本の支持者を通じ、日本滞在の正式許可を要請したが、日本政府は孫文の正式滞在はこれを許可しなかったとされる[6]。

この間の列強の孫文に対する対応を見ると、英国は、孫文の香港滞在を認めず、フランスもインドシナへの入国を拒否していた。正式な日本滞在を許可されなかった孫文は、こうした、日本を含む列強の包囲網にもかかわらず、(あるいはそれゆえにこそ)一九一一年十月十日、辛亥革命への道をたどるのであった。

言ってみれば、孫文を激しい革命運動の道に深入りさせた一つの要因は、清朝と陰に陽に手を組んだ、列国のいわゆる協調外交の結果だったのである。

(1) 一九〇〇年八月、義和団事件の混乱に乗じて、台湾の対岸の福建省を勢力圏に収めるため日本軍が出兵する口実を作る目的でアモイの東本願寺布教所で放火事件を起こそうとした計画。児玉源太郎台湾総督らがからんでいたとされる

(2) 香港から程遠くない恵州で孫文の同調者が、一九〇〇年十月兵を挙げ、一時は深圳などを支配下においたが、結局失敗した事件

(3) 孫文と親交のあった内田良平が裏面で動き、当時シンガポールに滞在中の孫文に対し、反日ボイコット運動の抑止を働きかけたといわれる。その際孫文は、反日運動はむしろ広東の清朝関係者の財政的援助を後立てとしており、それに対抗するためには日本からの資金援助が必要であると応答した由。こうした動きは日本政府当局の知るところとなっていたのみならず、内田良平と当時の外務省石井通商局長とは書簡にて連絡をとりあい、反日ボイコット抑止のために革命派を利用せんとする動きを示していた

(4) 陳徳仁・安井三吉『孫文と神戸』神戸新聞総合出版センター、二〇〇二年、八三頁

(5) 同右、八四頁

(6) 兪辛焞『辛亥革命期の中日外交史研究』東方書店、二〇〇二年、四頁

■急進勢力への対応をめぐる国際協調

このように、孫文を中心とする中国の革命勢力に対する清朝政府の取り締まりの強化とそれに呼応する列国の協調ないし協力体制が、孫文らの革命運動の相互（民衆ないし急進派同士の）連帯を生み、それが、革命運動をさらに激化し、またそれが、取り締まりと列国協調を一層強化してゆくというプロセスは、今日、例えばイスラム世界における政治運動と、過激な行動、そして、それらに対する列国の対応においても、垣間見ることができる。

一国の体制改革が、「暴力的」革命的色彩をおびるとき、暴力的行為そのものを糾弾すればするほど、運動はかえって暴力的にならざるを得ない側面があることを理解しておかなければならないであろう。

言い換えれば、政府同士の協調とは、所詮、現状維持のためには有効でも、現状改革に及ぶことは極めて稀といわねばならないのである。

■アジアの革命勢力支援に関する日本の分裂症状

こうした情勢の延長線上に辛亥革命が生起した訳であるが、この革命の直前、直後の日本の対応を、清朝への武器供与問題と援軍派遣の是非、革命軍への武器供与と資金調達問題などの面から考察してみると、(1) 日本の対応は、大まかに言って四つのポイントに絞られる。すなわち、(一)列強、就中、英国と協調すること、(二)満州を中心とする北方の権益を擁護すること、(三)台湾経営のテコとして中国南方に勢力圏を作るため、革命運動を利用すること、(四)民間による武器援助や借款を黙認または間接的に奨励することによって、清朝、革命軍双方に影響力を扶植すること、といった各種の思惑が錯綜したものとなっていた。

こうした対応は、総合的にみれば、中国ナショナリズムの勃興とその歴史的流れに日本がどう思想的、政治的に対応すべきかという観点よりも、日本の中国における権益の確保のため、列強、清朝、革命軍の三者をバランスのとれた形で巧妙に活用するという観点が強かったものと言える。

しかし、日本政府当局が、孫文を中心とする中国の革命運動とその背後にある民族主義と革命運動の流れを見きわめて、これを陰ながらでも支持してゆく方向をとらなかったのは、単に日本当局の中国ナショナリズムへの理解不足だけにその原因を求めることはできない。そもそも中国の革命運動は、一九一〇年代になって孫文を中心にかなりのまとまりを見せ始めたとは言っても、長い間内部抗争と対立が絶えなかった。

当初は康有為を始めとする立憲君主派と孫文を始めとする共和派の対立、そして共和派の中でも孫文の支持者とそうでない人びととの対立も存在した上、清朝打倒が排満（州族）、復漢（漢民族の復権）という民族主義的スローガンと重複しがちであるという問題もあった。加えて、列強との関係も無視できなかった。革命運動に対する英国とフランスの態度は、微妙に違う局面もあり[2]、また米国（そしてドイツ）は、他国以上に日本の対中進出に敏感であり、それだけに日本の対応も慎重たらざるを得なかったと言えよう。

（1）以上の問題についての日本政府の具体的対応については、小倉和夫「辛亥革命への外交的対応」（『環』二〇一〇年秋号所収）参照

（2）例えば、孫文のシンガポール滞在についての英仏の微妙な立場の違いについては、鈴江言一『孫文伝』岩波書店、一九五〇、一五三―五四頁

■分裂症状的対応の裏にあるもの

ひるがえって、列国との関係や清朝との関係もあってやや腰のひけた態度をとりがちであった日本政府当局に比較して、日本の民間有志たちが、中国革命運動に同情的であり、かつ、具体的支援を惜しまなかった理由は何なのであろうか。

この点について鈴江言一は、二つの理由をあげる。第一には、日本自身が西洋の植民地主義の犠牲者（不平等条約の対象）であったことが、中国の国権回復運動への共鳴につながったことであり、そして第二に、日本の経済界の中国進出は欧米の既得権益およびその影響によってとかく不利となりがちであり、そのため日本の経済界の大勢は、中国の反植民地主義闘争に対して同情的態度をとる者が少なくなかったことである、とする(1)。

たしかに、これらの要因も、日本の中国革命運動に対する官と民との態度の差を説明する一部の要因ではあろう。しかし、一層根本的には、日本国内の自由民権運動を始めとする、藩閥政治への批判や不満と、清朝打倒をめざす中国の革命運動とが、中国における政治運動への日本の民間有志の関与という形で微妙に結びついていたからではあるまいか。

このことは、第二次大戦後の、中国の社会主義勢力への日本の対応とも類似している。

巷間、アジアの社会主義運動に対する日本政府当局の冷めた対応は、東西対立の下での戦略的対応の一環として理解されているが、実は、第二次大戦前の状況に似て、日本国内の保守勢力の権力独占に対する憤懣が、日本国内の民衆とアジアの社会主義勢力とを結びつけていたともいえる。日本における保守政権の独占が崩れるとともに、民衆レベルで反中国感情が急速に高まった事実は、日中関係を国際的な東西対立の図式の下でのみ理解することの限界を示しているといえよう。

（1）鈴木、前掲書

4　国内の権力闘争と絡む外交政策

外交が内政と最もつながりやすい一つのケースは、国内の権力闘争に外交が利用される場合であろう。

そうした例の一つとしては、外交使節の派遣に内政上の思惑がからむ場合があげられる。かつて、ソ連共産党の大物の一人ポリヤンスキーが、日本大使に任命されたことがあるが、これは、ポリヤンスキーを、党中央から排除するための方策であったといわれている。また、韓国の朴大統領時代の初期において、多くの有力な軍人が、在外の大使に任命されたが、これも若くしてクーデターによって軍事政権をつくりあげた、軍人出身の朴大統領にしてみれば、著名な先輩の軍人が国内で活動することを回避しようとする意図があったといわれる。

日本においても、明治初期のいわゆる遣米使節団の人選をめぐって、権力闘争がからんだことはよく知られている。長期にわたる外遊は、その人物に「箔をつける」ことにはなっても、国政から遠ざけられる危険を負うものである。だからこそ、大隈重信、大久保利通、岩倉具視などの間で、誰が残り、誰が使節団に加わるかが大きな問題となった。その結果、使節団の外遊の間に重要な内政問題を処理してしまわないようにとある種の覚書が交わされたのであった。

日本のアジア外交において、使節の派遣が、国内の権力闘争と結び付いたと見られる好例は、遣唐使の選任である。たとえば、六五四年に入唐し、唐で没した高向玄理《たかむくくろまろ》の例があげられよう。

玄理は、長く、新羅と日本との関係改善に努め、新羅へ渡航した経験も持っていたが、日本と新羅との関係が緊張するのと平行して朝廷内部に政治闘争が起こり、その結果、一種の追放に近い形で唐へ派遣されたという見方があるからである。(1)

玄理をめぐる奇怪な物語（詩の形をとった「遣唐使高向玄理為灯台鬼」の話(2)）は、玄理が、頭の上にロウソクをたてられて人柱のように用いられ、無残に顔面を焼かれて行く「灯台鬼」になり下がりながら、唐の異郷で、故郷を思う姿を描いているが、この物語も玄理が政治的理由から日本に帰国できず、悶々としていたことを暗示しているとも考えられる。

このように、遣唐使をめぐる国内の権力闘争は、玄理のケースばかりでなく、菅原道真の場合にも観察される。道真が、遣唐使の中止を進言する前に、道真に対する讒言事件がおこっており(3)、道真を巡って政争があったとみられ、道真の遣唐使任命自体、外国へ道真を追いやり、場合によっては遭難の憂き目にあわすための政治的陰謀であったとみることもできる。

こうした、使節の派遣をめぐる国内政治との連関は、中国が日本に派遣した遣使の場合にも観察することができる。たとえば、六三二年に訪日した高表仁のケースである。

高表仁は、「綏遠の才なく、王子と礼を争い、朝命を宣べずして還る」――すなわち、日本の朝廷で、接遇に文句をつけ、本国の使命を全うしないで帰国した、とされているが、この事件を文字通り解釈してよいかには問題がある。そもそも高表仁には、どうして「礼を争う」必要があったのか、また、朝命とは何であったのか。

朝命とは、日本を中国の冊封関係の中にきちっと位置づけようとするものであり、高表仁はこれを高圧的に日本に強要し礼を失したため、日本側に一蹴されたとする解釈もあるが、こうした解釈はとり難いように思われる。

その理由を考えるにあたっては、唐朝の対日姿勢を分析しておかねばならぬ。そもそも高表仁を日本へ派遣した唐朝第二代の太宗は、日本からの使者（犬上御田鍬）に対して、日本の朝貢を多としつつも、日本は遠方の国であり、毎年朝貢するに及ばないと指示していることに注意しなければならない。言い換えれば、この段階で、唐から日本に対して朝貢または冊封について強い要求があったとは考えにくく（もしあったとすれば、かかる要求は犬上御田鍬に対しても行われていたはずである）、「礼を争う」といった形での日本側とのあつれきが、この点を原因として生じたとは考え難い。

もともと、高表仁は隋朝の元勲の子孫で、新州（今の広東省の一地方）の長となっており、いわば地方に遠ざけられていた人物とされている。こうした人物の日本への派遣は、一種の流罪に近いものであったと考えることすらできよう。

以上すべての観察と推量の帰結は、高表仁の任命自体に、唐朝内部の政治的思惑や権力闘争の影が尾を引いていたのではないかということであり、遣唐使をめぐって日本の内部で起こっていたことが、唐朝の内部においても生起していたのではないかと思われるのである。

(1) 小林惠子『白村江の戦いと壬申の乱』現代思潮社、一九八七年、四五頁
(2)『帝王編年記』によるとされる高向玄理についての漢詩本文は次の通り

吾斯日本両京賓
汝安東城一老人
為子為親前世契
一離一会此生田
経年落涙蓬宿
送日馳思旦暮新
形破他州為鬼
争帰政里捨残身

(3) 坂本太郎『菅原道真』吉川弘文館、一九九七年、四九頁以下
(4)『旧唐書倭国日本伝』岩波文庫、一九七九年、三五頁

■日中航空協定交渉をめぐる権力闘争

内政上の権力闘争が、外交政策の策定に大きく影響した例は、第二次大戦後の日本のアジア外交においてもしばしば観察されるところである。とりわけ、日中、日韓問題は、台湾派と中共派との対立、

あるいは韓国人脈と北朝鮮親派との対立とからんで、ほとんど常に、内政問題となり、また権力闘争の「道具」やその対象となってきた。

そうした例のうち、きわめてあからさまに、また激しい形で、外交交渉が、政治的権力闘争と結びついたものとしては、一九七二年から七四年にかけて行われた、日中航空協定交渉をあげることができる。

この交渉は、日中国交正常化が行われたのちの、最初の「実務協定」交渉として、日中間の航空路の開設と、日本と台湾との間の航空路線の取り扱いに関する交渉であった[1]。

この交渉が、日本国内の政治的権力闘争の対象となった背景には、もともと、自民党内部における親台湾派と親中国派の対立があり、本来であれば、この対立は、国交正常化交渉の過程で表面化し、日中国交正常化交渉自体が、権力闘争の対象となるべきものであった。ところが、正常化交渉は、米中接近、国連における中国代表権の交替という、国際情勢の変化を背景としておこなわれ、しかも、交渉の主体たる田中内閣は、自民党総裁選挙に勝利して、破竹の勢いであった。そういった状況下で、日本国内の世論は、日中国交正常化を強く支持しており、いわゆる親台湾派といえども、日中交渉を権力闘争の的としうる状況にはなかった。加えて、国交正常化交渉は、一九七二年夏、ほとんど、一、二ヶ月の間に一気呵成に行われたため、そこに「つけいるすき」を見つけることは困難であった。

しかるに、航空協定交渉は、七二年末に始まったものの、台湾路線の取り扱いを巡って難航し、しかも、台湾路線の存続という具体的経済権益がからんでいただけに、自民党内の政治的論議が激化した。

加えて、その背後には、三つの政治的事情がからんでいた。

一つは、国交正常化が、一気呵成に行われたが故に、台湾問題の取り扱いについて十分な論議と配慮がなされていないという批判を招きやすかったことである。そして、この点は、国交正常化交渉の過程における台湾派の欲求不満と連動し、実務協定交渉においては、台湾との利益の擁護を強く主張する動きへつながったのであった。

第二に、（第一の点とも関連して）七二年春の、自民党総裁選の余燼があった。

総裁選で敗れた福田派にしてみれば、敗北の一つの原因が、親台湾路線をとっていた佐藤栄作内閣の外相だった福田に対する中国のやや冷たい態度であったとの思いがあった上に、田中内閣が怒濤の勢いで日中国交正常化をなしとげ、人気を上げていることへの反発がくすぶっていた。そして、このことの帰結として、福田派及びそれに近い考え方の人々は、一般的に、日中国交正常化の過程は性急過ぎた、特に、台湾への配慮を怠ったとの批判を強めていた。

その結果、日中航空協定交渉は、福田派などの反主流派の、田中内閣に対する政治的揺さぶりの道具となったのである。

加えて、自民党内部のもう一つの流れが、航空協定交渉と権力闘争をむすびつける要因となった。それは、自民党内の若手と幹部との対立であり、「青嵐会[2]」は、まさに、こうした「青年将校」の派閥政治に対する反逆という要素をもっていた。こうした反逆は、自民党のあり方に対する、若手の危機意識を背景としていた。総裁選における激しい田中、福田の争いは、逆に、派閥のあり方をめぐる若手の反逆心を刺激した。しかも、それは中国問題とある程度連動していた。「自民党は総選挙で、中国ブームで勝負しようとしたのか、マスコットにパンダちゃんまでもってきた[3]」との批判は、まさにこのことを意味していた。

しかし、さらに深いところでは、若手の危機意識は、自民党のあり方（アイデンティティ）と絡んでいた。現に中国問題は、中国における表現の自由の問題、ひいては日本のジャーナリズムの中国報道の偏向の問題と結びつき、例えば中尾栄一、石原慎太郎両氏を代表世話人とする「マスコミの自由を守る会」が結成され、自由主義を標榜する自民党のあり方とも絡んで議論を呼んでいた。

このように、対外交渉の過程と権力闘争が密接に結び付いた結果、台湾と日本との間の、「実益」を踏まえた、内々の折衝は困難となり、日本の親台湾派と台湾当局が、共に政治的面子を維持するために、台湾路線を一時的に断絶するという方向へ、事態を動かしたのであった。

（1）同交渉経緯については、小倉和夫『日中実務協定交渉』岩波書店、二〇一〇年
（2）青嵐会については、中川一郎代表編集『青嵐会』浪曼、一九七三年
（3）中尾栄一「青嵐会はかく闘う」前掲『青嵐会』所収

■権力闘争の相乗効果

日中航空協定交渉において、日本国内の権力闘争が、交渉に大きな影をおとしたことは、これまで述べた通りであるが、この交渉の時期は、丁度、中国側にも激しい権力闘争がうずまいていた時期にあたり、日中双方の内政における権力闘争が、いわば相乗効果を発揮して交渉を一層困難なものにした形跡がある。すなわち、日中国交正常化の立役者であった周恩来を中心とする実務派は、いわゆる四人組の、左翼教条主義的グループの政治的攻撃にさらされており、この抗争は、毛沢東の後継者に一旦は指名されながら失脚した林彪《リンピャオ》の後継をめぐって、激しい権力闘争へと発展していた。そして、日本の台湾に対する態度は、四人組の、実務派に対する批判の一つの有力な材料となっていたとみられるのである(1)。

このように、日本とアジアの近隣諸国との関係においては、日本の権力闘争と、相手国内部の抗争とが、外交問題の処理をめぐって複雑にからみあう場合が稀ではない。これは、アジアの隣国同士の関係が、歴史的理由から、国民感情を刺激しやすく、内政問題と連動しやすいからにほかならないが、それだけに、外交問題の処理にあたっては、相手国の内政、とりわけ権力闘争の様態に注意をはらうことが必要であることを物語るものといえよう。

そして、正にこうした権力闘争のマイナスの相乗効果が外交交渉に及ぶことを少なくするためには、双方の交渉者、とりわけ首脳が外交戦略をこえて相手方の内政上の立場を十分理解しておくことが必要である。首脳間の個人的信頼関係の樹立が時として強調されるのは、両国間の友好確認のためというより権力闘争から外交案件をできるだけ隔離するために必要なのである。

（1）この間の経緯の詳細については、小倉、前掲書参照

5　体面と面子への配慮

外交、とりわけ、儒教的な礼の伝統に慣れてきた東アジアの国々の間の外交では、体面と面子の問題は、単に形式的な「儀礼」の問題ではなく、時として、外交政策の根本をゆるがすような性質をもつ問題に発展する場合が少なくなかった。見方によっては、徳川時代の朝鮮通信使の派遣、接遇をめぐる徳川幕府と李朝朝鮮との折衝では、物事の具体的内容についての交渉よりも、話し合いの形式についての交渉が重要であったともいえる。今日においても、公に認められることは多くはないが、日米間や日中間の交渉や対話において、交渉の内容そのものよりも交渉の場所、日程、手続きに注意が払われることが稀ではないが、そこには、程度と様態の差こそあれ、国家の体面と面子の問題がからんでいることがしばしば観察されるところである。

こうした、体面と面子の問題を、ここでは、提議の順序、対等性、権威の維持といった三つの側面から、歴史的実例に沿って考察してみたい。

■提議の「順序」――どちらが要請するか

外交交渉を始める場合あるいは、外交的行動を取ろうとする場合、どちらが話し合いを要請するのか、あるいは、どちらが相手方の行動を要請するのかは、そのこと自体、時として大きな政治外交問題となりうる事柄である。

とりわけ、二つの国、あるいは政権の間に、話し合いのやりかたについてのルールが慣習化されていない場合、どちらの側が、どういう理由で話し合いを要請するかは、体面と面子の問題がからんで、微妙なかけひきの対象となることがある。

たとえば、徳川政権の成立直後、韓国と日本との間の公式の関係をどうするかは、大きな外交問題であった。豊臣秀吉の朝鮮遠征の後だけに、韓国側に日本に対する警戒心が残っており、他方、徳川政権としてみれば、新しい政権として朝鮮との「修交」を実現したかった。とりわけ、朝鮮との交易の仲介役として政治的、経済的利益をえてきた対馬藩は、早期に中央の徳川政権と李朝朝鮮との安定的関係を築きたかった。一六〇〇年以降、対馬は、度々、徳川政権の意を受けて、秀吉時代の朝鮮戦役で捕虜となった朝鮮人の送還と国交の再開について申し入れを行ったが、朝鮮側の反応ははかばかしくなかった[1]。しかし、一六〇七年にいたり、朝鮮はようやく呂祐吉《ノウギル》を正使とする使節を派遣するに至った。この使節の派遣に同意するにあたって朝鮮側は、家康から、使節派遣を要請する公式の国書をまず朝鮮側に提出するよう要求した。

これは、日本側から先に国書を出させ、朝鮮は、それを受けて行動するという形をとるためであった。いってみれば、日本側の要請に答える形をとることによって朝鮮側の面子を保ったためであった。

逆に日本側からみれば、いかに家康が、新しい日朝関係を望んでいたとしても、日本側からまず国書を提示して要請する形をとることには抵抗があったと思われるが、間をとりもった対馬藩が、幕府の意向と朝鮮側の意向とを勘案した国書を、朝鮮側に提出したといわれている。(2)

こうした、要請の順序、あるいはどちらが先に行動をとるかの順序の問題は、今日においても、東アジアの外交においては、微妙な問題に発展する場合がある。

たとえば、一九八〇年代の半ば、韓国で全斗煥大統領が、一種の軍事クーデターで政権を掌握した後、日本の鈴木内閣との間で、巨額の経済協力問題について交渉がおこなわれ、首相と大統領との直接会談の是非が問題になった際、そもそもどちらが先に相手国を訪問するか、またそのためには、どちらが、先に相手を招請するのか、それともどちらかが訪問の意図を表明するのかの点が、日韓双方の内部で問題となったことがあった。

この点については、全政権成立後比較的早い段階で「大統領は、アメリカを訪問されながら、なぜ日本に来られないのか」という、訪韓した日本の閣僚からの質問に対して、大統領は「日本から招請がないからだ」と答えた経緯がある。(3) また、しばらく後、鈴木首相から、全大統領へ親書を発出する際、どちらが先に相手を訪問するかの点を若干曖昧にしながらも、いずれお会いしたいとの意図をにじませるために、「近く拝眉の栄を得たく」という表現を用いた例が想起される。(4)

（1）一六〇〇年以降の、徳川氏及び徳川幕府を中心とする朝鮮との修交への働きかけについては、中村栄孝『日朝関係史の研究』（下）吉川弘文館、一九六九、第三章及び三宅英利『近世アジアの日本と朝鮮半島』朝日新聞社、一九九三年、二四—二九頁

（2）この国書の真偽についての論争は、高橋公明「慶長十二年の回答兼刷還使の来日についての一考察」（『名古屋大学文学部研究論集』一九八五年三月）閔徳基『前近代東アジアのなかの韓日関係』早稲田大学出版部、一九九四年、参照

（3）一九八一年九月十二日付在韓国大使館発外務大臣宛電報第二二四二号

（4）右書簡を外務省の担当部局において起案、決裁に回した筆者のメモによる

■「要請」という形による面子の立て方

どちらが「要請」したか、あるいはどちらが先に行動をとったかといった「順序」が、国の面子に関連することは容易に想像しうるところであるが、相手の「要請」によるという「形」をとること自体が、相手国の面子をたてることになり、また、行動をおこす方の国に大義名分をあたえるという効果を持つ場合がある。

日本が、かつてアジアにおいて軍事行動を起こそうとする際、その行動に「名分」を与えるために、そうした行動が、相手国の「要請」にもとづくものであるとの、一種の「偽装」をおこなった事例も存在する。

日本は、日露開戦の可能性が高まっていく状況の下で、一九〇三年十二月、満州方面での軍事行動

に備えて軍需品を大量に韓国に輸送することになり、さらに兵隊の上陸という「自由行動」も準備せざるを得ないこととなった。

しかし、軍事行動には「名分」が必要であり、日本の韓国における軍事行動は、韓国の「要請」によるとの形をとることが重要であった。折しも韓国の国内情勢は不安要因をかかえ、民衆運動の余波が残っており、日本の外交当局は、そうした情勢を逆手にとって、日本のありうべき軍事行動の正当性を韓国に認めさせようとした。在韓国林公使は、韓国に対し、「皇室の安全及独立の維持に関し日本の誠実なる援助を（日本に対して）要求」するよう、そしてそれに基づき日本は、事変の際安全のための臨機の措置をとることについての密約を結ぶことを提議したのであった[1]。もっとも、韓国側には、一八九三年のいわゆる乙未事変の際の閔妃暗殺の記憶も新しく、日本軍の「皇室警護」については不信感が強く、加えて、韓国政府部内の勢力争いもあって、結局密約は成立しなかった[2]。

今日においても、日米同盟における米軍の日本駐留について、しばしばアメリカ議会関係者などによって、「日本の要請に基づくもので、日本がいやならば別である」との趣旨がのべられるが、これはある種の偽善また偽装にちかい。米軍は、もともと日本占領に引き続き（一九五二年発効のいわゆる旧安保条約第一条により）軍隊を日本に「配備する権利」を与えられており、その後も、米軍は日本の基地を使用することを「許されて」（一九六〇年発効の新安保条約第六条）いるのであり、条約上、日本が「要請した」との直接的文言は存在しない。言い換えれば、米軍の日本駐留は、日本もそれを望んでいるかもしれないが、米国もそれを求めていることが暗示されているのである。それにもかかわらず、時として、米軍の駐留があたかも、日本の「要請」にもとづくものであるかのごとき言説が行われるのは、「要請」という形をとることによって、自己の利己的動機によるものではないという「建前」をつらぬこうとするからに他ならない。ここでも、「要請」は、一つの「形」をつけるための方便となっていると言えよう。

(1)『日本外交文書第三七巻』第一冊三六八文書
(2) 同右、三七〇文書

■相互性と対等性

面子や体面を外交上、具体的にどのように確保するのかについて見ると、一つは、相互性の確保の問題がある。

相手がこちらにすることと同じことをすることによって、いわば同格であることを示すことになるからである。

こうした相互性を日本外交上明確に打ち出した例の一つは、新井白石の対朝鮮外交である。

白石は、朝鮮から日本に派遣される通信使の、日本における取り扱いについて、日本の使節が朝鮮に赴いた際の待遇と同等にするよう特に意を用いた。白石自身、次のように、自らの方針を語っている。(1)

又近例には、彼使人等輿に乗《のり》ながら客館に入り、御使客館に至れども、迎送の儀もなし。これらの事もつとも古礼に合はず。またむかし我国の使彼国にゆきし時の例にもたがへり。「今よりして後は、其使客館に入らむ時に、輿より下り、御使客館に至らん時、階下に迎送するの儀等、むかし我国の使彼国にゆきし時の例のごとくなるべし」と、対馬の国に仰下さる。

このような「相互性」の確保は、首脳の往来の仕方（こちらが出向くか、相手が来るかといったやり方）や、使用言語の選択など、いろいろな分野に及びうるが、日本の場合、えてして、米国や欧州諸国相手の際は、それほど相互性にこだわらない場合でも、アジア諸国相手の場合には、それにこだわるケースが、しばしば見られる。これは、近隣諸国については、相互性についての、一般国民の意識がことさら強いことを暗示していると思われる。

相互性の確保は、実は、広い意味での対等性の確保の一方法であると見なすことも出来る。すなわち、アジア外交における「面子」の問題は、実際には、いかに対等性を確保するかの問題であると言っても過言ではない。

日本外交史上、対等性の確保に特に意を用いた例として有名な事例は、聖徳太子の対隋外交であろう。

先述した通り、西暦六〇〇年、「阿毎多利思比孤《あめたりしひこ》」（聖徳太子）は、使いを隋に派遣したが、その使節は、中国の皇帝が、部下を通じて日本の風俗を下問したのに対して「日本の王は天を以て兄となし、日を以て弟となす」と答えたといわれている。[2] ここには、太子の使節の、中国に対する意気込みが感じられる。

同じく、小野妹子が、隋に持参した有名な国書の中の文言「日出ずる処の天子、書を日没する処の天子に致す」も、それが、客観的に見て慣例に沿っていたか否かは別として、対等性の意識が滲み出ていたことは否定しがたく、とりわけ、翌年再度小野妹子が隋に派遣された際、国書のなかで、「東の天皇、敬みて西の皇帝に白す」と述べていることと合わせて考えると、聖徳太子が、隋朝に対して、ことさら対等性の確保にこだわった様子がうかがえる。[3]

今日、日中間や日韓間の会談において、日本側の通訳すらが、中国語になると日中関係を「中日関係」と訳し、韓国語では、日本側通訳も、時として「韓日関係」などという言葉を使うのに対して、中国側通訳、韓国側通訳は、日本語でいう場合でも、「中日」「韓日」という言い方をしていることは、対等性の確保についての微妙な意識の差をあらわしているとも言えよう。

（1）新井白石著、松村明校注『折たく柴の記』岩波文庫、一九九九年、二〇〇―二〇一頁
（2）石原道博編訳『新訂　魏志倭人伝他』岩波文庫、一九八五、六七頁
（3）同右及び「日本書記」による

■体面外交の功罪

面子や体面を重んずる外交は、そこに国家の威信や特定の政権の権威の問題が関係するだけに、一概にその功罪を論じ難いが、歴史的事例をみると、体面を重んじたばかりに外交的にはマイナスになったこともあれば、逆に、(主として国内政治上の考慮から)外交上の体面を捨て去ったことが、かえって外交上でも不利な結果をまねいた事例も散見される。

日本が深く関係したケースで、前者にあたるものとしては、日清戦争に至るまでの清朝の対応があげられよう。

一九世紀半ばから後半にかけて、清朝は、太平天国以来強まりつつあった地方軍閥ないし地方総督の権力の増大と、西欧植民地主義の中国侵略の双方に悩まされていたが、それだけに、清朝の中枢部は、宮廷の名分や体面の維持にこだわった[1]。

そして、清朝が、その体面や名分にこだわればこだわるほど、少数民族への統制強化や周辺諸国への宗主権の維持に躍起となった[2]。その一環が、まさに、朝鮮をあくまで自らの朝貢国として位置づけておこうとする政策であった。現に、一八八〇年代、清朝は、朝鮮に対する宗主権の維持を強化する方策を打ち出した。

清は片や日本の朝鮮における経済的進出に対抗するため、日本以外の第三国と朝鮮との通商条約の締結を勧奨する一方、そうした行為そのものによって、また、締結された条約の中で清の朝鮮に対する宗主権を認知させることによって、宗主権の維持、強化を図る方策をとった[3]。

同時に清の実力者李鴻章は、自分の直属の部下である袁世凱《ユアンシカイ》をソウルに駐在せしめ、また電話事業を始めとして清と朝鮮との経済・交易関係の維持、強化を図った。

こうした清朝の方針に呼応して、朝鮮王朝はみずからの地位と体制の維持のために、清朝との関係を強化し、それが、朝鮮国内の改革派を刺激して、王室を、改革派勢力から一層遠ざけていく過程に結び付き、日本と改革派との連合を誘発し、遂には朝鮮国内の分裂と、日清間の決定的対立へと結び付いていったのであった。日清戦争における清朝の敗北の遠因は、こうして見ると、清朝の体面維持外交路線にあったともいえるのである。

他方、第二次大戦に突入する過程における、日米交渉や日中関係の処理をめぐっては、陸軍、海軍といった軍部が、名分や体面にこだわり、現実的な対応を欠いたことが、日本外交の「過誤」をまねいた、一つの要因であったことは疑い得ない。

他方、皮肉なことに、終戦工作にあっては、外交当局が、国家の面子を捨て去るごとき対応をしたことが、かえって悲劇を大きくした一つの要因であった。すなわち、ソ連邦を通じる和平工作である。いかに形式的には中立条約の相手国であるとはいえ、日本の同盟国のドイツと戦争していた国に、和平工作を依頼することは、(国内の軍部を終戦に導くための方策の一つであったにしても)国家の体面を自ら放棄するに近い外交であったといえよう。

(1) 一八八四年、外交部門を司る総理衙門の機能が弱体化し、外国との事務は、辺境で処理するという旧来の慣例が復活したが、これは、清朝の名分維持体質の表れの一例と考えられる
(2) 一八八四年、新羅地方を藩(自治的要素が強い)から省(中央の統一的単位としての要素が強い)に変更して直轄地としたことや、一八八五年、台湾を福建省から分離して台湾省に格上げしたことも、こうした動きの一環と言える
(3) この点については、藤村道生『日清戦争前後のアジア政策』岩波書店、一九九五年、二一九頁

■体面無視外交の功罪

日本外交史上、みずからの体面を無視ないし軽視してまでも、特定の戦略的或いは政治的目的のために外交行動をとった例として興味あるケースは、足利義満の対中(明)外交であろう。

義満は、一三七三年から一三八〇年にかけての間、明の使節を京都に招いたり、みずから仏僧を中国へ派遣するという行動に出ていたが[1]、南朝との対立や足利氏内部の抗争などもあって、その後約二十年間、明朝との正式な交流は途絶えていた。しかし、前述の通り、一五世紀になるや、義満は対明積極外交を開始したのである。一四〇一年、義満は、自らが国内を統一したことを国書でのべると共に金千両、馬十匹、扇百本等の貢物を提供し、同時に中国の漂流民を送還した。

この義満の動きに対して、明から翌年使節が到来し、信書をもたらした。この信書において、永楽帝は、「日本は元来詩書の国と呼ばれ、常に自分の心にかかっていたが、国内の軍事に係っていたため、挨拶できなかった」と述べて、義満の遣使を多とし、義満を「日本国王源道義」と呼び、君臣の

道に篤い者とし、明の暦、大統暦を送るとして、義満の「王」としての正統性を認め、いわゆる冊封関係の樹立を宣告したのであった。[2]

古来、この信書については、「もっての外であり、天下の一大事」であるとの批判があり、義満が、このような明との臣下の関係の樹立を「甘受した」との解釈が一般的である。[3]

また、一四〇三年、義満は天竜寺の僧堅中圭密を明に派遣、馬二十匹、硫黄一万斤、金屏風三幅、槍一千柄、太刀百ふり等を含む方物を提供したが、この時の国書において、義満が自らを、「日本国王臣源」と称したことについても、『善隣国宝記』の著者瑞渓周鳳始め、古来批判がある。[4]

このように、義満の対明外交は、一見、日本の体面を軽視して、みずからの戦略的意図たる、日明貿易の掌握（通商権の掌握）（そして前述の通り、みずからの国内的正統性の確立）のために対明外交を活用しようとしたものであった。この場合、注目すべきは、明朝に対する義満のいささか「体面を軽視した」行為は、先方から強制されたものではなく、むしろ義満の自発的行為であり、それが明朝によって評価されたという要素が強いことである。言い換えれば、そこには、義満の外交戦略が存在したとみられることである。

事実、義満の対明通商の掌握は、いろいろな戦略的意味をもっていた。

遣明船の利益は、例えば応永十四年（一四〇七年）の場合で二十万貫といわれているが、義満の北山第の造営費が百万貫といわれていることからいっても、相当な額の利益と考えられ、日明貿易からの利益が、義満の土木工事、建築、仏事費用にあてられたと考えられる。[5]

ただし、日明貿易の掌握は、義満にとって単に個人的な通商利益を獲得する以上の意味を持っていた。それは、銅銭の移入を通じての貨幣経済の確立という国家的目的であり、同時に通貨流通をコントロールすることにより幕府の権力を確立するという目的であった(6)。

このことは、逆にいえば、日本国内の地方豪族が、倭寇と陰に陽に連動しつつ、明との通商によって利益を上げ、政治的独立を維持することを防ぐという目的、あるいは、南朝の残存勢力が倭寇、ひいては中国の一部の勢力と結びつくことを防止するという目的が、通商利益の確保という目的の裏にかくれていたことを暗示するものである(7)。

他方、義満が、通商利益に敏感だった裏には、義満が、その正統性確立の一助として、公卿文化の摂取と文化的素養の誇示を活用したことと関連している。公卿文化の摂取に義満が力を注ぎ、金閣寺を造営し、出費を厭わなかったのは、義満が、公卿として家柄を誇ることができなかったことの裏返しであった。

このことは、義満が、自らを国王に擬す行為を行うに至ったこととも関連している。

義満は、自己の私物の北山第を政庁とし、また、摂関家を家臣扱いして一三九五年の歌会では関白一条経嗣に裾をとらせて従者のように扱ったこと、さらには、皇族が任命される寺の門跡に自らの子女を次々と送りこんだことなどは、義満が自らを国王に擬した行為の例とされている(8)。

このような発想は、対外的にも、自らを王として認めさせることに意を用いることにつながり、その結果、日本国が全体として明の風下に立つかの如き体裁をとることにはさして意を介さなかったのである。

義満に見られたような「体面軽視外交」は、主権国家の秩序が国際社会を支配している近代においては、実際上はともかく、形式上あるいは表面上は、ほとんどあり得ないという見方もあろう。近代国家は、建前上、平等であり、一方が著しく国の体面を傷つけてまで、特定の利益確保におおっぴらに乗り出すことは通常慎まれる。しかし、国と国との間の実利的あるいは経済、貿易上の交渉は、常に政府代表が行うわけではない。国交が正式に存在しない国相手の場合、あるいは、政治的、外交的関係に大きな溝がある場合など、一種の政経分離のもとでの国際交渉は、しばしば例のあることである。

例えば、第二次大戦後長い間、共産中国との貿易交渉は、いわゆる友好団体によって行われて来た。そうした交渉において、中国側は、中国の政治的主張、時にはその時の日本政府をあからさまに非難する主張に日本側が同調するよう要求し、事実上、いわばその代償として貿易上の権益を与えるという「取引」が行われた。ここでは、日本を代表して交渉した者は、政府そのものの代表ではないが故に、体面をいわば軽視して、中国の政治的主張を受け入れるのが通例であった。

こうした、国家の体面の問題は、日中国交正常化および、その後のいわゆる実務協定交渉における台湾問題のとりあつかいにおいても、大きく影をおとした。実務協定の一つ、航空協定交渉において、中国（北京政府）は、台湾が、日本との航空路線を継続する条件として、国旗と名称（中華航空）の変更を、日本に求め、それを、台湾側は、国家の体面に係わるものとして拒否した。このように、実利と体面の相克は、現代においても続いている問題である。

数年前、日本の台湾における利益代表である、交流協会の代表が、「台湾の法的地位は、国際的には未確定であるというのが日本の立場である」との趣旨を発言したとされ、台湾から事実上、退去をやむなくされる事件があった。この場合、台湾の法的地位について、日本が何を公に言うべきかの問題と、国際法上（あるいは、米国などの、第二次大戦の連合国の立場上）台湾の法的地位がいかにあるべきかの問題は、分けて考えねばならない。ここには法的に複雑な要素が存在するが、政治的観点からこの問題を見れば、ある種の体面の問題と考えることもできる。すなわち、国際法的に台湾の法的地位がいかなるものであろうとも、日本の事実上の「大使」に近い立場の「代表」が、台湾の法的地位は未確定と発言したとすれば、台湾の「国家」としての面子をきずつけたと（台湾側に）感じられたとしても不思議ではない。

国家の面子なるものは、国家を代表する首脳、外相、大使といった者によってこそ、一層意識され、また相手にもそううけとられるのであり、いわゆる首脳会談において、通例、どちらかといえば双方が妥協的になりがちなことも、国家の体面の問題がからんでいることを、お互いが意識することが多いからと言えよう。

（1）小葉田淳『中世日支通交貿易史の研究』刀江書院、一九四一年、五頁以下

（2）小倉和夫「明の対日外交と日本の対明外交」雑誌『東亜』二〇〇八年十月号所収の注21
（3）佐久間重雄『日明関係史の研究』中、吉川弘文館、一九六九年、一一〇頁
（4）同書の現代語訳は、小倉前掲論文、注26
（5）この節の、経済的費用についての推測、その利用形態等については、白井信義『足利義満』吉川弘文館、一九八九年、一八七頁、田中健夫『中世対外関係史』東京大学出版会、一九七五年、八〇頁、小葉田淳「勘合貿易と倭寇」（『岩波講座　日本歴史』七、一九六三年）等参照
（6）佐藤進「室町幕府論」（前掲『岩波講座』所収）
（7）この点については、小倉、前掲論文の注32の文献参照
（8）村井章介『アジアのなかの中世日本』校倉書房、一九八八年、九〇頁

■現代における外交的面子とは何か

現代における外交、とりわけ中国との関係における面子の問題は、通常考えられる次元を超えて、国家間の深刻な対立を生む問題と関連する可能性があることに注意しなければならない。

例えば、政府首脳による神社参拝問題である。この問題は、とかく、中国の国民感情と日本のそれとの対比や、日本人の素直な感情と中国の政治的立場との対立と見なされやすい。そうでなければ、逆に、戦争で亡くなった人々の遺族や神社関係者への政治的配慮を優先する、日本側の内政的要因のせいであると見る見方が散見される。

しかしながら、仮に、過去のある段階において、日本及び中国の政府ないし外交関係の最高責任者の間に、「日本政府の現職の首脳（たとえば首相や外相）は、戦争との関連で神社参拝は、私的にせよ

公的にせよ行わないが、他の政治家の行動については、中国もあれこれ注文をつけない」といったある種の「了解」があったとすれば、その後の段階で、首相や外相が、戦争との関連で、神社に参拝することは、「了解」違反というよりも、むしろ、中国首脳の政治的「面子」をいたく傷つけたことになる、のである。中国の「政治的面子」とはそういうものであり、そこを傷つけることの重大性は、現代の外交においても、十分留意した上で行動せねばならないのではあるまいか。

そして、このことは、程度の差こそあれ、いわゆる「領土問題」についてもあてはまることである。もし、日中間の、いわゆる「領土問題」について、それは、後世の世代の知恵にゆだねようという形で、ある種の、政治的かつ暗黙の「了解」がついていたという解釈を、中国側がとっているとすれば、その「了解」なるものが不当であるか否かの問題と、そうした解釈をとる中国の「面子」を出来るだけつぶさない形で、日本の領有権を守るということとは、ある程度区別して考えなければならない問題である。たとえ日本側の立場に、強い正当性があるとしても、だからといって、中国の「面子」を著しく傷つける言動が、真に日本の長期的国益にそうものか否かは、十分慎重に考えねばならないであろう。

思い返せば、対華二一ヶ条要求を日本が中国につきつけたとき、どれほどそれが、中国の面子をきずつけ、その後の日中関係に影響するかについて、日本国内で深い考慮に基づく「待った」の声があったかいなかを考えてみなければなるまい。

第Ⅱ部　日・中・韓の長期外交史

第三章　日中二千年史における五回の戦争とその背景

日中関係二〇〇〇年の歴史は、基本的には友好と交流の歴史であり、不幸な時代は、二〇世紀の日中戦争の時代にとどまる――そういった言葉がしばしば聞かれる。また、遣唐使や仏僧の中国訪問も、文化交流の良き例として引き合いに出される場合が多い。

しかしながら、日中二〇〇〇年の歴史には、別の側面があることにも目を向けなければならない。それは、この世界的にもユニークな関係が、その時代時代の両国の政治外交戦略によって大きく影響されてきたという事実である。

近代における日中戦争の意味も、そうした長い歴史における両国の関係のなかで考えてみることも必要である。

それにはまた、もう一つ別の次元の理由もある。それは、日中関係を、西欧的国際秩序のなかでだけで考察せずに、長い両国関係の歴史のなかで考えることによって、両国関係に特有の要素をうきぼりにすることである。

こうした考慮から、以下に、日中間の五回の戦争、すなわち、白村江の戦い、元寇、秀吉の朝鮮侵攻と明軍との戦争、日清戦争、そして、二〇世紀の日中戦争の五回の戦争を、時代を逆にたどって（すなわち近代のものから始めて）とりあげてみたい（考えようによっては、いわゆる義和団事件の際の日本軍の出兵も、日中間の軍事衝突の一つと見なすことも可能であるが、この出兵は、日中の間の二国間の外交、政治交渉を直接の背景としていないので、ここでは、除外した）。

1 日中戦争への道

通常、日中戦争への道は、いわゆる満州事変から始まるとされる。

一九三一年九月一八日の夜、奉天（現在の瀋陽）郊外で、鉄道爆破事件があり、日中両国の軍隊の衝突に至ったこの事件の背後には、日中両国の基本的立場の溝があった。すなわち、満州の権益を（武力をもってしても）死守しようとする日本の考えと、中国革命の波と主権回復への動きは、当然中国本土のみならず「満州」にも及ばざるを得ないとする、中国の革命政権の意志との間の溝である。

しかし、武力に訴えずとも、満州での日本の地位を中国との話し合いを通じて、妥協しながら維持してゆくことはどうしてできなかったのか。

それは、中国側が、日本の権益の中心たる南満州鉄道に対抗して、いわゆる並行線を建設し、日本の権益を事実上押さえ込むことを意図していたからであった。加えて、対日交渉にあたっては、満州の実力者、張学良と中国南方から次第に北方へ勢力を拡大して来た蔣介石率いる国民党政府は、お互いに牽制しあっていただけに、対日交渉において柔軟な対応を取り難かった。

日本側は、日本側で、中国の強硬態度と中国内部の不安定な政情のため、対中強硬路線が日本国内で勢いを得、武力解決を唱えがちな情勢になっていた。

そうとすれば、ここで問うべきは、満州が中国ナショナリズムに押し流される前に、日本は、中国の国権回復運動に妥協的態度を示し、他国に率先して植民地権益の返還の方向を、どうして打ち出さなかったのか、という点である。

事実、一九二〇年代において、日本は、主として中国南方に利権を持つ英国と、実際上、協調路線をとった局面もあったが、英国は次第に（みずからの力の限界もあり）中国北方での治安維持のため日本が主たる役割を果たすことに支持を与え、それが、逆に、日本の武力介入を誘発する背景ともなっていった。言い換えれば、列国との協調は、中国ナショナリズムを押さえこむための連携の方向へ動いたのである。加えて、一九二〇年代、アメリカの排日移民運動は激化し、中国政策における日米協調という方策は、すくなくとも日本側からは打ち出しにくい状況であった。さらに、共産主義運動の世界化があった。ソ連邦の成立と中国共産党勢力の動きは、日本国内の社会主義運動とも（すくなくとも間接的に）連動し、また中国ナショナリズム運動も、共産党分子を含むようになっただけに、外交交渉の余地をせばめていった。

これらすべての流れは、日本において、軍部の政治、外交への介入の増大を生んだが、武力行使を抑制しながら外交をすすめるという路線と、武力行使をむしろ外交的話し合いを有利にすすめる手段として積極的に活用するという路線の衝突のいわば分水嶺となった事件こそ山東出兵であった。この意味において、山東出兵は、日中戦争への導火線となったのであり、その背景を良く考察してみる必要がある（巷間、よく、一九二八年の、関東軍の謀略による張作霖爆殺事件とその処理、とりわけ、首謀者の軍人の責任があいまいとされた軍の体質と、それを黙認した日本の政治構造が、日中戦争、ひいては、日米戦争への道につながったという人々がいる。たしかに、日中戦争と国内政治状況の関連からすれば、この点は重要なポイントである。しかし、外交政策の次元から見た場合には、革命の戦火が満州に及ぶ前、既に一九二〇年代の半ばにおいて、日本の中国における武力行使のありかたについて、軍部、国内世論、在中国の邦人、外交当局の間に、時として亀裂の拡大、時として悪循環がおこりつつあったことに問題があったと考えられ、そうした観点からも、山東出兵、さらにはその前段階における、日本の中国における武力行使の論理を考察しておく必要がある)。

■北伐と日本の出兵

一九二七年五月、蔣介石率いる革命軍の北へ向けての進軍が、在留日本人の多い山東省済南におよぶおそれが出てきたとき、日本は、当時外国の租界が存在し若干の軍隊も駐在していた青島へ、軍隊を増派した。そして、現地の情勢が緊迫度を増すにつれて、在留邦人を全面的に安全に保護するだけの兵力を派遣することは不可能であり、また、そうした大規模な介入はのぞましくないとの判断から、いざとなれば、邦人の全面的引揚げ(青島への退避)を覚悟するに至った。しかし、そのためには、港である青島と内陸の済南を結ぶ鉄道路線の安全を確保しておく必要があるとの判断から、結局内陸部の済南まで出兵し、鉄路の安全を確保することとなった。

この日本の出兵は、中国大陸内部への日本単独の初めての大量出兵として、中国側の警戒心を煽ったが、結果的には、日中両軍の衝突や、現地情勢の不安定化といった事態はおこらず、八月、日本は撤兵を決定してそれを実行した(1)。

（1）小倉和夫「山東出兵と対中国外交の破綻」（『環』二〇一二年夏号、四〇九頁以下）

■問題局地化の背景

このように、日本の（第一次）山東出兵が、中国との直接衝突にいたらず、また現地情勢も平静を保ち得た背景には、いくつかの要因があった。

一つは、現地の在留邦人が冷静であり、無理な要請や、異常な行動に出なかったことであった。

第二に、当時山東省周辺では、山東に勢力をおく軍閥の張宗昌、満州の雄、張作霖、南から押し寄せる革命軍、さらにいくつかの軍閥の残党など、諸勢力が、いわば相互に牽制しあい、ある種の「力のバランス」が、保たれており、日本軍の出兵は、そうしたバランスを一時的にしろ維持することに役立つものと見られ、中国側も、表向きはともかく、内心それに真っ向から反対する勢力は必ずしも強くなかったのであった。

さらに、日本以外の外国の動向があった。当時、中国情勢に大きな関心と影響をもっていた英国は、南方の革命軍の動向が、主として中国南方に存在する英国の権益に影響することを恐れ、また、当時中国においては反英運動が盛んであったことも手伝って、中国北方における軍事介入は、日本がどちらかといえば主導権をとってほしいとの考え方であった。[1] そうした英国の態度は、日本の出兵決定に影響し、またその後の事態の（一次的）安定化とも無関係ではなかったといえる。

（1）小倉、前掲論文、四一二頁

■余燼

しかしながら、第一次山東出兵は、満州は別として、中国中央部内陸への日本の大規模な出兵であっただけに、いろいろな余波が残った。一つは、何といっても、それまでどちらかといえば英国へ向かいがちであった、上海をはじめとする急進的勢力の反帝国主義運動の矛先が、急激に日本に向かうことを余計助長することになった点である。

そして、そうした動きとも関連して、中国革命勢力側において、日本は実は、北方軍閥に肩入れしているとの見方を強めることになった。これは、日本軍の介入が、結果的に、北方軍閥勢力の温存につながったことと、満州の権益擁護のため日本軍部が、張作霖を活用せんとする動きを、強めていたからでもあった。

また、山東出兵が、事態の正常化に役立ったという認識が広まるにつれ、在留邦人の、日本軍の介入に対する考えや態度にも影響が及んだとみられるのである。いいかえれば、日本軍の権威ないし力を過信する傾向が生まれるもととなったのであった。

■国内政局の動向

こうした余波、ないし余燼の背後に、もう一つの深刻な情勢が隠されていた。それは、日本国内政局の動向である。

一九二七年四月、「民本主義」をとなえて政権を握っていた憲政党内閣にかわり、政友会内閣が成立したが、国内政局における左右対立の激化の情勢の下で、ブルジョア政党の保守化が目だってきていた。それは、一九二七年に共産党が再建され、二七年テーゼを発表し、日本においても社会主義革命への前提条件は整っていると宣言したことと対比をなしていた。

こうした国内政局における左右対立の激化は、国際的な共産主義運動の高まりとともに、共産主義の国際的連帯に対する警戒感を強め、既存政党の保守化に拍車をかけつつあった[1]。

そして、中国情勢は、急速に国内政局の動向と連動しつつあった。第一に、中国における共産党勢力の進出、また国民党左派の動きは、日本の対中国政策に大きく影響した。

第二に、(後述する)南京事件を一つの契機として、邦人の被害に対する国民の感情は硬化し、対中政策における武力行使の声を高め、その是非を巡って国内の政争がひきおこされやすい状況となっていた。

言ってみれば、第一次山東出兵も、そうした流れに乗った決定であり、またその流れを強める大きな要因となったのである。

(1) 坂野潤治『近代日本政治史』岩波書店、二〇〇六年、一三三―一三五頁

■第二次山東出兵への道

その後、一九二八年四月にいたり、蔣介石は、いわゆる第二次北伐を開始、革命軍は山東省周辺から、北方軍閥を駆逐し、張作霖の軍隊は北京に敗走した。

日本は、現地の邦人の懸念もあり(1)、済南へ軍隊を派遣、警備と治安維持にあたらせたが、五月二日、蔣介石軍が到着し、日本軍と革命軍との話し合いに基づき市内から撤退した直後、邦人の殺害、商店の略奪事件が起こった。ところが、邦人保護の目的を達せなかった現地の日本軍は、ほとんど単独で、軍の威信の回復や再発防止を意図して、強硬かつ即時の懲罰措置などを中国側に要求し、中国側の対応を不満として革命軍の駐留する済南城を攻撃、ここに日中両軍の全面的衝突となり、中国側にも数千名の死傷者が生じた。

中国は、強い抗議を発表するとともに、国際連盟へ提訴したが、列国の動きはにぶく、五月一八日、日本は、南北両軍（蔣介石、張作霖双方）に対して、南北の話し合いによる武力衝突の回避を訴えるとともに、南北衝突の余波が満州に及ぶおそれが出てくれば日本軍が介入することを示唆する警告を発した(2)。

中国側は、日本の行動を国際規約違反として、国際世論に訴える動きを強化したが、日本側は、一方で張作霖との間で満州の鉄道利権について了解工作を展開し、他方で、南北両軍間の斡旋にのりだす動きも見せた。

こうした日本の動きは、日本が、中国の内戦に、外交的、軍事的にいわば大っぴらに介入しだしたことを意味していた。また、そうした介入は、列国との十分な話し合いなり了解の上に立ったものではなく、言わば日本の一方的行動であった。

こうした日本の行動が目指したものは、直接的には、一九二八年六月、奉天郊外で関東軍の河本大佐のしかけた爆弾による張作霖の爆死によって、吹き飛んだのだった。

そしてそれ以降、日本の対中国政策は、武力による介入の泥沼にはいりこみ、中国との全面戦争に発展して行くのであった。

(1) この点については、『日本外交文書　昭和期　第一部第二巻』第二次山東出兵、三〇五文書、及び佐藤元英『近代日本の外交と軍事』吉川弘文館、二〇〇〇年。小倉、前掲論文四一九頁注(29)等参照

(2) 上村伸一『日本外交史　第一七巻　中国ナショナリズムと日華関係の展開』鹿島研究所出版会、一九七一年、二五二頁

■日中戦争を見る視点

以上の経緯に鑑みるとき、現代の観察者は、一九三〇年代から四〇年代にかけての日中間の戦争は、基本的には、日本の中国内戦、すなわち、中国政局への外交的、軍事的介入とそれと連動した日本国内の政治状況とのからみあいによることが大きいことにきづく。

また、日本の対中政策が、列国との協議、協調を欠いていたことが、日本の対中国政策を独断的な

ものにしていった要因として指摘されねばなるまい。

そして最後に、何と言っても、日露戦争以来の日本の対外政策のかなめが、満州の利権の確保にあり、それが、高まる中国のナショナリズムの流れのなかでは困難になりつつあることに対する国民的理解が欠如していたことが、日中戦争の（日本側における）大きな要因と言えよう。

■ヤングチャイナとの決別

山東出兵は、日本の対中政策において、武力行使をあからさまに行い、中国の内戦に直接介入してゆく第一歩となったといえるが、見方を変えれば、日本は、その前後から、中国の革命勢力、すなわち、ついこの間まで、日本の外交当局がヤングチャイナと呼んでいた勢力と決別していったのであった。

そうした、ヤングチャイナとの決別の分岐点となったのは、山東出兵に先立つ、南京事件に対する日本の対応であった。

■南京事件と日本の対応

一九二七年三月二十四日、いわゆる北伐の途中にあった国民党軍が、北軍と交戦後、南京に入城すると、その一部は暴徒化し、外国人を襲撃、殺害、日本総領事館にも乱入して略奪、暴行為を行なった(1)。

こうした暴行、略奪は、英国人、米国人等にも及び、負傷者、抑留者や略奪される商店があいついだ。

この暴動の背景について、日本政府の現地関係者は、次のように判断していた。すなわち、

今回ノ暴行カ南軍正規軍ノ所属部隊中共産党ノ党代表及将校等カ予メ準備計画シタル組織的排外的暴行ニシテ而カモ蒋及其ノ一派ノ失脚ヲ早メムトスル陰謀ニ基ツクコト愈々明白[2]

というものであった。

この南京事件の勃発にあたり、現地の外交、軍当局は、暴徒の侵入や市中の騒動にも拘らず一致して慎重な対応に終始した。例えば、居留民の強い要望もあって、軍人は、目立たぬようにするため階級章や帽子をとり、またできるだけ表立った行動を控えた。また、領事館警備のため備え付けてあった機関銃を撤廃し、さらに碇泊中の日本軍艦からの砲撃は一切控えられた[3]。

こうした「無抵抗主義」によって、できるだけ挑発にのらず、邦人の被害を最小限にとどめようとしたのであった。

この場合、特に注目すべきは、荒木大尉始め在留の軍人が軍人の誇りをこらえてまで「無抵抗主義」に努力したことである。荒木大尉は、いかに止むを得なかったといっても武人として「帝国の威信」を傷つけたとし、軍艦上で三月二十九日自決を図った[4]。

こうした外交当局と軍との一致した対応を可能にした要因としては、一義的には在留邦人の強い要望、とりわけ先年のソ連におけるニコラエフスク事件での邦人の惨劇が在留邦人始め関係者の脳裡に強くやきついていたことがあげられよう[5]。

南京事件をうけ日本政府は、英米両国と北京において協議の上、中国側に対し、暴行略奪行為の責任者の処罰、再発防止の確約、謝罪、賠償の四項目を含む要求を提示することに決定した[6]。

しかし、日本は、南京砲撃を控えたこともあって、列国と完全に共同歩調をとることにはためらいもあった[7]。とりわけ日本は、中国側の回答にタイム・リミットを付すことには慎重であった。それは、一つには、日本が多くの居留民をかかえ、その引揚に万全を期すためには相当の時間を要するため、早期にタイム・リミットを付すことに反対だったからである。

同時に、日本政府当局は、（既に言及した通り早くから共産党の動向に敏感であり）南京事件の背後に共産党の策動があるとの見方に固まり、従って蔣介石一派の立場をできるだけ守る必要があるとし、それには、軽々に最後通牒的通告を中国に対して行なうべきではないという考え方であった[8]。

四月十四日に至り、中国側は、各国に対し、やや類似した回答を寄せたが、日本に対する回答は、日本人及びその財産に対する損害の補償を承認し、また将来の暴行の再発防止についての約束を含む傍ら、処罰及び謝罪については暴行行為について列国と中国が共同調査を行なうことを提案したほか、根本的な問題として不平等条約について交渉を要請するものであった。

この間の動きで特に注目されるのは、日中間のやりとりである。

中国とりわけ蔣介石は、日本当局に対し、南京事件の処理にあたり日本はできるだけ列国、とりわけ民衆の排撃の中心であった英国と一線を画して中国側と交渉するよう希望し、それによって共産系分子に乗ぜられる可能性を軽減しようとし[9]、また武漢の国民政府も、「此際日本ト結ヒ局面ノ転回ヲ計ラムトスル[10]」方針をとり、一時、特別に「対日方針ニ関スル声明書」を用意するほどであった。右声明は、日本が漢口、南京両事件の際、砲撃に参加しなかったことを多とし、国民政府も日本の正当なる利権と福祉は保証するとのべた上で、日本と中国の間で新しい次元で話し合いを始めるべきであると提案していた[11]。

政府部内、とりわけ現地の関係者の間では、こうした中国側の出方に乗り、南京事件をいわば一つの契機として、中国統一の実現のために日本こそ中国の「穏便分子」と手を結ぶべきであるという意見も強かった。

しかしながら、日本政府全体としては、中国の政情の安定のために日本も努力すべきことは認めつつも、次のような理由から列国と共同して中国に厳しく対処することが本筋であるとの立場をくずさなかった。

その一つの理由は、南京事件の本質は、それが列国に対して同時かつ計画的に行なわれたものであり、中国をめぐる国際秩序そのものへの重大な挑戦とうけとめられていたからである。いいかえれば、ここで列国が共同して厳格な態度をとらない限り、列国の中国における権益が侵害されるという危機感があった。

第二の理由は、中国の革命運動には、「暗黒面」があり、それを正すことは中国の国民運動を正しい軌道にのせるためにも必要であるとの考え方であった。

しかし、この二つの理由の背後には、さらに二つの微妙な要素がからんでいた。

一つは、英国政府を中心に中国に対する憤懣が広がっており、日本が単独で行動すれば、英国は一層強硬な立場を貫くことが予想され、日本はむしろ列国協調路線を堅持することによって英国の暴走を抑止することが重要であるとの考え方である。

第二に、日本国内の動向である。野党は南京事件に対する政府の処置の仕方を「国旗の尊厳を泥土に委ね」「国威失墜」を招いた「無抵抗主義」と批判し、防備の強化を訴えたほどであった。[12] 元より、こうした野党の批判は、真の主義なり方針に基づくものというよりも政略としての点も無視できないが、それだけに、外交当局としては、列国との強調路線を崩し、日本の単独行動に走り出せば、国内の強硬派を逆に力づけ、冷静な判断に基づく方針を貫くことはますます困難になりかねない、との判断があったものと考えられる。

いいかえれば、日本がうち出した「列国との協調」という旗印は、列国の国内での強硬派を牽制し、また、日本国内の強硬派を抑止する錦の御旗だったのである。

このような背景の下に、列国と協調して、とにかく中国当局にその非を認めさせ謝罪と再発防止策を確約せしめ、それを実行せしめるという点に日本の対中外交の主眼がおかれたのであった。そこには、この機会に、中国との不平等条約の改訂と日本の対中権益の問題を、ヤングチャイナとの戦略的交渉によって、日本が列国に先立つ形で遂行せんとする政策意図はみられなかった。そのような政策を実行するには、中国国内の民族主義運動の方向は、ソ連共産党の介入もあって複雑化しすぎており、長期的視野に立った交渉は困難な状況にあった。しかし、それよりも、決定的要因は、中国当局一般に対する日本側の根強い不信感であった。とりわけ南京事件での日本人に対する殺傷行為は、国内世論を刺激し、対中不信が高まる状況下で、日本の交渉当事者も、日本と個別に話し合おうとする中国側の態度を以って、「夷を以て夷を制する苦肉策」であり中国の常套手段であるとみなしたのであった[13]。

ヤングチャイナとの訣別は、日本国内世論の硬化と、それと連動していた中国国内情勢の複雑化と、そしてその双方が生んだ対中不信感に根ざすものだった。

（1）『日本外交文書』（以下『外交』）四三七号別紙の、南京総領事館森岡領事の報告「南京事件の真相に関する報告」に詳述されている

（2）『外交』四二三号。並びに同四一八号参照

（3）『外交』四三七号

（4）昭和二年三月三十日付『読売新聞』記事「責任自殺を企てた荒木大尉は重態」

（5）同右読売新聞記事「若し戦ったら尼港事件の二の舞」

（6）『外交』四一六号及び四二〇号

（7）この辺りの事情の詳細は、『環』四九号（二〇一二年春号）所収、小倉和夫「上海・南京事件への日本の対応」参照

(8)『外交』四二三号、四二六号
(9)『外交』四三〇号
(10)同右、四五六号
(11)提案の詳細は、同右末尾の別電
(12)『外交』四六一文書
(13)小倉、前掲論文

2　日清戦争はどうして起こったか

■日本の朝鮮政策

一八九四年から九五年にかけて行なわれた日清戦争は、朝鮮半島で始まり、やがて制海権の確保から中国沿岸部に及んでいったが、このことが象徴するように、日清戦争の火種は朝鮮半島にあった。一八八〇年代後半から一八九〇年代前半にかけて日本は、大まかにいって四つの柱からなる朝鮮半島政策を遂行しようとしていた。

第一の柱は、朝鮮への経済進出を深めること。

第二の柱は、ロシア勢力が朝鮮半島で増大することを抑止すること。

表 3-1　朝鮮情勢の推移と日清戦争への過程

第 1 段階	壬午事変ないし軍乱（インモクラン、1882）と日清対立の激化 朝鮮近代化政策に反発する勢力に、大院君が呼応し、反政府、反日暴動が生起。大院君の返り咲き。日本は、朝鮮との間で、済物浦（ジェムルポ）条約を締結し、日本軍の駐留が認められる。清は大院君を拉致し、同時に朝鮮における勢力を拡大。
第 2 段階	甲申事変ないし政変（カプシンチョンビョン、1884）と日清両軍の衝突の始まり 金玉均らの改革派がクーデターを起こし、政権奪取、日清両軍の衝突。清勢力の介入によって、クーデターは失敗。 日本は、漢城条約（ハンソンジョヤク）を締結する一方、政治亡命者を受け入れ、同時に、日清間で、天津条約を締結し、両軍の撤兵と将来出兵する際の通報を約す。
第 3 段階	東学党農民運動（トンハクタンウンドン、1894）と日清両国の軍事介入、日本、清の先行撤兵を主張、日清間の軍事衝突へ。

第三の柱は、（とりわけ一八八五年の英国による巨文島占拠事件以後）ロシアに限らず西洋植民地主義の勢力が朝鮮半島に及ぶことを防止すること。

そして、第四の柱は、清が宗主権を始め圧倒的勢力を朝鮮に及ぼすことを抑止することであった。

■日清提携論とその挫折

こうした政策の一環ないしその延長として日本は、清との提携を模索した。

日清間の提携という考えは、当初はむしろ清側から提起された。

甲申事変（**表3―1参照**）後の朝鮮問題処理について日清両国が話し合った一八八五年三月のいわゆる天津会議において、中国側代表李鴻章《リホンジャン》は、日・清以外の第三国が朝鮮に侵攻する際には日本も清と同様に派兵すべきであるとの考えをのべ、日清間の提携を示唆した(1)。

しかし、この時、日本側代表伊藤博文は、こうした考え方自体に反対はしなかったが、日清間の軍事的提携を約することに対して積極的態度はとらなかった。[2]

これは、伊藤が元来海外派兵について慎重な考えの持主であったことや、ロシアの脅威に対して李と伊藤の間で（この段階では）認識の違いがあったことによるとも考えられるが、より基本的には、たとえ密約にせよ日清両国の軍事的提携については、英国を始め欧州諸国の警戒心を煽りかねないとの考慮もあったためと考えるべきであろう。加えて、この段階での日清提携は、かえって事実上、清の朝鮮への宗主権強化につながるおそれがあると判断したためと言えよう。

しかし、日本政府部内にも強く日清提携論を説く者がいた。その中心は、当時の在清国公使榎本武揚であった。

榎本は、朝鮮政府の統治能力に疑問を抱き、朝鮮の不安定な政局においてロシアが朝鮮の内政に関与してくることを日清両国が共同して阻止するため、日清提携による朝鮮の保護構想を提言した。[3]

こうした提言もあって日本政府は、結局、一八八五年六月、いわゆる弁法八ヶ条の提案を清に対して行なった。

この提案の骨子は、

（一）朝鮮国王の側近を国王から遠ざけ、政治から排除する

（二）ロシアと近い朝鮮政府顧問メルレンドルフに代え、アメリカ人をこれにあてる

（三）朝鮮駐在の清国代表をしっかりした人物に代え、これに十分な権限を与えて日本の駐朝鮮公使と協議せしめる

（四）こうした朝鮮政策は、日本側の井上と清側の李が内々に協議した上で、李が実施するであった。[4]

この提案は、もともとの榎本の提言とやや異なり、清を表に立てつつ日本が協力して朝鮮の内政改革を行なうとしたものであったが、表面的には清の宗主権強化にもつながりかねない提案を日本が行なった理由は、日本が英国による巨文島占拠を重視し、また同時に、その背後に清と英国との暗黙の了解を感じとったからと考えられる。[5]すなわち、日本は清国に対して、ロシアのみならず英国も含めた第三国の朝鮮半島進出を防ぐことが、日清両国の利益となるとの考え方を注入しようとしたのであった。

この提案は、清側に拒否されたが、それには少なくとも二つの理由があったとみられる。

第一に、清から見れば朝鮮の内政改革について日本と協議することについてあらかじめ一般的かつ正式に合意することは、清の朝鮮に対する宗主権へのさらなる制限となるとの考えがあったからであろう。

第二に、清は、満州へのロシアの進出の問題もあり、また中国南方における英国の権益の問題もあって、英国やロシアとは適宜妥協しながら、そうした列国の力のバランスを巧妙にあやつって中華帝国の権威の維持を図ろうとしていたからであろう。いいかえれば、巨文島事件を、清は日本ほど深刻にはうけとめず、むしろロシアに対抗するためには適宜英国と結び、また、日本に対抗するためには適宜ロシアとも協調すべしとの考えであったと言える。[6]

清の拒否にも拘らず、清との提携による朝鮮改革という考え方は、その後も日本政府の中に残存していた。

そして朝鮮半島情勢が一層不安定な様相を示すと、一八九四年、伊藤博文を中心に、日清共同の干渉構想が練られるに至った。

この構想は、ソウル・仁川間の鉄道を日清両国が共同して敷設することを中心とした日清協調政策であり、こうした対清協調路線は、軍の首脳、たとえば山県有朋においても（少なくとも表向きには）共有されていた。山県は、首相当時、施政方針演説において、朝鮮半島は日本の利益線内の死活地であるとし、ここを守るべく日本は清国とともに共同保護主であるべきと主張していた[7]。

こうした日清協調路線に対しては、清とのライバル関係が目立ってくるにつれて反発や反対が日本政府部内にも存在したことは事実であるが、清との決定的対立を避けようとする姿勢は、日清開戦の直前まで維持された。

例えば、東学党の蜂起に伴なう清の出兵にあたり、清から日本へ出兵を通報してきた文書には、朝鮮は清の保護属領である云々の表現があったにも拘らず、また陸奥外相がこれをとらえて清に厳しく抗議しようとしたにも拘らず、政府首脳はこれを抑え、日本は朝鮮を（清の）属領とは認めていないという程度の申し入れにとどめたのであった[8]。

（1）市川正明編『日韓外交史料第三巻』原書房、三六五頁

（2）同右、四二九頁
（3）同右、四四六―四四七頁
（4）『日本外交文書』明治年間追補一冊、三五九、三六〇、三八〇、三八一頁
（5）この点についての詳細な分析は、高橋秀直『日清戦争への道』東京創元社、一九九五年、一九二頁及び一九八頁の注参照
（6）英・清間の交渉については高橋、前掲書、一九九頁注三五参照
（7）大山梓編『山県有朋意見書』原書房、一九六八年、一九六―一九八頁
（8）陸奥宗光『蹇蹇録』岩波書店、一九八三年、一二九―一三〇頁

■日清協調路線は何故破られたか

このように、最後まで清との協調を模索していた明治政府の態度にもかかわらず、日本と清との協調という政策は、何故破られたのであろうか。

朝鮮半島のみならず、東アジア全般に対する中国（清）の政策を概観すると、その根本は、英国やロシアとも妥協し、それらの勢力を巧妙に利用しながら、ゆっくりと近代化をはかり、清王朝の体制と中華秩序を維持してゆくところにあった。したがって、日本に対しても、台頭する日本とある程度妥協しながら、そうすることによって逆にその台頭に歯止めをかけ、朝鮮半島における中国の宗主権の維持をはかろうとした。

他方日本は、みずからの近代化の論理を、東アジア、とりわけ朝鮮半島に及ぼそうとし、また、同時に、朝鮮半島への西洋植民地主義の影響の増大を自らの安全保障の上で、望ましくないものと見な

していた。

この二つの路線は、朝鮮半島の近代化と東アジアにおける国際秩序のありかたについての考え方の違いに基づいていた。

すなわち、日本にとって、近代化は、アジアにおける中華秩序の変更を意味していたが、中国は、近代化と中華秩序の維持とを両立させようとしていたのである。

さらに、両国は、東アジアへの主たる「脅威」の対象について、考え方がちがっていた。清にとっては、西洋諸国との協調と妥協は、西洋的秩序の侵入を最小限に抑えるために必要なものであった。そして、伝統的に、領土の利用権を租界といったかたちで外国に手渡すという妥協もその限りにおいて厭わなかった。それに対して日本は、西洋的秩序を東アジアに導入しようとしており、かつ、そのなかでみずからの領土主権の確立を全うしようとし、そのため、地政学的な理由からロシアを脅威とみなしがちであった。

加えて、日本と清との連携、協調に限界があったのは、お互いが相手の国力に対する評価にずれがあったことも影響していた。すなわち、清は、日本の国力を低く評価しがちであり、日本は清の力と威信を過度に高く評価する傾向があった。

こうした要因が重なって、日本と清との連携、協調は容易に実現出来なかったのだ。

■戦争への導火線

けれども、協調、連携が困難であったということは、日本と中国が、戦争に突入しなければならなかった背景とはなっても、直接的理由とはなり難い。なぜなら、対立や違いが大きくとも、平和的交渉によってその違いをうめてゆくこと、あるいは妥協してゆくことは可能なはずだからである。なぜ日本は、そうした交渉による解決は不可能と見たのであろうか。

とりわけ、朝鮮から、清と日本が同時に撤兵することに清は異存がなかったにも拘わらず、日本は、清が、日本より先に撤兵すべきと主張し、これが、戦争への導火線となったのは、いかなる事情によるものかが、問われねばならない。

それは、『日清戦争への道』の著者高橋秀直によれば「同時撤兵が朝鮮政局にあたえる影響を危惧したから[1]」であった。いいかえれば、朝鮮における日本の威信と影響力を維持するためには、日本の軍事的影響力が、清を上回っていなければならないという考えであった。

さらにつきつめていえば、時の林外務次官がいみじくも述べたように「如何にして平和にことをまとむべきかというを議するにあらずして、如何にして戦いをおこし如何にして勝つべきか[2]」が日本の方針であった。

どうしてそこまで日本は思い詰めたのか。

その答えは、陸奥宗光の伊藤博文宛の書簡にはっきりと書かれていた。すなわち「今日我が朝鮮に対する勢力は、未だ支那の積威に及ばざる観ある[3]」ためであった。

宗主国であり、長年朝鮮に政治的、文化的、経済的影響力と支配力を行使してきた中国の「積威」、すなわち積もり積もった権威に対抗するには、日本として武力しかなかったのだ。

(1) 高橋、前掲書、三八七頁
(2) 升味準之輔『日本政治史』2、東京大学出版会、一九八八年、三九頁
(3) 陸奥と伊藤とのやりとりについては、高橋、前掲書、三八二頁参照

3 日本と明との戦争の背景——秀吉の東アジア観と明への進攻意図

■秀吉の国内統一と国家意識の形成

一五八五年、豊臣秀吉は、長宗我部元親を降伏せしめ、四国を平定した。続いて一五八七年、秀吉は九州に出兵して薩摩の島津家の忠誠を誓約させ、ここに、いわゆる九州平定を達成した。

この年一五八七年は、同時に諸大名が初めて揃って大坂城に新年の参賀を行った年でもあった。

こうして日本国内の統一を達成しつつある秀吉にとって、自己の政治的、経済的支配領域としての「日本」の概念は、次第に膨張しつつあった。

すでに一五八六年、秀吉は毛利右馬頭(輝元)宛の十四カ条の指示を書いた覚書において、高麗へ

の渡海に言及し、[1] また同年、大坂城でイエズス会の日本副管長ガスパール・コエリョと会見した際、朝鮮とシナの「征伐」に言及しているが、[2] このことは、朝鮮半島への進出が、内地の統一とほぼ同じ論理で考えられていたことを暗示している。

（1）池内宏『文禄慶長の役』正編、吉川弘文館、一九一四年、一五―一六頁

（2）この会見の際の、朝鮮、シナへの遠征についての秀吉の言及部分は次の通り（松田毅一『豊臣秀吉と南蛮人』朝文社、二〇〇一年、三一頁）

「日本の諸事を処理し安定させたのちには、（異父）弟の（羽柴）美濃守（秀長）に日本をゆずり渡し、みずからは朝鮮とシナを征伐するために渡海することを決意した。そのため、材木を伐採して二千艘の船を作り、軍勢を出征させるであろう。バテレンには、よく艤装した（洋式の）二艘の大帆船を世話してもらいたい」

■日朝交渉の過程

しかし、秀吉は、いきなり軍事的進攻を始めたわけではない。秀吉は、対馬藩の知行安堵と言わば引き換えの形で、朝鮮との折衝を命じた。

対馬藩は、**表3―2**のとおり、再度の使節派遣によって、朝鮮から、秀吉の天下統一を祝賀する通信使派遣への同意をとりつけた。

一五九〇年一一月、秀吉は聚楽第にて通信使を接見し、その後、帰国する朝鮮代表団を送る「送

使」を朝鮮に派遣、日本と明との朝貢貿易の再開、明との折衝におもむく日本軍の朝鮮半島通過（仮途入明）を要求し、軍事力の行使をちらつかせた。

朝鮮側は、明との長年の友好関係を理由に、日本の要求を拒否、秀吉は九州に軍事拠点を構築して、一五九二年四月、朝鮮半島へ進攻、五月ソウルを陥れ、六月、平壌の大同江で、日本軍の撤兵と日本の要求とをめぐる日朝交渉が行われたが、合意に至らず、遂に、朝鮮側の要請もあって、七月以降、明軍が介入、日本軍との軍事衝突に発展したのであった。

■秀吉の東アジア観

冒頭にも述べたとおり、秀吉にとって、九州の平定は日本の統一の完成であり、日本の統一の完成にともなって、「日本」の外辺は次第に広がり、朝鮮と琉球を日本（または朝鮮については対馬の宗氏、琉球については薩摩の島津家）の属領または属国とみなすとの意識が強まっていったと見ることができる。

そして、何故秀吉が中国（明）まで国内の論理を広げて適用しようとしたか、という点については、第一章5で言及したとおり、西洋植民地主義の東洋進出がからんでいたと見るべきであろう。

■近代日本の対中政策との類似性と相違点

このように、秀吉の朝鮮半島への進攻、明との戦争への過程は、西洋植民地主義のアジア進出と、それに対する「アジア的」価値観による新しい東アジアの国際秩序の構築という要素をもっていた。

表 3-2　日・明戦争への道程（日朝交渉と戦闘の推移）

1587 年：	対馬の宗氏、秀吉の命をうけ、家臣の橘康広を日本国使として朝鮮に派遣、朝鮮からの通信使派遣を要請。朝鮮側難色を示す
1589 年：	藩主宗義智自ら参加した代表団（団長は、仏僧景轍玄蘇）を朝鮮に派遣、朝鮮側、通信使の派遣に同意
1590 年（11 月）：	秀吉、朝鮮通信使を聚楽第で接見
1591 年（2 月）：	通信使の送使として玄蘇、再度訪朝、朝鮮に対し、日明朝貢貿易再開の斡旋と明への日本の進入のための「仮途入明」（道を借りること）の要請と軍事力行使のほのめかしたが、朝鮮側拒否
1592 年（4 月）：	日本軍朝鮮に軍事侵攻
（5 月）：	ソウル陥落、朝鮮国王の逃避
（6 月）：	大同江での日朝交渉、朝鮮側は明との間の仲介を拒否
（7 月）：	明の軍事的介入、日明軍事衝突

そうとすれば、近代における日本のアジアへの侵略が、西洋植民地支配に対する反抗の要素をもっていたことと類似している。しかも、単なる軍事的、政治的支配権の確立のみならず、秀吉が、アジア的価値観を意識していたと見られることは、近代との比較において注目される点である。

この点とも関連して、ソウルが陥落した直後、秀吉は、天皇を北京に移し、自分は寧波に居所をかまえて貿易を振興するとの意図を明らかにしていることが注目される。⑴ここで、秀吉は、自らの統治の正当性と権威を、天皇の権威にだぶらせることによって強化しようとしていたのであった。

他方、秀吉が明の国使を極めて丁重に遇したことや日ごろの秀吉の明の文物に対する言動から見て、秀吉の明「征服」の真の意図は、東アジアにおける明の「威信」を自分も借りることであり、領土的な征服そのものは、むしろ、副次的であったと見ることも可能であろう。⑵

明との和平交渉において、日本側が、朝鮮半島における領土割譲にこだわったのは、逆に言えば、秀吉の領土的な意味での「征服」の対象が、本来的には、中国本土までは及んでいなかったことを暗示するものといえるかもしれない。

言い換えれば、中国に対する秀吉の侵略的意図は、中国を隷属させ、支配するためというより、中国の権威を自らも纏うためのものだったのではあるまいか。

さらに、第一章において述べたごとく、秀吉のアジアへの侵略的進出意欲は、キリスト教の排斥と「神儒仏」思想の擁護と連動していたことも忘れてはなるまい。

秀吉の日本統一は、日本という国家意識の明確化と拡大化を伴い、そのプロセスは、次第に、今日でいうところの（地理的）アジア、そして価値の共同体としてのアジアという概念の形成を含んでいたのだった。

(1) 池内宏『文禄慶長の役』正編、吉川弘文館、一九一四年、一五―一六頁

(2) 池内、前掲書、一七七―一八四頁

4　日本と元（蒙古）はどうして戦争に突入したか

■東アジアの国際情勢と蒙古の侵攻姿勢

文永の役（一二七四年）及び弘安の役（一二八一年）と呼ばれる蒙古の日本襲来は、蒙古の東アジア全体への軍事的侵略の一環であった。

蒙古の対日軍事行動は、ベトナム方面への蒙古の軍事工作がやや収まった時期に行われ、また宋の軍隊が次々と元軍に下り、降伏した宋の将軍や兵士の元に対する忠誠をどのように確保するかの問題が生じてきた時期と重なっている。

同時に、蒙古の日本攻略は、高麗が元に完全に屈服した一二七〇年以降に行われていることにも注目せねばならない。

すなわち、蒙古襲来は、蒙古の高麗支配、宋の没落、そしてベトナムの元軍に対する抵抗といった国際的要因と連動していたのである。

他方、蒙古と宋との関係を見ると、蒙古は終始威丈高ではあっても、和戦両用の構えをとり、軍事的行動をさし控えることとの見返りに、宋に対し膨大な貢物の提供や職人、労働者の提供を要求するという形の交渉を行った。

同様に、蒙古は文永の役に先立って、何回か日本へ使節を送りこみ、蒙古に従属するよう働きかけており、その意味で、蒙古襲来は、一連の日・蒙間の外交交渉が決裂した結果であった。

従って、日元（蒙古）戦争の原因と背景を探ることは、一義的には、日本と元との外交交渉がどのような形で行なわれ、そして、何故それが決裂したかを考えることにほかならない。

■蒙古の対日アプローチと日本の対応

表3―3の通り、蒙古が初めて日本に向けて使者を立てたのは一二六六年夏であり、従って最初の日蒙交渉は、本来であれば、一二六六年末にも行われていたはずであった。

この年、蒙古のフビライは、兵部侍郎（軍事関係の高官）黒的《ヘイダ》と礼部侍郎（外交関係の高官）殷弘《インホン》の二名を、いわゆる詔諭使（蒙古に忠誠を誓って朝貢せよと諭《さと》すための使節）として、日本へ派遣すべく、高麗に嚮導（案内）を要求した。

しかし、高麗は日本と蒙古との間に入って戦闘行為にまきこまれることを恐れ、宰相李蔵用《イジャンヨン》を中心に策を練った結果、海を渡ることとの危険や日本は小国でとるに足らぬ上に危害を及ぼしかねない国である、といった理屈を並べて蒙古の使節の日本渡航を断念させた。(1)

しかし、蒙古は日本への攻勢をあきらめなかった。一二六七年八月、蒙古は再び殷弘と黒的を高麗に派遣し、高麗から日本へ蒙古の国書を持った使節が赴くよう要求し、高麗の使節潘阜《パンブ》が対馬経由、博多に来訪、一二六八年一月、蒙古と高麗の国書を日本へ提出した。(2)

表 3-3　日・元戦争までの過程
――蒙古（元）の対日アプローチと日本の対応――

1．**1266 年 8 月**
日本招諭使：黒的（ヘイダ）
　　　　　　殷弘（インホン）
高麗の随行者：宗君斐（ソングンペ）
　　　　　　　金賛（キムチヤン）
対馬まで来て引き返し　元に復命
高麗の宰相李蔵用（イジャンヨン）は蒙古に抵抗し、日本への渡海を阻止。

2．**1268 年 1 月**
黒的、殷弘の高麗到着と潘阜（パンフ）の博多漂着
国書（注 2）を持参。日本は返答せず、警戒態勢の強化と異国降伏祈願を実施。

3．**1269 年 3 月**
黒的、殷弘、潘阜に加え全体で 70 名余の大代表団対馬に来着。日本側は、上陸を拒否したため、蒙古は、対馬人２名を拉致し、高麗経由蒙古へ連行。元は先般の国書への回答を要求、朝廷は返書の文案を作成するも幕府の反対もあり、日本側は返答せず。

4．**1269 年 9 月**
蒙古の使者于婁大（ユロウダイ）、高麗に来訪。先般蒙古へ連行した対馬人２人を連れて金有成（キムユジョン）、高柔（コユ）が来日、蒙古中書省（長官級）の書簡を持参。日本は太宰官からの返書を検討するも、結局返答せず。

5．**1271 年 9 月**
蒙古の使者趙良弼（チャオリャンビ）来日、約一年間滞在。蒙古は国書（注 4）を持参するも、日本、返書出さず、戦闘準備の強化と異国降伏祈願への朝廷の関与を拡大する。

6．**1274 年 10 月**　文永の役

7．**1281 年 7 月**　弘安の役

国書は鎌倉の幕府に、そして幕府から朝廷に提出されたが、国書の日付は一二六六年八月となっており、途中で引き返した先年の使節が持ってくるべき書簡であった。

このことは、蒙古が、先般の日本への使節派遣問題についての高麗の意向を全く無視するとの態度をとったことを意味している。加えて、高麗から日本へ派遣された使節潘阜は、先年、李蔵用と連座して彩雲島に流された人物であり、蒙古としては高麗に対する懲罰的意味もかねて、高麗人を日本へ派遣したものと解し得る。

この時の国書は、高麗がすでに蒙古の藩属国となったことに言及しつつ、日本も蒙古と修交すべしとのべ、修交しなければ兵力を以てしてもこれを実現するが、兵力を用いることは好むところではないとの趣旨をのべている。

これに対して朝廷は、数度にわたる評定を開き、返事を出さないことに決した。

蒙古はこうした日本の対応を見て、一二六九年三月、今度は蒙古の黒的、殷弘と高麗の潘阜等、蒙古と高麗双方の使節を含めた総勢七〇名前後の大使節団を対馬に送りこんだ。おそらく蒙古としては、高麗と蒙古の強い同盟関係を日本に知らしめ、同時に蒙古の力を誇示する意図があったと考えられる。

この使節団は、先般の国書への返答がないことをわが国に対して詰問したと見られ、依然日本側の回答が得られないため、対馬の島人二人（塔二郎、彌二郎）を人質として拉致し、連れ去った。

そして一二六九年九月蒙古の使者于婁大《ユロウダイ》は、先般拉致した二人の対馬人を連れ、二人の高麗人（金《キム》有成《ユソン》、高柔《コユ》）を同伴して来日、蒙古の高官の書簡を持参した。

これに対して太政官より、中国とは国交が断絶している云々といった、建前論を主旨とした返書が菅原長成によって起案されたが、結局先方へは返答しないこととなった。

この時の、菅原長成起案の返書は、要旨次のようなものだったとされる(3)。

蒙古と云う名は未だ聞いたことがない。中国との国交は断絶しており、蒙古とはかつて人の通交もない。日本は仏の教えを守る平和国家であり、天照大神以来の天皇の統治する神国であり、知を以て争っても、力を以て争ってもだめであり、良く考えてほしい。

こうした内容から見て、おそらく朝廷は(当時の国際情勢を十分認識せず)「神国日本」を強調し、そうすることによって朝廷の権威を高め、同時に朝廷の外交権の確立をねらったものと考えられる(この場合、相手が中書省であり、こちらが太政官であって、皇帝同士の書簡でないことも、返事の起案を容易にした一つの要素であったと考えられる)。

しかし、この時も幕府は、蒙古の書簡は無礼であり返事に及ばずとして朝廷の返書をにぎりつぶしてしまったのである。

蒙古はそれでもこりず、一二七一年九月、蒙古に仕える女真人の趙良弼《チヤオリヤンビ》をして軍人数名を随行の上、九州今津に来日せしめた。

趙良弼が持参した信書は、返事を督促すると同時に日本側にもいろいろ事情があって返答が遅れているのかもしれぬと、日本側に対し柔らかい調子をにじませながらも、兵を用いる可能性もさらりと言及したものであった。[4]

趙良弼は、日本へ到着後一旦高麗へ帰り、そこから張鐸《チャンドウォ》なる者に命じて蒙古に復命させており、また、その後再び来日して日本に一年前後留まっていたことなどから推察して、その主たる任務は日本事情の偵察と高麗における戦闘準備態勢の整備にあったものと考えられる。

その間朝廷は敵国降伏の祈願文作成の勅命を寺社に出し、また幕府は、九州在住の者のみならず、関東在住の御家人でも九州に所領を持つ者には軍備の強化を命ずるなど、国内の戦闘体制の強化を図った。

返書については、朝廷は、先般菅原長成の書いた案文を若干修正し、それを返書として出すことを考慮したが、結局返書は出されなかった。これは、度重なる幕府の態度を勘案して、朝廷自体が返書に消極的になっていたためとも考えられる。しかし、ごく自然に考えれば、ここでも前例のように幕府から横槍が入ったものと解すべきであろう。

(1)『高麗史』による。詳細は小倉和夫『蒙古の対日外交アプローチと日本の対応』(雑誌『東亜』二〇〇八年九月号所収)の注1参照

(2)(一二六六年八月付)一二六八年の蒙古の国書(東大寺所蔵)漢文読み下し

「上天眷命(いつくしまれたる)
大蒙古国皇帝は、書を

日本国王にたてまつる。朕惟《おも》うに古《いにしえ》より小国の君は、境土相接《あい》すれば、なお講信修睦につとむ。いわんや我《わ》が
祖宗は、天の明命を受け、区夏を奄有《えんゆう》す（ことごとく領土とした）。遐方《かほう》（はるかの地方）異域の、威をおそれ徳になつく者、ことごとくは数うべからず。朕は即位の初め、高麗の無辜《むこ》（つみなき）の民の久しく鋒鏑《ほうてき》（いくさ、たたかい）につかれしをもって、すなわち兵をやめ、その疆域《きょういき》をかえし、その旄倪《ぼうげい》（老人と子ども）をかえらしむ。高麗の君臣は感戴《かんたい》して来朝せり。義は君臣なりといえども、歓《たのしみ》は父子のごとし。はるかに
王の君臣も、またすでにこれを知らん。高麗は朕の東藩なり。日本は高麗に密邇《みつじ》し、開国以来また時として中国に通ず。朕が躬《み》に至りては、一乗の使の以て和好を通ずることなし。なお恐るるは王の国、これを知ること、いまだ審《つまびら》かならざるを。故に、とくに使をつかわし、書を持して、朕が志を布告せしむ。冀《ねがわ》くは今より以往、問を通じ好を結び、もって相《あい》親睦せんことを。かつ聖人は四海をもって家となす。相《あい》通好せざるは、あに一家の理ならんや。兵を用うるに至りては、それ誰れか好むところぞ。
王、それ、これをはかれ。不宣《ふせん》。
至元三年八月　日」

（川添昭二『蒙古襲来研究史論』雄山閣、一九七七）

（3）小倉、前掲論文、注15

（4）一二七一年の蒙古の国書漢文読み下し
「蓋《けだ》し聞く、王者は外なしと。高麗と朕とは、すでに一家たり。王の国（日本のこと）は実に隣境たり。ゆえに、かつて信使を馳《は》せて好を修めしも、疆場《きょうじょう》の吏（国境たる大宰府の役人）のために抑《おさ》えられて通ぜず。獲《う》るところの二人（著者注。対馬から先きに連行して蒙古へつれ帰った日本人二人のこと）は、有司に勅して慰撫し、牒をもたらして（著者注。手紙を持って）もって還らしめしも、ついにまた寂《せき》として聞くところなし。ついで通問せんと欲せしも、たまたま高麗の権臣林衍《りんえん》、乱をかまえ、これに座して果たさず。あに王もまた、これによりて、やめて使をつかわざりしか、あるいは已《すで》

につかわせしも、中路にて梗塞《こうそく》（ふさがりて通ぜぬ）せしか、みな知るべからず。しからずんば、日本はもとより礼を知る国と号す。王の君臣も、いずくんぞあえてみだりに思わざるの事をなさんや。近くは已に林衍をほろぼし、（高麗の）王位を復旧し、その民を安集せり。とくに少中大夫秘書監趙良弼に命じて、国信使に充《あ》て、書を持してもって往かしむ。もし即ち使を発し、これと偕《とも》に来たらば、親仁善隣にして、国の美事なり。それ、あるいは猶予し、もって兵を用うるに至りては、誰か楽しみてなす所ならんや。王、それ審《つまびら》かにこれを図《はか》れ。」（山口修『蒙古襲来』桃源社、一九七九）

■日本の拒否反応の裏にあったもの

このように、日本側は、蒙古の度重なる対日アプローチを拒絶し、（朝廷が一時形の上では返書を出そうとしたことを除けば）終始全体として、かたくなな態度をとり、返書すら出さなかったのは、いかなる理由に基づくものであったのであろうか。

一つには返事の出しようがなかったこと、すなわち、蒙古という国や大陸情勢についての理解も低く、蒙古の国書と使節の来訪は、一種の天災のように考えられ、放置しておくより仕方がないとの心理に陥った人々も多かったせいと考えられる。現に関白の要職にあった近衛甚平ですらその日記（『深心院関白記』）に「此の事国家の珍事大事なり、万人驚歎の他なし」とのべていたことはよく知られている。

このことは、日本の対応の裏にあった第二の要因と結びついている。

それは、異国の日本攻略に対し、日本国内で精神的ひきしめを行い、祈願によって敵を退散させようという、一種の神頼みの方策である。

もとより武士から成る幕府は、各国の守護に警戒を呼びかけるなど、防備を固める努力も一方では行ってはいたが、幕府も朝廷も異国降伏祈願を寺社で行わしめた。

こうした祈願は、その裏に、敵をおぞましいもの、穢《けが》れたものと見なす精神を含んでおり、そうした祈願を純粋なものにするためには、敵との接触を一切断つことが有効と考えられたのであった。

いいかえれば、蒙古に返事を全く出さなかった日本の対応の裏には、敵を精神的に遠ざけ、こちらの精神をひきしめることによって危機をのりこえようとする宗教的感情が影響していたと考えられるのである。

こうした精神論は、第三の要因、すなわち政治的要因とも結びついていた。

蒙古の国書の到来の時期は、日蓮の有名な『立正安国論』と重なっており、「法然上人のいう念仏を禁じなければ、日本は外敵の侵入を受けて国難に遭う」との日蓮の予言めいた主張が知られつつある時であった。

それだけに、幕府としては、蒙古に対して毅然とした態度をとる必要があった。すなわち日蓮の言及する「外敵」が現実のものになりつつある時、幕府が弱味を見せれば、国内の各種勢力から幕府の軟弱が非難され、幕府は国を救えないとの批判を浴びるおそれがあった。いいかえれば、国内のそうした政治的考慮が強く働いたため、幕府は強硬姿勢をとらざるを得なかったものと考えられる。

しかし、こうした幕府の強硬策の裏には、さらに根深い、国内政局上の権力闘争との関係があったとみられる。すなわち、一二七二年、幕府はいわゆる二月騒動(1)を経験しているが、この時代、時宗の政治権力の安定性は微妙であり、また、元朝からの使節の来日の時期は、国内政治上の内紛ないし抗争の時代とほぼ一致していたため、蒙古の使者への対応は、国内政治上の抗争と結びやすい状態にあった。

加えて、朝廷と幕府の間には外交権の掌握をめぐる駆引きがあり、こうした状況の下では、対外的に強硬な路線を維持すべしとの主張が勢いを得ることは自然の流れだった。いいかえれば、国内政治上の実際的、あるいは潜在的抗争の種をかかえているとき、国論を強硬論に統一することは、そうした抗争に蓋《ふた》をする意味でも重要であったのである。

(1) 執権北条時宗とその異母兄時輔《ときすけ》が、名越氏などの有力豪族をまきこんで対立した政治権力闘争

■強硬策の強化

こうして、一二七四年の文永の役が生起し、日本と元は真向から軍事衝突するに至ったが、元は、和戦両用作戦をとり、一二七五年四月、長門の室津(現山口県豊浦)に杜世忠《ドシジョン》を正使、何文著《ホウウエンジユウ》を副使とする「宣諭使」を派遣し、国書を送達してきた(1)。

長門は博多に比べ都に近く、元は大宰府を避けて直接朝廷と交渉する企図を持っていたのではないかと推察される(加えて、内陸、とりわけ都と九州との間の輸送路の要地である長門を探索、偵察する意図も

併せ持っていたとも考えられる）。

幕府は元の使いを鎌倉へ護送し、九月、五人の使節団全員の首を切って処刑した。

さらに、元は、一二七九年六月、宋の降将范文虎《ファンウエンフー》に日本攻略を命じ、范は、自分の部下周福《チヨウフ》と欒忠《ルアンジヨン》の二人を日本（博多）に派遣、日本の服従を勧告する文書を日本側に送達した。(2)

元にしてみれば、日本が長年交りのあった宋はすでに滅びたこと、その宋の旧臣も元のために働いていることを日本に印象づけることによって、対日説得の実をあげようと図ったものと考えられる（加えて、宋の降将や兵士の海外での活用を図ることにより、中国国内での紛争の種を根絶せんとする思惑もからんでいたと考えられる）。

しかし、このような元の外交作戦は、むしろ裏目に出た。

日本側は、すでに滅亡した王朝である宋の旧臣が直接日本側に書簡を送るのは非礼であるとして、そのこと自体を問題にしたほどだったからである。そして幕府は、元の使節を博多で斬首した。

このように、文永の役後、日本の元に対する対応は、ますます強硬となった。それは弘安の役にあらわれた蒙古の日本へのあからさまな軍事的侵略に対して一層国内のひきしめを図るためのものであったと考えられる。これに関連して注目されるのは、日本の元に対する強硬策が一層強化されてゆく過程は、日本を神国とみなす、神国思想の強化の過程と結びついていた点である。

この思想が日蓮の法理とあいまって、蒙古侵入の前後に高まった背景には、寺社統制の強化や宗教論争の政治化などといった内政上の背景もさることながら、やはり、国内の団結を維持するための思想統一という点が大きい。

ここで特に注目すべきは、日本の防衛に従事する幕府は、神国思想を身にまとうことによって、単に権力の中心であるばかりではなく、権威を授けられた主体ともなり得るという点である。神国思想は、軍事的政権が、軍事力という権力に加えて権威をも身につけるための方便でもあったのだ。そして、一端戦端が開かれると、軍事的権力は、ますます権威をも身につけようとし、また、そうすればするほど軍事政権の威信と意地とが対外的対応を硬直化させてゆくのであった。

(1) この文書は伝わっていないが、前後の関係から見て日本が元と修好しないことを責め、服従しない場合の軍事力行使をほのめかしたものと考えられる
(2) この文書自体は伝わっていない

■対中交渉の柔軟性を阻んだもの

元と日本が、たびかさなる元の対日アプローチにもかかわらず、ついに戦闘に突入した背後には、もとより、元の日本への侵略的意図や、高麗支配の強化といった動機がひそんでいたことは疑いない。しかし、戦争への過程を、外交交渉としてみれば、いかに蒙古が日本にとり未知の国であり、また、蒙古の高麗支配と同様の形態が、日本に及ぶことを恐れたとしても、日本側が一切交渉に応ぜず、元の国書に返事も出さないという硬直的外交姿勢をとったことは何故か、が改めて問われなければなら

ない。

その大きな理由の一つは、鎌倉幕府内部の権力抗争の存在にあり、また、外敵への対処の仕方がそうした抗争と連動しかねなかったからである。そのうえ、幕府と朝廷は、外交権の行使をめぐって微妙な関係にあり、政治抗争は、幕府と朝廷との間にも存在した。こうした、日本内部の政治抗争の中で、対外政策は、強硬路線に傾きがちとなっていた。

明治維新の際の尊王攘夷論は、あきらかに徳川幕府と雄藩との間の権力闘争とむすびついており、それが、幕府の対外政策に大きな制約を与えていたことにも類似している。そして、一九三〇年代の日中戦争へ突入する過程においても、軍部の政治権力と政府、政党との間の権力抗争が、日本の対中政策から柔軟性を奪う一因であったことを想起せねばなるまい。

次に、元の日本進攻を前にして国家的危機意識が高まれば高まるほど、国内の精神的引き締めの動きが高まるのは自然の成り行きであるが、それが、戦略的意味を越えて、ある種のイデオロギーや思想的運動と結び付いていたことに注目せねばならない。そして、精神運動そのものが、いわば一人歩きを始め、対外的強硬路線が強硬であればあるほど、「精神」を高めることが強調されてそれが政治的に利用され、その結果さらに強硬路線が強まるという、一種の悪循環がおこっていたと考えられるのである。鎌倉幕府が、蒙古の対日アプローチに、終始こわもてに対応し、高麗を仲立ちに利用するそぶりすらみせなかったことは、国内の権力闘争もさることながら、強硬策が精神性を帯び、それがさらに強硬策を誘発するという、悪循環がおこりつつあったことを暗示している。このことは逆に言えば、日本の対中国政策に戦略性がなかったこと、そしてさらにその背後には、大陸情勢についての認識不足や政治における国際性の欠如があったことを物語っている。

5　日本と唐との軍事衝突の背景

唐の時代は、とかく遣唐使と平安期の文化のイメージから平和な日中関係を想像しがちであるが、日本と唐とは、六六三年、朝鮮半島南部で軍事衝突を起しており、この前後の遣唐使節は（前述の通り）、戦略的、外交的交渉を意図した使節であったとみられる。

いずれにしても、日唐間の戦闘行為は、新羅及び百済をまきこんでおり、朝鮮半島における日・中の支配圏争いの一環であった。

従って、日唐間の衝突の原因と背景を探るには、先ず、七世紀半ばの朝鮮半島情勢と日本の朝鮮半島政策に目を向けねばならない。

■緊張をはらむ半島情勢

当時、朝鮮半島情勢は緊張をはらみ、不安定化していた。

六四二年、高句麗では淵蓋蘇文《ヨンゲソムン》のクーデターがあり、王権確立が急務となっていた。また、百済においても同年大乱があったとの記録があり[1]、そこでも、王権確立と対外戦争（新羅との抗争）が結びつきやすい状況があったと見られる。

こうした各国の政治状況と各国の対外的戦略は、結局のところ、新羅と百済との抗争の激化、中国と高句麗の対立の深まり、そして中国と新羅との戦略的同盟の強化という流れを作っていった。

その間、日本の対朝鮮外交、対中国外交はどういう形をとっていたのであろうか。

日本の朝鮮半島外交は、一言でいえば、確たるパートナーも特にない状況にあった。

朝鮮半島北方を支配する高句麗と日本とは、日本の天皇が「高麗に遣わす使と、高麗の神の子の遣わし奉る使とは、過去が短くて、将来のほうが長い」といわれるほど友好的な関係にはあったが、それ以上のものではなく、高句麗と日本は、いわばお互いにとって遠い存在であった。

また百済は、孝徳天皇の崩御といった特別な年には日本に遣使してきているが、孝徳年間を通じ、大化元年（六四五年）の使い以外は遣使していない。これは、日本が朝鮮半島における日本の支配地域のシンボルの如き存在であった「任那」の調（貢物）を百済が収めなくなったこととも関連していたとみられる。[2] いずれにしても百済と新羅の抗争が激化するなかで、新羅が頻々日本へ朝貢形式に似た形で遣使するのに対して、百済と日本との関係はやや冷却化していたと見てよいであろう。

他方、新羅は頻繁な対日遣使を通じ日本を観察し、同時に対日関係に神経を使っていたが、日本の方は、新羅の対中関係を憂慮し、新羅が唐の威を借りた形で対日接近を図る時にはこれに反発していた。例えば、白雉二年（六五一）、新羅の使節が唐服を着て筑紫に着いた時は、これを追い返しているほどである。[3]

そして日本は、六四六年、高向玄理を新羅に派遣、新羅による任那の領有権を認知しないことを伝える一方、人質の提供を要請したことにあらわれているごとく、新羅と日本との緊張関係は高まっていった。

（1）韓国側史料と日本側史料で相違があるといわれるが、この点については、鬼頭清明『大和朝廷と東アジア』吉川弘文館、一九九四年、一〇九―一三〇頁
（2）『日本書紀』巻二五、天万豊日天皇（孝徳）の条
（3）同右

■日唐関係の推移

他方、日本と唐との関係は如何であったか。

六四八年、日本は新羅を通じて、唐に書簡を送り、「起居を通じた」（自分の国の様子を報告した）[1]。これは、おそらく新羅の要請もあり、唐に対して一種の友好的ジェスチュアを示したものと解せられる。日本は、この流れに沿って（そして恐らく唐の内情偵察もかねて）六五三年遣唐使を送ったが、これをうけて唐は、日本に対して新羅救援を指示してきた[2]。日本はこの指示には従わなかったものの、六五八年、六五九年と続いて遣唐使を派遣して唐との外交的調整を試みたが、当時唐はすでに高句麗との大規模な戦闘に突入しており、六五九年の遣唐使に対して、唐は明年、決意の程を示す（必有海東之政）と述べ、その間遣唐使は日本へ帰すわけにはゆ

かないとして、遣唐使を洛陽に幽閉する措置に出た(3)。

こうして唐と日本は、いわば外交関係断絶に近い状態になったのであった。

日本の対唐外交が手詰まりとなり、その一方で（朝鮮半島における）軍事的行動に出る方策もとられぬままに、六六〇年七月、百済は、唐と新羅の連合軍に攻められ滅亡する。百済王は洛陽に連行され、百済の領地には唐の官吏が常駐することとなったが、地方の各地の平定は十分でなく、百済復興運動が福信《ボクシン》を中心に興り、当時日本に在住していた王族の一人璋《グン》（または豊璋）を戴いて、日本に救援を要請、二万以上に及ぶ日本軍が半島に派遣されることとなった。これが、有名な白村江（または錦江）の戦いであり、唐と新羅の連合軍と日本及び百済王朝の残存勢力との軍事衝突になったのであった。

（1）『旧唐書倭国日本伝』岩波文庫、三六頁
（2）『新唐書』巻二二〇東夷伝。注（4）の参考文献の項参照
（3）本経緯については、小林惠子『白村江の戦いと壬申の乱』現代思潮社、一九八七年、五九―六〇頁

■日本の百済支援軍事行動の動機

日本が、ここに至ってこうした形で百済救援にふみ切った動機は何であったのか。

第一の動機は、やはり百済王家の復興であろう。百済と日本は、前述の通り、白村江の戦いの前、やや冷却した関係になっており、このように円滑さを欠いた百済と日本の関係が故にこそ、新王樹立

に日本が力を貸すことによって、新しく百済王室へ日本が影響力を行使できるとの読みがあったものと考えられる。

第二の動機は、新羅への懲罰的意図である。

『日本書紀』は、つとに六四九年、左大臣巨勢徳陀が、今こそ新羅を討たねば機を逸するとの趣旨を述べたことを伝えており、また白村江の戦い自体の記述において、「新羅を討つ」戦いと記されていることからも、この戦いが新羅への一種の懲罰的行為であったことが分かる。

第三の理由は、日本列島の北方の平定と関係している。

六五八年、阿倍引田比羅夫は、いわゆる粛慎を討ち、また翌年には大規模な派兵によって蝦夷を討った。

そして粛慎が新羅使に随って来日したとの記事や、蝦夷の男女二人を遣唐使に随行させて唐の高宗に示したという日本書紀の記述等から、北方民族の平定は、朝鮮半島および中国の類似の民族との関係、ひいては新羅および中国と日本との関係を緊張させる一つの要因となっていったものと考えられる。

言い換えれば、日本「帝国」の北方への支配圏の拡大は、中国、新羅への日本の強硬な姿勢への転換を内包していたと言える。

最後に、唐との関係の問題があった。

唐が、日本の遣唐使に対して「新羅を救援せよ」と指示したことは、従来建前上は別として実際は非従属的関係にあった日唐関係が、実質的に日本から見て従属的関係に陥る危険の迫っていることを暗示していた。こうした状況の下で、日本の独立性を陰に陽に主張するためには、日本独自の勢力圏を朝鮮半島に持っていることが従来以上に意味のあるものとなっていた。言い換えれば、日本（倭）の「大国」としての立場は、唐による「倭の地位の否定、または従属化の動きにより大きく損なわれる危険に瀕していた[1]」。それが白村江の戦争に踏み切る日本の大きな動機の一つであったのではあるまいか。

（1）講座『日本歴史』2古代史、東京大学出版会、一九八四年、二六六頁

6　歴史から学ぶ、現代への三つの教訓

これまでみたように、過去二〇〇〇年近くの間に、日本と中国は、五回戦争を行った。唐と日本の戦争（白村江または錦江の戦い）、元寇（蒙古の日本進攻）、明軍との戦い（秀吉の朝鮮進攻と明の介入による戦闘）、一九世紀の日清戦争、一九三〇年代以降の日中戦争の五回である。

これらの戦争の背景を分析してみると、現在の世代が教訓として学ぶべきことが、すくなくとも三つあることにきづく。

一つは、いずれの戦争も、その始まりは、朝鮮半島における勢力争いだったことである。一九三〇年代の日中戦争は、満州（東北地方）の権益の問題が、導火線であるように見えるが、その背後には、日本の朝鮮半島支配の安定化（朝鮮独立運動の阻止と日本における革新勢力の台頭阻止）という、歴史的流れがあった。

このことは、朝鮮問題についての日中対話が、現在及び将来において、いかに重要であるかを物語っている。

よって、日中間で（政府間ではなく、いわゆる第三トラックのような形で）朝鮮半島の未来の有り得べき姿について、中国はどう考え、日本はどう考えているかの対話を深め、広げるべきと考えられる。

歴史の考察から出てくる第二の教訓は、国内政治との関係である。白村江の戦いは、日本における天皇権の確立という内政上の動機と結び付いていた。元の日本侵略は、大量の宋の残党（軍隊）をどう処理するかという、元の内政上の動機と深く結び付いていた。秀吉の朝鮮半島進攻は、国内の大名統制と日本国内の統一の強化という目的と連動していた。日清戦争も、清朝が、内政上、あくまでも王朝の権威を守ろうとする守旧主義に流れていたことが大きく影響した。日中戦争は、満州支配や邦人保護についての日本の国民感情に日本の政治が流されて、軍国主義に走ったことと、中国内部の政治的対立と内戦が日中間の冷静な交渉を困難にしたことが、大きな要因であったことは疑えない。

こうした過去の歴史に鑑みれば、日中両国は、お互いの関係を、内政に利用、悪用してはならない。よく、民主的社会や、ネットの発達した社会では、民衆の不満や感情を抑えられないという人がいるが、これは、政治をポピュリズムまたは衆愚政治化する考え方である。政治指導者は、民衆に迎合するのではなく、五〇年、一〇〇年先を考えて、民衆に対して、有り得べき国の姿を訴えなければならない。そのためにも、日中関係を、二〇〇〇年の歴史の流れのなかで考えねばなるまい。

第三に、日中関係は、日本と西欧、米国、ロシア、そして中国の西欧、ロシア、米国などとの関係によって大きく影響されてきたことである。

秀吉の軍と明軍の戦いは、一見朝鮮における日、中の覇権争いのように見えるが、実は、西洋植民地主義の東洋進出に対する日本の対応の一側面であった。また近代における日中関係は、日、中両国の相手国に対する戦略よりも、日中各々の第三国、例えばロシアや英国などとの外交や協調政策と深く結びついていた。

日中関係が、このように二国間の思惑をこえた関係になってきたということは、逆に云えば、国際協調という枠組の中に日中関係を収めることによって、日中間の摩擦を極小化することもできれば、またその逆に日中関係を冷却化せしめることもできることを意味する。

日中関係をどこまで両国相互の戦略という枠内だけで処理できるか否かは常に日中両国が考えておかねばならない点であろう。

第四章　「征韓論」の歴史的系譜とその背景

今日、日本が、朝鮮半島において軍事力を直接行使するということは、たとえそれが日米安全保障条約や国連憲章の上で、本来の国際平和の趣旨から言えば正当化され得るものであっても、なかなか行われ難いであろう。しかし、日本の北朝鮮に対する政策は、時として、韓国やアメリカによる軍事力行使を厭わないとする要素をもつことがあり、その意味では、「間接的」な軍事力行使は、日本の朝鮮半島政策から依然として排除されてはいない。

歴史上日本が朝鮮半島の国の軍隊と、直接戦闘行為に及んだのは、いずれも、中国と朝鮮の連合軍に対してであり（新羅と唐、高麗と元、並びに李朝朝鮮と明の連合軍）、大規模な戦闘行為が、朝鮮半島の国と日本との間だけで行われたことはないといえる。

他方において、日本の外交史上、朝鮮征伐、征討、征韓論といった、懲罰あるいは威嚇を含んだ形での半島への出兵が真剣に検討されたことは、一、二の例にとどまらない。

こうした「征韓論」の系譜をたどってみると、いかなる国内状況と国際情勢が、そうした日本の対応ぶりを誘発したかが明らかとなり、今日の日本の朝鮮半島政策にある種の歪みがないか否かを考える上での一つの尺度となるはずである。

1　大和朝廷の新羅出兵計画

神話時代は別として、歴史上はっきりしている形での、「朝鮮征伐」的な軍事的試みは、六〇一年前後の新羅征討軍の派遣計画を嚆矢とすると言ってよいであろう。

六世紀末、新羅が、従来日本の支配力の強かった任那を滅ぼして以来、大和朝廷は、新羅に対する軍事行動を計画したとみられる。

具体的には、六〇一年のスパイ事件、すなわち、新羅の間諜迦摩多の対馬潜入をひとつの契機として、来目皇子率いる新羅征討軍の筑紫地方への派遣が行われたと考えられる。

このときの軍事行動は、来目皇子が出陣先で死去したため、朝鮮半島への出兵には至らなかったが[1]、この軍事行動の目的は、任那の復興（あるいは旧加耶地方への何らかの支配権の復興）にあったことは疑い得ない。ここで問題は、大和朝廷は何故にそれほど任那の復権に熱心であったのかということである。

その直接的理由は、この復権が、欽明天皇の遺言という形で歴代の天皇の統治の正当性と結びつけられていたからであろう。

しかし何故に欽明天皇が遺言を残し、それが歴代引き継がれてきたのであろうか。それは、大和朝廷の正当性の問題が朝鮮半島への朝廷の関与と結びついていたからである。すなわち、朝廷および朝廷をとりまく指導者（たとえば蘇我氏）が、任那地方ないし朝鮮半島南部に、部族的つながりをもち、そうしたつながりが、権威と権力の象徴とされていたからではないかと推測される[2]。

他方、それほどまでに執心していた任那復興の一環である新羅出兵が、大がかりな準備にもかかわらず、来目皇子の突然の死と、その後の大将軍を引き受けた当麻皇子《とうまのみこ》の妻の舎人《とねり》姫の死を契機として

（難波から出兵した大軍が途中で引き返すという形で）、結局取り止めとなったのは何故か、が問題となる。その一つの理由としては、新羅出兵の拠点となった筑紫地方において、地元の豪族の掌握に朝廷が困難を来たし、軍内の統率への影響を懸念したためという見方もある[3]。

しかし、天皇家の正当性ともからんだ大事業である任那復興にかけた出兵が、ある程度予想のついていたはずの地方豪族の動向のために急に取り止めになるとは、やや理屈に合わないところがある。むしろ、逆に、この出兵計画は、六世紀前半の筑紫の磐井の乱以後も、とかく独立の行動をとりがちだった九州の豪族の掌握という側面を含んでいたとも考えられる。更に言えば、天皇家の皇子を主将に戴いた派遣軍は、蘇我氏始め有力部族の軍勢をも引きつれており、この出陣は、秀吉の朝鮮進攻の際と同じく、天皇を中心とする中央の政権の威信を確立するための動員であったとも言えよう。

いずれにしても、出兵が半島にまで及ばなかったのは、朝鮮半島情勢の変化が、日本の戦略に影響したのではないかと考えた方が自然である。すなわち、七世紀の冒頭、新羅は、片や高句麗、片や百済からの軍事的圧力の高まりに直面し、大和朝廷に対して、一時的にせよやや柔軟な姿勢に転じつつあったのではないかと考えられる（事実、一、二年後のことであるが、百済は、全羅北道で新羅を攻撃、また六〇三年には、高句麗が新羅の出城を攻略している）。

いいかえれば、新羅征討軍の目的は、新羅を占拠する目的をもつものではなく、新羅への懲罰的行為であり、いわば威嚇行為であった。それだけに、半島情勢の変化と新羅の態度の変化は、皇子の死去に伴う国内事情とあいまって、日本独自の軍事行動の抑止につながったと考えられるのである。

（1）来目皇子の死自体が朝鮮の間諜の手によるとの見方及びそれを疑問視する考え方については、直木孝次郎『古代日本と朝鮮・中国』講談社学術文庫、一九八八年、一三四頁以下
（2）この点については、例えば、本位田菊士「太子の外交政策」（武光誠・前之園亮一編『聖徳太子のすべて』新人物往来社、一九八八年所収）
（3）同右参照

2　仲麻呂の新羅征討計画

七世紀の中葉、北中国に勢力をおいた渤海と日本との貿易関係が緊密になるにつれ、半島を支配する新羅と日本との間では緊張が高まっていった。

七三五年、来日した新羅使は、自国のことを「王城国」と称したが故に敬遠され、その報復のせいか、七三七年、日本が新羅に派遣した使節は「礼を失した」として接遇されなかった。また、七四三年に来日した新羅使も、貢物を土毛（土産品）と称したことを理由として筑紫から追い返されている。さらに、七五二年に来日した新羅使は、国書を持参せず、口頭での口上であったため、国王自ら日本を訪問して礼を尽くすか、さもなければ国書を持参せよと詰問された。

このような日本と新羅との対抗、対立関係は七五三年、唐の宮廷での席次争いにまで及んだ。[1]

またこの間、日本において新羅征討の論議が行われていた兆候があり[2]、朝鮮側史料（『三国史記』）には、七三一年、日本の兵船三百隻が海を越えて新羅の東岸を襲い、新羅が兵を出してこれを破るといった記事すらあるほどである。

丁度その頃内政面では律令体制の整備が進み、新しい国家体制が確立すると共に皇位継承と絡む婚姻政治が進み、それが貴族同士の抗争の激化を生み、最終的には藤原仲麻呂の専制独裁に近い体制が確立した（七五七年）。

この前後から律令政府の奥羽攻略が激しくなり、仲麻呂は蝦夷経略に力を注いだが、こうした奥州攻略は、自然と仲麻呂の目を、中国に向けさせることになった。折しも唐は安禄山の乱で混乱し、仲麻呂政権は、唐での抗争の余波が日本に及ぶことを恐れて、大宰府に命じ西の防備を固めるほどであった。

こうした仲麻呂の対外的関心は、新羅にも向けられ、新羅を日本の朝貢国として位置づけようとする厳しい姿勢につながり、七六〇年に来日した新羅使に対して七五二年以来音信を欠き礼を失すると難詰するまでに至った。

そして仲麻呂は、七五九年から七六一年にかけて、地方の豪族に兵船の建造を命ずると共に、主たる地方に新羅出兵計画を統括する節度使をおいて新羅との戦闘準備体制を整えた。

同時に仲麻呂は、渤海に対して外交攻勢に出た。

七五八年、仲麻呂は数年前に新羅に派遣され接受を拒否された小野田守を、今度は渤海に派遣することとし、その送別の宴をわざわざ自宅で開催して仲麻呂の外交的立場を明らかにした。[3]

この前後、すなわち七五九、七六〇、七六一年と、三年連続渤海使の入朝と遣使が重なっていることは、日本と渤海との折衝が緊密化していたことを暗示している。

そして新羅征討計画の実施目標年である七六二年には、あいついで戦勝祈願の奉幣が行われ、征討計画はまさに実現されようとしていた。

しかし、この計画は結局中止された。中止の背景は必ずしも明確ではないが、ここには外交と内政の連動があり、道鏡《どうきょう》を始めとする反仲麻呂勢力の抬頭や孝謙《こうけん》天皇と淳仁《じゅんにん》上皇との反目といった国内政情の不安定が征討計画の中止に結びついたものと考えられている。[4]

そうとすれば、そもそも征討計画は、対外的戦略というよりも、むしろ仲麻呂の権力基盤の強化方策といった動機が強かったことを逆に証明するものともいえる。

他方、七六二年に来訪した渤海使が、唐と渤海との関係改善の動きをうけて日本との軍事行動に消極的になったことにみられるように、[5]この時期に至って渤海の対日外交に変化があり、それが日本の新羅征討計画に影響したと考えることもできる。[6]

（1）この事件については、石井正敏「大伴古麻呂奏言について――虚構説の紹介とその問題点」『法政史学』第三五号参照

（2）『続日本紀』巻十二

表 4-1　白村江の戦い以降 920 年代までの新羅使と渤海使の回数

年代	新羅		渤海		年代	新羅		渤海	
	派遣	来日	派遣	来日		派遣	来日	派遣	来日
670	3	10	0	0	800	3（6）	0	0	1
680	3	9	0	0	810	0	0	1	4
690	3	5	0	0	820	0	0	0	4
700	3（4）	4	0	0	830	1	0	0	0
710	3	2	0	0	840	0	0	0	2
720	2	3	1	1	850	0	0	0	1
730	2	3	0	1	860	0	0	0	1
740	1（2）	2	1	0	870	（1）	0	0	2
750	2	1	1	3	880	（1）	0	0	1
760	0	4	3	1	890	0	0	0	2
770	1	2	3	5	900	0	0	0	1
780	0	0	0	1	910	0	0	0	1
790	1	0	3	2	920	0	0	0	1

出所：児玉幸多編『日本史年表・地図』吉川弘文館および吉野誠『東アジア史の中の日本と朝鮮』明石書店等より筆者編纂
注：（　）は吉野上掲書に従って朝鮮側資料にのみ存在するものを加えた数

（3）この点の解釈については、佐藤信他『境界の日本史』山川出版社、一九九七年所収の佐藤信「古代の『大臣外交』についての一考察」参照
（4）この点については、岸俊男『藤原仲麻呂』吉川弘文館、一九八七年、二九二頁参照
（5）石井正敏『日本渤海交渉史の研究』吉川弘文館、二〇〇一年
（6）保立道久『黄金国家』青木書店、二〇〇四年、七一頁参照

3 蒙古襲来と「異国征伐」

いわゆる文永の役（一二七四）及び弘安の役（一二八一）の直後、鎌倉幕府は、「異国征伐」すなわち高麗への軍事行動を起こす意図をこめて、四国、九州の御家人に、いわば動員の用意を命じた。

この動員に服する者は、防備のための防壁築造に携わらない者を対象としており、そのため、防壁築造にかかわる者が増大した結果、動員は沙汰止みになったとみる見方もあるが[1]、おそらくは、そもそも、こうした動員令が、現実に朝鮮半島への出兵を意図したものというより、むしろ国内の引き締めと地方の御家人の統制強化を主眼とするものであったためと思われる。

事実、日本軍が、この時期に、朝鮮半島へ侵攻したという確かな史料は見いだし難く[2]、散見される日本の半島への「軍事的」行動も、いわゆる「倭寇」の海賊的行為であり、内地からの統制のとれた軍事行動ではなかったと考えられる[3]。

以上を総合すると、此の時期の「異国征伐」論は、蒙古と連合して日本に襲来した高麗への懲罰的意図に基づくとともに、国内のひきしめ、地方支配の強化という内政上の動機によるものであったと言えよう。(4)

（1）相田二郎『蒙古襲来の研究』吉川弘文館、一九七一年、一四二頁参照
（2）同右、一四五頁
（3）魏栄吉『元・日関係史の研究』教育出版センター、一九九三年、一二一頁参照
（4）村井章介『北条時宗と蒙古襲来』ＮＨＫブックス、二〇〇一年、一一四頁

4　秀吉の朝鮮攻略

先に言及した通り(1)、一五八〇年代後半、秀吉の九州平定に伴って、秀吉の頭の中に自己の支配地域としての「日本」は次第に膨れ上っていった。

こうした秀吉の対外意識と国内統一事業との関連は、朝鮮国王に対して、国内の諸大名と全く同等に内裏への出仕を要求したことに最も鮮明にあらわれていたといえる。

このことを裏からいえば、秀吉の九州遠征は、そのこと自体もさることながら、本州在住の諸大名に対して九州出兵を要請し、もって広く日本全土に戦時体制を敷くことによって、日本全土の統一を

とり確かなものとし、また、朝鮮半島から明への進出を図ることによって、九州を含めた自らの支配体制をさらに強固なものにしようとする戦略がこめられていたと考えられるのである(2)。

いずれにしても、秀吉にとって、九州の平定は日本の統一の完成であり、日本の統一の完成にともなって、「日本」の外辺は次第に広がっていった。

秀吉は、こうした対外征服の意図をもったが、だからといって、すぐに軍事力の行使に訴えたわけではない。秀吉の戦略は、ある意味では極めて計算されたものだった。

秀吉は、朝鮮攻略にまず対馬を活用した。対馬の知行安堵といわば引き換えの形で、朝鮮との交渉を対馬に命じたのである。

秀吉はまず対馬の宗氏の主、宗義調《よししげ》に対し、一五八六年六月、自分（秀吉）は朝鮮へ進出すべく九州へ遠征するにつき、近く（対馬に対し）指示を出すとの趣旨の書状を送った(3)。この書状は、いわば、宗氏に対馬の知行を認めることと引き換えに、秀吉への忠勤を要求し、そのいわば証として高麗の王の入朝をとりはからうよう指示したものであった。

こうした指示をうけた宗義調は、一五八七年、家臣の橘康広（別名柚谷康広）を日本国王使と称して朝鮮に派遣したが、橘は、朝鮮国王の参内を要求せず、朝鮮から日本に対し、新しい王（秀吉）の天下統一を賀す使節（通信使）を送るよう要請した(4)。

しかしながら朝鮮側は、秀吉の王位就任は、正統な継承ではないとし、また航路に困難があるとの理由で、通信使派遣に応じなかった(5)。

その後、一五八九年、秀吉は、義調死去の後宗氏を継いだ義智に対し、自ら朝鮮に赴き、朝鮮国王の入朝を説得するよう命じ、宗氏はこれを受け、あらためて一層正式な形で朝鮮との交渉に従事することとなった。すなわち、義智自身が副使となり、一五七九年以来対馬の西山寺に滞在し、藩主の顧問格の役目を果たしていた仏僧、景轍玄蘇を正使とし、二五名の代表団を編成して、朝鮮との交渉にあたった。

景轍玄蘇を長とする使節団に対し、朝鮮側は、全羅南道珍島出身で日本の海賊と行動を共にしていた「無法者」沙乙背同を強制送還し、同時にその仲間の海賊の引き渡しを要求し、それと引き換えに通信使の派遣を決定した(6)。

この決定の背後には、朝鮮側の思惑(例えば、日本側の誠意を確かめるといった点)もあったと見られるが、この交渉期間中に、小西行長や博多の商人島井宗室が活躍して朝鮮側と連絡をとっていたことから見て、海賊一味の送還云々は、日本側と朝鮮側との複雑な交渉の中で、いわば通信使派遣のための取引材料として用いられた節がうかがわれる。言い換えれば、対馬、博多の関係者の経済的思惑(朝鮮との貿易上の利益を重視するという思惑)が、行長や宗氏の政治的意図(朝鮮との特別な政治外交上のつながりを持っておくとの意図)と重なって、交渉をともかくも軌道にのせたものと考えられる。

こうした経緯を経て、一五九〇年七月、朝鮮国使が来訪、十一月秀吉は聚楽第で朝鮮通信使を接見した。

そして、朝鮮通信使の来日は、秀吉の目から見て朝鮮の入朝、朝貢が実現したものとみなすことができたといえる。その結果、秀吉は朝鮮の国書へ返答し、また朝鮮通信使を送る送使として柳川調信、景轍玄蘇らを朝鮮に派遣し、いわゆる明征服への先導ないし嚮導を要請せしめたのであった。

この時、玄蘇たちは、朝鮮側の立場をも考慮して、明と日本との間の朝貢貿易再開のため仲介役を朝鮮が果たして欲しい、さもないと朝鮮へ秀吉は出兵するであろうとの趣旨をのべ、秀吉の要求をいわゆる「仮途入明」（道を借りて明へ入る）の要請に切り換えて先方と折衝した。

この時、朝鮮は、秀吉の要求に対して、丁重にこれを拒否する文書を玄蘇一行に託したとされ、そこには、明と朝鮮との歴史的な友好関係が記述され、明を攻めるがごときことがあってはならぬとの考え方が示されていたが、この文書が秀吉に見せられた形跡は全くなく、日本側使節によって握りつぶされたものと見られる。

このように秀吉の朝鮮戦略は、仲介者の力と智恵によって、（裏ではともかく、表面的には）相当緩和された形で朝鮮側に伝えられていた。

このように、日朝間の仲介役ともいえる宗氏の関係者たちが、秀吉の意図をかなり緩和した形で朝鮮に伝えたためもあって、秀吉の対外戦略についての朝鮮の対応も、この段階では逡巡気味のものとなり、内部に硬軟両様の深刻な意見対立が生起した。

このことが鮮明に表れたのは、朝鮮からの通信使、黄允吉《ファンヨンギル》と金誠一《キムソンイル》が、一五九〇年十一月、秀吉に接見して帰国した後、李朝朝廷に秀吉の人柄と今後の日本の出方について意見を上申した時であった。

黄允吉は、秀吉の眼光は鋭く、秀吉はやがて朝鮮に出兵するであろうとのべたが、他方、金誠一は、秀吉は恐るるに足らず、また出兵の様子はないと復命した。(7)

この二人の対立は、個人的見解の違いもさることながら、当時の朝鮮政権内部の抗争と関連していたと見られる。

すなわち、当時、朝鮮の政局は、東人《トンイン》と西人《ソイン》両派に分かれ、王家との婚姻関係や人事権の掌握、さらには政治的理念の違いや学閥による抗争が激しくなっていた。黄允吉は西人であり、金誠一は東人であり、両者の対立は、政権内の対立をそのまま反映していた。(8)

言ってみれば、秀吉の要請への朝鮮側の対応が明瞭でなかった理由は（間に入った宗氏のとりなしや偽装といった要因のほかに）、朝鮮内部の抗争と混乱にあったといえる。

もっとも、秀吉ないし日本の朝鮮戦略について、朝鮮側に異なった二つの見方が生じたのは、（単に東人、西人の対立のせいばかりでなく）日本側内部において、対馬藩の思惑と秀吉の意図との間に存在した亀裂の反映でもあったと見るべきであろう。

結果的に見れば、こうした日本側仲介役の緩衝材的役割は、朝鮮内部の政争と相まって、朝鮮に秀吉の強硬路線と真の意図についての判断を甘くさせる方向に働いたといえる。

このような経緯を考慮すると、秀吉の朝鮮侵攻の裏には朝鮮半島を日本内地の支配地と同列視せんとする秀吉の「侵略的」意図があったとしても、現実に秀吉が軍事力行使にふみ切ったことの背後には、日本側内部の偽装と朝鮮側内部の抗争の微妙なからみあいがあった。いいかえれば、両国国内の内政上の思惑や対立が、外交交渉にねじれを生み、それが軍事力行使の導火線の一つとなったのであった。

（1）本書第三部3
（2）この点と関連して秀吉の九州平定と明及び朝鮮への進出が直接に結びつかざるを得なかった一つの理由として、九州の大名、とりわけ島津氏の親明的傾向があったとも考えられる。このことの一つの証拠が、薩摩で医者をしていた中国人許儀俊が、同郷の主均旺に託して、秀吉の征明の意図を明に内通した文書があげられる。右文書において、許は、薩摩の大名は「大明を尊び」「素より大明を敬って」いるので、「兵を抽《ぬ》いて密かに呂宋、淡水等の処に逃れ、其の成敗を傍観せんと欲し」ているとのべているのである（石原道博『文禄、慶長の役』塙書房、一九六三年、四九—五〇頁）
また、石原は同書において、秀吉の征明計画と倭寇との関連にも言及しているが、室町時代からのいわゆる倭寇による中国との通商上のつながりと、それを陰に陽に利用した西国大名の中国とのつながりを統制することが、秀吉の眼中にあったか否かは、さらに検証を要する点と思われる
（3）武田勝蔵「伯爵宗家所蔵豊公文書と朝鮮陣」（『史学』第四巻第三号）
（4）池内宏『文禄慶長の役』正編、吉川弘文館、一九一四年、一五八—一五九頁
（5）中村栄孝『日明関係史の研究』（中）、吉川弘文館、一九六九年、八七頁
（6）朝鮮側は、自国内の「叛徒」と「倭寇」の結びつきに、元から神経をとがらせていた。この点については池内、前掲書、一六五頁
（7）『朝鮮王朝宣祖修正実録』によるとされている。右該当部分の邦訳は、北島、前掲書、二三三頁参照
（8）韓祐欣著、平木実訳『韓国通史』学生社、一九七六年、二九九—三〇一頁

5　幕末から明治の征韓論

■「洋夷」排除とアジア擁護のための征韓論

幕末、一八四〇年代から五〇年代にかけて、アヘン戦争、太平天国を経験した清王朝は、うちに内乱、外に西洋植民地主義の侵略にあえいでいた。その状況を知った日本の知識層の間には、（折りから、日本も「黒船」の危機を迎えていたこともあって）大陸情勢をひとごとと見ず、むしろ日本の安全保障のためにも日本が大陸に進出し、東洋の価値を守る役目を果たすべきとの主張をなすものが現れていた。

その一人は、松山藩の儒学者山田安五郎であった。山田は、一八六一年、軍を三手にわけ、一つは台湾を攻略、一つは、朝鮮へ侵攻、また一つは中国山東方面への展開を説いた。その目的は、山田によれば「安撫を主とし、唐国古代風俗に復[1]」せしめることにあった。

ここにおいては、征韓論は、西洋植民地主義へのアジアの反抗の一環であったが、ここで、日本の知識層が、李朝朝鮮や清朝と合従連衡して西洋にあたるという発想をとらず、日本が、大陸に侵攻する策を唱えたのは、西洋の侵略に対する、清及び朝鮮の反抗の力に対して全く信をおいていなかったからに他ならない。

また、一八六〇年代に至って、フランスやアメリカと朝鮮との間に軍事衝突が起こると、「日本の儒者の間に、朝鮮征討を唱える者がある」という流言が極東で流布されたと言われるが、[2]ここでも幕末における西洋の東アジア進出に伴って、征韓論が台頭していたことがうかがえる。

これらの思想は、山田の例のように、西洋に対する東洋の価値観の擁護といった、儒教的発想にとどまっており、いわば、豊臣秀吉の「朝鮮征伐」の論理に合通ずるものがあったといえよう。

（1）田保橋潔『近代日韓関係の研究』上、文化資料調査会、昭和三十八（一九六三）年、二九九頁以下
（2）同右、一二一頁以下

■日本の近代化と朝鮮懲罰論

こうした状況ののち、日本は、明治維新を実現、近代化の道を歩み出したが、それは当然外交面へも反映され、まず日本の隣国たる朝鮮に対して、「近代的」な関係を結ぶ交渉が開始された。
その第一歩は、徳川時代の先例に則り、対馬藩を通じて、新政府の樹立を通報し、新政府と朝鮮との間の国交を樹立せんとする国書を伝達することから始まった。[1]
しかるに朝鮮王朝は、国書の形式（皇祖、皇上などの文字の使用など）が、旧習に反するとして、日本の国書の受理を拒否した。
日本側は、その後数度にわたって折衝をこころみたが、朝鮮側の態度は固く、ここにいたって交渉者は、征韓論をとなえるに至った。[2]

明治政府はそれにもかかわらず、朝鮮への使節派遣を数度にわたって行なったが、功果があがらず、その間、朝鮮内部では数年来高まりつつあった排外主義がさらに進行し、釜山の日本の出先機関（いわゆる倭館）にもいやがらせがおこなわれる事態に発展した。(3)

こうした事態とあい前後して、日本国内では征韓論が、強く主張されることとなった。たとえばそうした論者の一人は、木戸孝允であった。木戸は、

公義を以て人に交わるは天下の通業、天下の通業にして之を拒むものは、万国の容れざるところにして気運混一の隆軌をさとらざる者なり、勢力に因てこれを動かすも（また）不可なるなし

と論じた。(4)

また当時外務大臣に相当する職にあった柳原も、欧州諸国、米国などが、世界において武力を用いている状況のもとで、日本の安全を守るためにも、朝鮮へ出兵すべしと主張した。(5)

これらの主張は、日本の要請を頑なに拒む朝鮮に対するいわば懲罰行為としての、征韓論であった。

（1）『日本外交文書第一巻』第二冊七〇六文書
（2）『日本外交文書第三巻』八八文書付属書一
（3）『日本外交文書第六巻』一一九文書

(4) 田保橋、前掲書、三〇四頁
(5) 同右、三〇六頁

■内部矛盾の外部転化としての征韓論

こうした、懲罰的動機に基づく征韓論と平行して、当時、武家社会の崩壊とともに生じた多数の不満「武士」の間に、外征を唱える者が生じやすい雰囲気があり、また、それだけに、不満分子を外に向かわせ、内乱の危険を軽減しようとする思惑をもつ者、さらには、そうした動きを、みずからの権力強化に用いようとするものなど、いわば、内部矛盾の外部転化としての征韓論があった。その典型例の一つは、「外務権大丞丸山作楽の獄」といわれるものであろう。丸山は、武器を購入し、不満武士を糾合し、朝鮮へ侵入する計画をもっていたといわれる。[1]

西郷隆盛の有名な征韓論においても、西郷の三条太政大臣への進言には、「内乱を冀ふ心を外に移して、国を興すの遠略」という言葉が見え、[2]こうした内部の不満の「転化」が征韓論の大きな動機であったことがうかがえるのである。

(1) 田保橋、前掲書、三〇九頁
(2) 同右、三二二頁

■征韓論の系譜にみる日本の朝鮮観

このように歴史的に、日本における征韓論の系譜をたどってみると、そこに、日本の陥りやすい、朝鮮に対する見方あるいは姿勢がよみとれる。

一つは、歴史的にみて、日本の政権はややもすると、みずからの国内における支配の正当性を、朝鮮半島における勢力の維持とむすびつける傾向がみられるという点である。これは、朝鮮が、日本の隣国であるという地理的近接性のせいもあるが、類似した文化圏に属するもの同士として、同じ思想なり認識をもつべきであるとする考え方に陥りやすいことを意味している。

それだけに、朝鮮半島の国が、日本と著しく異なる国際情勢認識をもつ場合、それを正すか、あるいは（相手がそれに同意しなければ）懲罰的行為に訴えるという態度を日本はとりがちである。

今日、北朝鮮に対する日本の国民感情のなかに、いわゆる拉致問題もふくめ、北朝鮮の日本に対する政策に対して、懲罰的行為をもって対応せねばならぬとする感情が宿っているとすれば、歴史的な傾向を踏襲した面があるとも考えられよう。

また、今後のアジア情勢を考えるとき、アメリカのアジアにおける役割、そして、中国の位置づけの問題に関して、日本と韓国が大きく見解を異にするようなことがあれば、歴史的に見て、韓国との関係の緊張が、戦略的な次元を超えて、国民感情のレヴェルでも高まるおそれがあると言えよう。

これら全ての要素は、つまるところ、朝鮮半島の問題は、日本の内政と深くむすびつく傾向が強いということである。しかも、そこでは、中国の場合以上に、「無礼」や「懲罰」といった感情が入りやすく、そうした感情がまた国内政治にはねかえって激化するという、悪循環のおそれがあると言える。

■朝鮮半島の分裂と日本

征韓論の考察は、いわば、朝鮮半島政策における軍事力行使の可能性に関する選択の考察でもある。こうした観点から、過去の日本の朝鮮半島政策を概観するとき、そこには、朝鮮半島における複数の王朝ないし国家の存在と日本の半島政策との関係がかくされていることが分かる。すなわち、朝鮮半島に統一国家が存在せず、分裂状態にあるとき、日本は、そうした分裂国家のいずれかと友好関係を結び、他の国家とは敵対ないし隔絶した関係をもつという形を取りがちであったという点である。言い換えれば、分裂状態にある朝鮮半島情勢に日本はなんらかの形で「介入」しようとしてきたのであった。

その背後には、朝鮮半島において日本の勢力圏を維持したいという意図も関連していたが、第三国、すなわち明治時代までは中国、それ以降は西欧諸国の朝鮮半島への影響力の行使について、日本が極めて敏感であったという事情も影響していた。

他方、朝鮮半島に統一国家が誕生した際には、ほとんど常にその国家は、中国の強い政治的、軍事的影響下にあり、それをどこまで日本が認めた上で行動するかが、外交上大きな問題であった。

今日、朝鮮半島の統一を日本が戦略的に望ましいと考えるかいなかは、そうした統一朝鮮が、（米国の関与の問題を一応横におけば）大国化しつつある中国とどのような関係に入るのか、またその時の中国の政治外交戦略がいかなるものであるかに、大きくかかっていると言えよう。

6　韓国の「保護国」化

いわゆる征韓論的な日本の対朝鮮政策が、現実のものとなった例こそ、日本による韓国の「保護国」化であり、それに続く日韓併合であった。

ここにおいて、外交的には少なくとも、三つの点が問われねばならないであろう。一つは、保護国化構想をおしすすめた日本の動機とその背景であり、第二は、主要国、とりわけ英、米の反応であり、第三に韓国自体の抵抗の態様である。

■保護国化構想の原点

韓国を日本の保護国化する構想が、いわば「正式に」政府の方針として打ち出されたのは、通常、一九〇一年六月に成立した桂内閣の「政綱」に「韓国を保護国となす目的を達する」云々の表現がもりこまれたところにあるとされる(1)。

しからば、日本政府は、この時期に、何故将来の「目的」としてではあったにせよ、韓国保護国化の構想を持つに至ったのであろうか。

その一つの背景は、国際情勢にあったと考えられる。すなわち、いわゆる義和団事件による清朝の政治的、国際的威信の失墜と（それにほぼ平行した）ロシアの満州進出の激化を前にして、朝鮮半島情勢の安定化のためには、日本が国際的責任を持つべきであるとの見方が強まったことである。

第二の要素は、日清戦争後の日本の基幹産業の飛躍的発展と海外進出意欲の高まりがあり、それと連動した形での新しい政党、政友会の結成と政官財の結びつきの強化があったといえよう。

さらに第三の要因として無視できない点は韓国内政の状況であろう。片方でロシアと韓国皇帝との結びつきの強化が図られる一方、（穀物輸出による米価高騰も手伝って）農民や都市下層民の蜂起が頻発し、「活貧党」や「英学党」といった団体の運動が十九世紀末から活発化し、政情不安がみなぎっていたことである。[2]

このように、韓国保護国化構想の裏には、国際情勢、日本の国内情勢、韓国の国内情勢という三つの要因がからんでいたとみることができる。

（1）例えば、海野福寿『韓国併合史の研究』岩波書店、二〇〇〇年、八七頁

（2）「活貧党」については、武田幸男編『朝鮮史』山川出版社、一九九三年、二三二頁。「英学党」については、韓永愚著、吉田光男訳『韓国社会の歴史』明石書店、二〇〇三年、四八八頁

■日露開戦と対韓交渉

桂内閣以後、韓国保護国化を長期的視野に入れつつあった日本政府の対韓政策が具体的な動きをとり始めたのは、日露の開戦の可能性が高まった一九〇三年になってからであった。日露開戦を視野に入れた時、日本にとって最大の外交上の案件は、日露戦争において韓国を日本の勢力圏にとどめ、かつ、朝鮮半島を経由する兵力と軍需品の移動について行動の自由を確保することであった。そのため日本は、韓国の了解を得るべく、外交交渉を開始し、韓国の保護防衛のため日本が軍事行動を起すことについて協定を結ぶ方針をたてた。

こうした日本の外交攻勢と高まる圧力に対して韓国側は抵抗ないし対抗策をとった。

一九〇四年一月、日韓間の「議定書」の交渉が進行する最中、韓国政府は、中国から発信した韓国政府声明という形で局外中立の声明を行なった（この中立声明に対しては、英国、清を始めとして主要国が承認したが、日・露両国は承認しなかった）。

中立声明の背後には、「韓国ノ独立ニ関シテハ、韓国ハ中立ヲ守レバ安心ナリ。今日ノ場合、日本ト提携シテ露国ノ怒リヲ招クコソ反テ韓国ノ独立ニ害スル……」[1]との考え方が韓国宮廷内部に強かったことが作用していたと考えられる。

しかし、日本は、日露開戦と共に一九〇四年二月、仁川港を中心に軍事行動を開始、同時に、ほぼこれと平行して、日韓提携に消極的な李容翊《イヨンイク》らに圧迫を加え、李などの対日強硬派を日本に渡航させる方途をとり、いわば軍事的圧力と政治的圧力の双方によって、日本軍の朝鮮半島における行動を「容易ならしむる為め」韓国が「十分便宜を与ふる」ことを、協約したのであった。[2]

（1）『日本外交文書第三七巻』第一冊、三三六頁
（2）この協約の全文は次の通り。
「大日本帝国皇帝陛下の特命全権公使林権助及大韓帝国皇帝陛下の外部大臣臨時署理陸軍参将李址鎔は、各相当の委任を受け左の条款を協定す。
第一条　日韓両帝国間に恒久不易の親交を保持し、東洋の平和を確立する為め、大韓帝国政府は大日本帝国政府を確信し、施設の改善に関し其忠告を容るる事。
第二条　大日本帝国政府は大韓帝国の皇室を、確実なる親誼を以て安全康寧ならしむる事。
第三条　大日本帝国政府は大韓帝国の独立及領土保全を、確実に保証する事。
第四条　第三国の侵害に依り若くは内乱の為め、大韓帝国の皇室の安寧或は領土の保全に危険ある場合は、大日本帝国政府は速に臨機必要の措置を取るべし。而して大韓帝国政府は右大日本帝国政府の行動を容易ならしむる為め、十分便宜を与ふる事。
大日本帝国政府は前項の目的を達する為め、軍略上必要の地点を臨機収用することを得る事。
第五条　両国政府は相互の承認を経ずして、従来本協約の趣意に違反すべき協約を、第三国との間に訂正することを得ざる事。
第六条　本協約に関連する未悉の細条は、大日本帝国代表者と大韓帝国外部大臣との間に臨機協定する事。
明治三十七年二月二十三日
特命全権大使　林　権助（印）
光武八年二月二十三日
外部大臣臨時署理
陸軍参将　李　址鎔（印）」

（『日本外交文書第三七巻』第一冊三八三文書）

■戦後の方向づけ

やがて、日露戦争が日本の勝利に傾くにつれて、日本政府は、日露戦争後において、韓国がロシアに傾斜することを防止し、また韓国の内政の安定を確保しておく必要性を強く感じ、一九〇五年五月三十一日、（一）韓国に平時においても日本軍を駐屯せしめるべきこと、（二）韓国の外交を監督すること、（三）韓国の財政を監督すること、（四）交通機関を掌握すること等を骨子とする対韓基本方針を策定した。

こうした方針の背後には、韓国の内政状況に関する日本側の強い不信感があった。すなわち、政府官吏の腐敗と動揺しやすい人心を前にして韓国は、このまま放置すれば独立を全うできず、外国の干渉を招く危険があるという見方であった[1]。

これとあい前後して、日本は伊藤博文を特使として韓国へ派遣、皇帝と直接会談を行なって、いわば「韓国皇室の安寧確保」とひきかえに日本の干渉を韓国皇室に認めさせ、上からの権威によって韓国の保護国化をすすめようとした。

ここには、二つの底流が渦まいていた。一つは、日本の韓国皇室に対する不信感である。すなわち、日本として見れば、かつてはロシア大使館にかくまわれた体験を持つ皇帝の周辺に、しっかりとした補佐役をつけ、いわば監視と連絡役を担わせる必要を強く感じていたのであった。

しかし、それよりも、深刻な渦巻きがあった。それは、韓国内部の対立と、抗争、そして皇帝自身の臣下に対する不信であった。事実内部対立や抗争は宮廷内部にまで及び、韓国皇帝は、伊藤特使との会談において、数度に亘り、「朕が臣僚中輔弼の才に乏しく、随て未だ方針の確定を見ず」との趣旨を述べているほどであった[2]。

そうした状況にある韓国に対して、伊藤は、「上から」、すなわち皇帝の指導力と権威を利用して韓国内の国論をできるだけ統一させ、日本に有利な方向へ持ってゆこうと努力した。

他方、伊藤との会談において、皇帝が再度に亘り、「内政改革」の必要性に言及したことは、伊藤をして皇帝を信頼することについて逆に慎重たらしめた。すなわち、皇帝が軽々に内政改革の旗印の下に政治的行動を開始すれば、韓国内政をさらにゆるがすこととなり、韓国政局の安定のため好ましくないとの考えが伊藤の胸中に存在した。こうした憂慮は、やがて韓国内政への日本の一層の関与の必要性という論理へつながってゆくのであった。

こうして、韓国の政局が不透明であればあるほど、そして韓国の対日態度が、表面的な緊密化にも拘らず、実のところ不明確である疑いが深まれば深まるほど、日本の対朝鮮政策は強硬になってゆくのであった。

このような流れの延長線上に、日本が朝鮮の宮廷へ人を派遣するという案が生じ、遂には財政外交顧問の派遣などを含む閣議決定に至るのであった。

こうして一九〇四年八月、日本と韓国は、第一次日韓協約を締結した。

一、韓国政府は日本政府の推薦する日本人一名を、財務顧問として韓国政府に傭聘し、財務に関する事項は総て其意見を問ひ施行すべし。
一、韓国政府は日本政府の推薦する外国人一名を、外交顧問として外部に傭聘し、外交に関する要務は総て其意見を問ひ施行すべし。
一、韓国政府は外国との条約締結其他重要なる外交案件、即外国人に対する特権譲与若くは契約の処理に関しては、予め日本政府と協議すべし。
明治三十七年八月二十二日

この協約は、韓国の主要外交案件についての協議体制と干渉権を確立したものであるとともに、韓国の内政（財政）への介入にまでふみこんだものであった(3)。

（1）こうした見方の根底をなす考え方は、次のようなものであった（『日本外交文書第三十七巻』第一冊第三九〇文書「帝国の対韓方針」の中の「理由」）
「韓国の存亡は帝国安危の繋る所にして、断じて之を他国の呑噬に一任するを得ず。是れ即ち帝国が常に該国の独立及領土保全維持の為め、其全力を傾注したる所以にして、一再国運を賭して強隣と干戈を交ふるに至りたるもの、亦実に此に基因するものとす。曩に日韓議定書の訂結に依り新に両国の関係を約定し、加ふるに征露の皇師蓐《しき》りに捷を奏すると共に、韓国の上下は益々我に信頼するの状ありと雖も、而かも韓国政府の靡爛せる、人心の腐敗せる、到底永く其独立を支持する能はざるは明瞭なるを以て、我邦に於ては宜しく政治上、軍事上並に経済上漸次該国に於ける我地歩を確立し、以て将来再び糾紛を醸すの憂を絶ち、帝国自衛の途を完ふせざるべからず。蓋し帝国は日韓議定書に依り或る程度に於て保護権を収るを得たるも、尚ほ進んで国防、外交、財政等に関し、一層確実且つ適切なる締約及設備を成就し、以て該国に対する保護の実権を確立し、且つ之と同時に経済上各般の関係に於て須要の利権を収得して、着々其経営を実行せんことを当務の急なりと信ず。」

（2）『日本外交文書第三七巻』第一冊第三一三文書中の「伊藤特派大使内謁始末」

（3）もっとも、この段階では、日本政府は、韓国の外交権を日本が一方的に事実上奪ってしまうが如き印象を与えることを避けるため、日本が任命する外交顧問は、日本人ではなく、外国人とすることをとりきめている。

■戦後体制の確立と列強の態度

この間日露戦争において、日本軍の勝利が確実になるにつれて、戦争の遂行目的と日本の外交的戦略は拡大、強化されていった。すなわち、朝鮮半島をロシアを始めとする第三国の侵略から守るという従来の目的が強化、拡大され、ロシア勢力の完全排除とそれに伴う日本の介入、ひいては日本による韓国の保護国化の方向に外交攻勢が一層傾いて行ったのである。そして日本は、一九〇五年十一月、いわゆる第二次日韓協約(1)を結び、韓国の外交権を事実上接収するのみならず、韓国皇室の内部に「統監」を置き皇帝の動きを監督することになったのである。

しかし、こうした戦後体制の確立は、日露戦争の前の段階から朝鮮半島の統治のあり方をめぐって列強、とりわけ英国と日本との間に、ある種の了解が出来上り、そうした了解が、日露戦争における日本の勝利とともに一層日本側の行動を容易にしたという事情があった。

（1）第二次日韓協約全文は次の通り。

「日本国政府及韓国政府ハ両帝国ヲ結合スル利害共通ノ主義ヲ鞏固ナラシメンコトヲ欲シ韓国ノ富強ノ実ヲ認ムル時ニ至ル迄此目的ヲ以テ左ノ条款ヲ約定セリ

第一条　日本国政府ハ在東京外務省ニ由リ今後韓国ノ外国ニ対スル関係及事務ヲ監理指揮スヘク日本国ノ外交代表者及領事ハ外国ニ於ケル韓国ノ臣民及利益ヲ保護スヘシ

第二条　日本国政府ハ韓国ト他国トノ間ニ現存スル条約ノ実行ヲ全ウスルノ任ニ当リ韓国政府ハ今後日本国政府ノ仲介ニ由ラスシテ国際的性質ヲ有スル何等ノ条約若ハ約束ヲナササルコトヲ約ス

第三条　日本国政府ハ其代表者トシテ韓国皇帝陛下ノ闕下ニ一名ノ統監（レヂデント・ゼネラル）ヲ置ク統監ハ専ラ外交ニ関スル事項ヲ管理スル為メ京城ニ駐在シ親シク韓国皇帝陛下ニ内謁スルノ権利ヲ有ス日本国政府ハ又韓国ノ各開港場及其他日本国政府ノ必要ト認ムル地ニ理事官ヲ置クノ権利ヲ有ス理事官ハ統監ノ下ニ従来在韓日本領事ニ属シタル一切ノ職権ヲ執行シ並ニ本協約ノ条款ヲ完全ニ実行スルタメ必要トスヘキ一切ノ事務ヲ掌理スヘシ

第四条　日本国ト韓国トノ間ニ現存スル条約及約束ハ本協約ノ条款ニ牴触セサル限総テ其効力ヲ継続スルモノトス

第五条　日本国政府ハ韓国皇室ノ安寧ト尊厳ヲ維持スルコトヲ保証ス

右証拠トシテ下名ハ各本国政府ヨリ相当ノ委任ヲ受ケ本協約ニ記名調印スルモノナリ

明治三十八年十一月十七日」

■朝鮮問題についての日英折衝の始まり

そもそも、一九〇二年の日英同盟は、ロシアの進出に対抗する日本と英国との連携であったが、この同盟を、日本のアジア外交の観点から見た場合には、日本の韓国に対する立場への（英国の）支持と英国の清における権益保護への（日本の）協力という「取引」であったといっても過言ではない。

つとに、一九〇一年四月、在英日本大使館の林公使が、ランスダウン外相と、日英関係の強化について非公式な話し合いを行なった際、林は、

「ロシアが満州の資源を開拓すれば、結局は朝鮮を占領するに至るであろう。これは日本として極力防止しなければならないところである」

とのべ、さらに、

「朝鮮人は自ら支配する能力を持たず、したがって、……（中略）……ここにだれが同国を統治すべきかという問題が生じるのである。」

と語っている(1)。

この考え方は、林公使の個人的意見ではなく、当時の日本政府の考え方であった。現に、政府は、林公使が英国との意見交換をするにあたっての心得として、

「韓国をして他邦蚕食攻略の結果を被らしめざることは、日本に取りて一の根本主義にして、此の主義たる、日本政府は万難を排し極力これを固守すべからざる所なり」

と、訓示したほどであった(2)。

そしてこのことは、英国側においても日本との関係上、明確に意識されていた。事実、一九〇一年八月、ランスダウン外相は、次のようにのべている。

「（日英同盟の）主要な目的は清国における門戸開放及び領土保全並びに韓国における日本の利益の維持にある」(3)

この点を裏からみれば、日英同盟の大きな目的の一つは、日本が、英国をして、朝鮮半島における日本の政治的立場（統治への介入）を承認せしめることにあったといえる。

ただここで注意すべきは、英国の識者や極東関係者の中に、（韓国についての日本の見方と同じく）、韓国の内政の安定は韓国人自身によっては実現し難いという根強い考え方があったことである。その典型は、第一章3に引用したジョージ・カーゾンの言葉であろう。

因みにこうした見方は、当時日本と韓国を幅広く旅行し、紀行文を残したイザベラ・バードや英国の極東関係者の間でも大なり小なり共有されていたのであった。

そして、日英間の度重なる折衝の結果(4)、最終的には、日英同盟の第一条において、次のような規定がおかれたのであった。

両締約国は相互に清国及び韓国の独立を承認したるを以て、該二国孰れに於ても全然侵略的趨向に制せらるることなきを声明す。然れども両締約国の特別なる利益に鑑み、即ち其の利益たる大不利顛国に取りては主として清国に関し、又日本国に取りては其の清国に於て有する利益に加うるに、韓国に於て政治上並びに商業上及び工業上格段に利益を有するを以て、両締約国は若し右等利益にして別国の侵略的行動により、若しくは清国又は韓国に於て両締約国孰れか其の臣民の生命及び財産を保護するため干渉を要すべき騒動の発生に因りて侵迫せられたる場合には、両締約国孰れも該利益を擁護するため必要欠くべからざる措置を執り得べきことを承認す。

(1)『日本外交文書第三四巻』二〇及び二二文書
(2)同右、二二文書
(3)同右、二三文書
(4)折衝の過程の詳細は、小倉和夫「韓国保護国化と日本外交(その2)」雑誌『環』二〇一一年春号

■第二次日英同盟と韓国問題

その後、一九〇五年春になって、日本と英国は、将来のロシア対策も含め、日英同盟の強化を図った。

この第二次日英同盟交渉において、韓国問題は、日本側にとっても交渉の要の一つであった。

日本側は、条約本文において、

「英国は、日本が韓国に於ける政治上、軍事上及び経済上の特殊権益を擁護するため、正当かつ必要と認むる措置を執る権利を英国は承認すること」

との趣旨の条項を設けるとともに、別途の秘密協定において、

「日本が韓国に対する第三国の侵略的行動を予防し、並びに同国の国際関係より紛争の発生することを杜絶する為め韓国に対し保護権を確立するときは英国はこれを支持すること」との趣旨を盛りこむことを提案した[1]。

これに対して英国側は、（秘密協定という形態を拒否するとともに）条約本文において日本の韓国における行動を容認するとしつつも、それはあくまでも、他国の条約上の権利を侵害するものであってはならないとの留保条件をつけるとともに、韓国条項と並んで印度国境に隣接する地域についての英国の特殊利益と、それを守るための英国の措置を容認するとの規定を設けることに固執した[2]。

しかし、ここで英国が、「条約上の権利」に固執したのは、裏をかえせば、日本が韓国を保護国扱いにすることを知り、またそれを英国として容認するつもりであったからこそ、その際の自己の韓国に対する権利（主として経済商業上の権益）の保全に神経質になったと見るべきであろう。

こうした経過を経て、結局日本は、インド及びその周辺における英国の植民地利益の保護のための行動を認めることの、いわば交換として、韓国における保護権の行使を、英国に容認せしめたのであった[3]。

このように、韓国における日本の利権の確立は、英国のインド統治への日本の支持との「取引」という、戦略的利益のバランスの上に成立していたといえるが、それにしても、英国が、当初、若干ためらいを感じていた日本の対韓干渉権をほぼ全面的に認めた裏には、インドのみならずアジア全体における英国の利益擁護の一環として朝鮮半島の安定の確保が大切であり、そのためには、朝鮮半島を日本の支配下におくことが最良の方策であるとの認識があったからといえよう。いいかえれば、英国側には、韓国の自立は不可能であり、韓国は、日本の保護の下におかれなければ不安定となり、極東情勢に影響を与えかねないとの懸念があったのである。[4]いってみれば、日英間にはインドと韓国についての戦略的利益バランスとともに、韓国の政治的安定についての共通利益と韓国の政治情勢についての共通認識があったといえよう。

(1)『日本外交文書第三八巻』第一冊一九文書
(2) 同右、三三一文書
(3) 第三条「日本国ハ韓国ニ於テ政事上軍事上及経済上ノ特殊卓絶ナル利益ヲ有スルヲ以テ、大不列顛国ハ日本国カ該利益ヲ擁護増進セムカ為メ、正当且必要ト認ムル指導、監理及保護ノ措置ヲ韓国ニ於テ執ルノ権利ヲ承認ス。但シ該措置ハ常ニ列国カ商工業ニ対スル機会均等主義ニ反セサルコトヲ要ス」
(4) この点については、小倉『環』所収前掲論文、注三〇参照

■韓国保護国化と日米折衝

韓国保護国化についての日本の動きには、英国のみならず、米国の「了解」が必要であった。それは単に日米関係上必要であったのみならず、英国にとっても、日米のこの点についての摩擦を回避し、そうすることによって英国が、日本と米国との間にはさまれて難しい立場に追いこまれないように処

理するという観点からも必要であった。(1)

つとに、日本の在米大使館は、日露戦争の講和問題との関連で米国政府と接触した際、韓国についての日本の立場を累次説明していた。

例えば、一九〇五年一月、高平在米公使は、大統領に対して次のように韓国についての日本の立場を説明し、了解を求めていた。(2) すなわち、韓国の政治的安定を図り、かつ朝鮮半島への外部からの悪影響を防ぐためには、日本は韓国を自己の勢力圏内におき、保護、監督、指導を行なうことが必要である、との考え方であった。

こうした考え方について日米間に明確な了解が成立したのは、いわゆる桂―タフト覚書によってであった。

かつてフィリピン総督であり、日露戦争期に陸軍長官であったウィリアム・タフトは、一九〇五年七月二五日、上下両院議員多数と共に来日したが、その際、桂太郎首相と会談した。

この会談において桂首相は、日露戦争の背景には、韓国が外国と条約を結び、国際的紛争をまねいたという事情があり、日露戦争後、日本は、そうしたことが再発せざるよう断固たる措置をとらねばならない旨のべた。(3)

これに対してタフトは、個人的意見と断りながらも、日本の同意なしに韓国が外国と条約を結ばざるために必要ならば、日本(軍)が韓国に宗主権を設定することは当然であるとの趣旨をのべ、右会談録は、ルーズベルト大統領の同意を得て、いわゆる桂―タフト覚書として、一種の日米間の了解となったのである。

ここで注意しておくべきことは、そもそもタフトの訪日の背景である。タフトはフィリピン視察の後日本に来訪し、しかもその主たる目的は、日露戦争後の日本のフィリピン政策を確かめるところにあった。このことは、いわゆる桂―タフト覚書の冒頭において、「米国内の親ロシア勢力は、日露戦争における日本の勝利はフィリピン諸島方面に対する日本の侵略の序曲ともいえるものになるのではないかとの危惧に言及し、続いて桂首相から、日本はそうした意図のないことを確認する言を得た」旨のべられていることから明らかである。

このように、桂―タフト覚書は、韓国に対する日本の保護権の行使と、フィリピンに対する米国の植民地支配とを相互に容認する外交的「取引」であったとみなし得る。

英国と日本が、各々インドと韓国に対する相互の政治的支配を認め合ったように、米国と日本は、韓国とフィリピンを「取引した」のである。いってみれば、日本の韓国に対する保護権、宗主権の行使は、日本を含む列強の植民地支配に対する相互承認と、その意味での国際秩序の現状維持への相互コミットによって可能となったのであった。

（1）英国が日本の韓国への卓絶な地位を承認したのは、米国もそれに同意していることを確認し、かつ、日米紛争が起こった場合には、英国は日英同盟の誼みはあるも、日本の側に立つわけではないことを（日本に対して）確認してから後のことであった。

（2）外務省編纂『日本外交年表並主要文書』原書房、一九六五年、二三二頁
（3）徳富猪一郎編『公爵桂太郎伝　坤巻』故桂公爵記念事業会発行、一九一七年、三一六―三一七頁

■第三次日韓協約への道

ひるがえって、第二次日韓協約を日本の韓国内政への関与の程度という観点からみれば、韓国内政、とりわけ治安や警察行政に日本が深く立ち入ることについて（この協約の条文上では）限界があった。また、皇帝の権限を日本の統監がどこまで制限できるかも明白ではなかった。

しかるにこの間、後述するように、日本の韓国保護国化に対する反対運動は高まりを見せ、また高宗は主権防衛のための密使派遣外交を行なって日本側を刺激した。

こうして、韓国内の治安維持を確保し、同時に皇帝の行動に制約を加えることが、日本側にとり焦眉の急と思われる状況となっていった。

このような状況の背後には、高宗の役割と韓国の近代化をめぐる政治的矛盾が奥深く存在していたと見なければならない。そうした政治的矛盾とは何であったか。

一つは、高宗政権、すなわち大韓帝国の誕生が、明治維新のような旧政権に代る全く新しい政権の誕生ではなく、古くからの李朝朝鮮そのものであり、その枠内で皇帝に権力を集中しようとしたため、政権内部に権力抗争が絶えず、それが逆に李完用《イワニョン》の如く、皇帝の譲位まで考える人々を生んでいたことである。

また、高宗が、皇帝権の正当性の確立の一環として儒教思想に依拠し、儒者の上疏を重んじる態度を示したことは、韓国の近代化と主権確立努力の裏にある矛盾のもう一つの側面であったといえよう。[1]

こうした矛盾をかかえた韓国情勢と、高宗の「主権守護外交」姿勢は、日本の世論を刺激した。加えて、韓国国内情勢をにらみながら漸進的に安定を図ろうとしていた伊藤博文統監の対韓政策は、とかく日本国内で「敵対視」され、かえって強硬論を煽る勢いとなっていた。

こうして、皇帝の主権維持政策の強化――韓国国内の民衆運動の激化と政情不安――日本国内の世論硬化――対韓強硬論――韓国側の主権維持政策の強化といういわば悪循環が生じつつあった。

かくて日本は、高宗がハーグへ密使を送ったことを一つの契機とみなし、皇帝の譲位を迫るとともに、内政面での日本の権限を強化する内容を盛りこんだ第三次日韓協約の締結に持ちこんだのであった。[2]

（1）この点については、金基奭「光武帝の主権守護外交、一九〇五―一九〇七年――乙巳条約の無効宣言を中心に」（海野福寿編『日韓協約と韓国併合』明石書店、一九九五年所収）

（2）この協約の全文は次の通り。

「日本国政府及韓国政府ハ速カニ韓国ノ富強ヲ図リ韓国民ノ幸福ヲ増進セムトスルノ目的ヲ以テ左ノ条款ヲ約定セリ

第一条　韓国政府ハ施政改善ニ関シ統監ノ指導ヲ受クルコト

第二条　韓国政府ノ法令ノ制定及重要ナル行政上ノ処分ハ予メ統監ノ承認ヲ経ルコト

第三条　韓国ノ司法事務ハ普通行政事務ト之ヲ区別スルコト
第四条　韓国高等官吏ノ任免ハ統監ノ同意ヲ以テ之ヲ行フコト
第五条　韓国政府ハ統監ノ推薦スル日本人ヲ韓国官吏ニ任命スルコト
第六条　韓国政府ハ統監ノ同意ナクシテ外国人ヲ官吏ニ傭聘セサルコト
第七条　明治三十七年八月二十二日調印日韓協約第一項ハ之ヲ廃止スルコト
右証拠トシテ下名ハ日本国政府ヨリ相当ノ委任ヲ受ケ本協約ニ記名調印スルモノナリ

明治四十年七月二十四日
大日本国統監　侯爵　伊藤博文　印

光武十一年七月二十四日
大韓国内閣総理大臣　李　完　用　印」

この日韓条約には秘密覚書があり、それには、地方裁判所や刑務所長への日本人の任命、各部次官への日本人の任命などがとりきめられており、韓国の内政が事実上日本の監督下におかれたことを如実に物語っている。

■韓国側の外交的、政治的抵抗の軌跡

日本による韓国の保護国化は、極東情勢をめぐる日本の外交的思惑と、韓国の内政についての日本の見方、そして日本の外交的、軍事的行動に関する英、米などの列強の態度という、三つの渦巻きによっておし進められた。しかし、そうした渦巻きや流れに対して韓国側は当然、政治的、外交的抵抗を試みた。いかなる抵抗が生じ、そしてそれはどうして挫折したのであろうか。

■日英同盟に対する韓国の反応

日本の韓国保護国化の流れの一つの大きな起点は日英同盟であったが、これに対して韓国の反応は、微温的であった。

日本は、日英同盟を、韓国に対して一九〇二年二月に通報すると共に、その際、日英同盟は、韓国（及び清国）の独立と領土保全を目的としており、韓国政府においては日韓両国を離間させようとする第三国の方策に乗せられぬよう要望した。

韓国政府（皇帝）は、日本の説明に若干の疑問を抱いたとされるが、結局日英同盟について（日本に対して）特段の異議や申し入れは行なわれず、また韓国において特段の抗議行動めいたことは生じなかった。

当時世界の注目をひき、また韓国にとっても大きな関心の的であったはずの日英同盟と、そこに盛りこまれた韓国に関連する条項について韓国側から抗議めいた行動が一切表れなかったのはなぜなのであろうか。

基本的には、当時の韓国の政権が、皇帝に権限が集中した体制（一八九九年八月に成立したいわゆる大韓帝国体制）であったことによるといえよう。すなわち韓国皇帝は、かつてのゆきがかり（一八九六年、皇帝は、民衆運動の鉾先から逃れる目的もあってロシア公使館に身を隠した経緯）もあり、ロシアに対して親近感を持ちこそすれ、敵対心はほとんど持っていなかったこともあって、日英を一方とし、ロシアを他方とする勢力のバランスが朝鮮半島においてできるだけ保持されることを想定し、そのバランスの上で、皇帝親政による韓国の近代化を進めようとしていたからであった。

いいかえれば、当時の韓国の政権は、日本と英国の韓国に対する「干渉」は、ロシアを牽制するために有益であり、またロシアの介入は、日本を牽制するために活用しうると考えていたとみられるのである。

他方、韓国における知識層及び一般民衆の反応がにぶかった背景には、知識層が伝統的な儒教思想に基づく復古主義（例えば断髪令の廃止や陰暦の部分的復活など）に傾いており、国際的政治感覚が鈍かったこと、また、韓国における外国の利権反対を運動の中心にすえていた独立協会の運動が、より民主的な立憲君主制を唱道する民権運動に発展することをおそれた韓国当局によって抑圧されたことなど、当時の韓国の内政が大きく影響していたと考えられる。

いずれにしても、日本にとって既に韓国は「列強との外交の道具」と化し、また韓国は、自己の近代化を独裁的皇帝権の強化という形で行なおうとし、そのために列国と妥協（列国間のバランス・オブ・パワーを利用）する道をたどっていたが故に、日英同盟は、日本と韓国との間で大きな外交政治問題にならなかったのであった。

■韓国側の抵抗

しかし、日英同盟後、日韓協約に至る過程における日本の外交的、政治的動きに対しては、韓国側から、いろいろな形の政治、外交的抵抗が生じた。こうした韓国の抵抗を概観すれば、ほぼ次の通りとなる。すなわち、一九〇三年末から一九〇四年にかけて交渉された日韓議定書については、韓国は、主として時間かせぎ、または引きのばし戦術で抵抗した。

例えば、一九〇四年冒頭、外務大臣署理李址鎔は、議定書の内容については皇帝も同意される方向になりつつある旨林駐韓国公使にのべる一方で議定書の署名は「国喪中は差控ゆるの外なかるべき旨」[1]のべて署名の引きのばしを図った。

続いて李址鎔は、議定書に調印したもののこれを公式に発効させるための手続きたる文書交換を拒否し、ソウル郊外へ退去する動きすら見せたのであった[2]。

こうした政府高官の遅延策も成功を見ず、日露戦争による日本の勝利によって、日本の立場が急速に強くなると、高宗を中心に、国際的な働きかけによる対日抵抗の動きが活発となった。

議定書が調印される直前、韓国当局は、出獄したばかりの李承晩《イスンマン》を米国に派遣し、日本の圧迫を米国大統領に訴えさせ、また一九〇五年十一月には、宮廷の御雇い教師で韓国に在住していたハルバートなる米人が折から米国に帰国していたことを利用して（いわば密使として）ルート国務長官に対し、日本の弾圧的行動の非を訴えさせたが、米国政府は、公式の外交使節の申し入れではないとしてとりあわなかった（いわゆるワシントン密使事件）。さらに一九〇七年六月、高宗は、再びハルバートと図って、有名なハーグ密使事件を演出した。すなわち、高宗は、かつて政府の要職をしめていた李相卨《イサンソル》、李儁《イジュン》にロシアのニコライ二世宛親書を託し、ロシアのあっせんによって折からオランダのハーグで開かれていた第二回万国平和会議に韓国代表の出席を認めて貰い、そこで韓国の主権喪失の危機を訴えようとしたのであった。

こうした国際的アピールの動きと並んで、韓国国内においても、各種の抗議行動があった。例えば一九〇五年には、侍従武官長の閔泳煥《ミンヨンファン》が自害して抗議、また第二次日韓協約締結時には首相級の高官趙秉世《チョビョンセ》が毒を仰いで抗議の自殺を図った。また一九〇六年春には、かつて政府の官吏であった閔《ミン》宗植《ジョンシク》や儒教学者として著名であった崔益鉉《チエイクヒョン》らが儒教の学生たちや農民と糾合して挙兵した。こうした反抗は一九〇七年から八年にかけても継続された。

しかし、こうした抵抗は、日本当局の弾圧もあって、年を追うとともに減退し、それに伴なって抵抗運動はテロ化し、一九〇八年、かつて韓国政府の外交顧問であったアメリカ人スティーブンスは、サンフランシスコで韓国人に狙撃されて殺され、一九〇九年十月にはハルピンで安重根が伊藤博文を暗殺するに至ったのであった。

韓国の抵抗運動が挫折した原因の一つは、元より日本当局の弾圧にあるが、加えて、抵抗運動の思想的源流が、主として反西洋、そして「洋倭」としての日本への反対と皇室の維持を掲げ、いわば現状ないし旧体制の維持にあったことにある。

同時に、日英同盟やポーツマス条約などによって、朝鮮が日本の特殊権益地域と認められていたという国際情勢の下では、韓国国内の抵抗運動が国際的連携を持つことが困難であったことも大きな要因の一つであったといえよう(3)。

（1）『日本外交文書第三七巻』第一冊第三六九文書

（2）同右、第三四〇文書

（3）なお、第三次日韓協約（一九〇七年）の段階で、日本が、そこまで保護国化をすすめながら何故「併合」までふみきらなかったかについては、当時の国際情勢や日本国内の意見が統一されていなかったことなどが要因として考えられる。また、「併合」は、日本国内の法律の適用の程度を始めとして実務上処置しなければならぬ問題があり、未だその基盤整備が着手されていなかったためではないかと考えられる。この点に関連し、外的要因については、森山茂徳『近代日韓関係史研究――朝鮮植民地化と国際関係』東京大学出版会、一九八七年、二一三頁、国内的要因については、伊藤之雄「伊藤博文の韓国統治と韓国併合――ハーグ密使事件以降」『法学論叢』第一六四巻、京都大学法学会、二〇〇九年所収、等に分析が見られる。

また、その後、日本が「保護国」化をこえて「併合」にまでふみきった理由は何か、とりわけその理由の一つに、各国が韓国に持っていた各種の特権を排除し、韓国を日本国内並みにすることがあったか否か、そしてまた、保護国化に伴って解体された韓国軍隊の兵士が不満分子化し、治安の混乱をまねきつつあったことをどのように評価するかの問題がある。これらは確かに「併合」にまで日本がふみきった背景の分析の上では無視できないと考えられるが、ここでは主として「保護国化」の動きを観察しているので本稿の分析の対象としていない。

また、同時に、ここで問題となるのは、韓国内に、日本との連合あるいは日韓併合にも表向き賛同する勢力があった点をどう評価するかの問題がある。例えば一進会である。

一進会は、後に李完用内閣の商工大臣となった宋秉畯《ソンビョンジュン》や東学党の幹部であった李容九《イヨング》らが組織したものであったが、一九一〇年には九万人をこえる会員を持つほどの大きな政治団体となっていた。

一進会は従来、日本が日韓併合をすすめるために組織した親日団体とみなされていたが（例えば韓、前掲書、三四一頁）、（日本がこの団体を巧妙に利用したことは事実としても）その会員数、さらには一進会が一九〇八年の時点では伊藤の意向を無視して、日韓併合を推進しようとし、伊藤の統監辞職を画策したことなどからいって、単純な親日団体とみなすことはできず、当時の外務省当局や日本軍の一進会への対応から見て、日本当局の完全な「かいらい」団体であったと考えることも困難である。

しからば、一進会に参集した人々、就中、その指導者たちの考えは何であったのか。

山辺健太郎は、その著『日韓併合小史』の中で、一進会の活動が盛んであった時期に朝鮮に滞在していた釋尾春芿の著『朝鮮併合史』を引用して、宋秉畯は日本と図ってクーデターをおこした金玉《キムオ》均《ジュン》をかくまったという科で韓国皇室を始め当時の韓国政府の要路ににらまれており、保身のために日本に接近したとみなしている。

元よりそうした個人的動機が存在したことは容易に想像されるが、十万人近かったとされる一進会会員の多くが、単なる個人の保身のために日韓併合への道を是認したとは考え難い。一進会のメンバーは断髪令を守って断髪しており、これに守旧派の儒生が（一進会に）強く反撥していたことなどを併せ考えると、一進会は、韓国の旧体制（ないし現状維持）に反対し、新しい形での韓国内政、経済の安定と発展を望んでおり、その手段として日本との連合ないし併合を利用しようとしたとも考えられる。いずれにせよ韓国内の「親日派」とよばれる人々の評価はなお今後の課題としてのこされているといえよう（一進会については多くの論文が存在するが、日本の外交当局及び軍との関係を客観的に分析したものとしては、林雄介「一進会の前半期に関する基礎の研究――一九〇六年八月まで」（武田幸男編『朝鮮社会の史的展開と東アジア』山川出版社、一九九七年、所収論文）及び同「一進会の後半期に関する基礎的研究――一九〇六年八月から解散まで」（学習院大学東洋文化研究所『東洋文化研究』一九九九年三月所収論文）が有益である）。

■植民地支配的考え方の背後にあったもの

韓国を日本の保護国とした（そしてやがて完全に日本に「併合」した）日本の外交、軍事政策の進行過程を分析すると、そこに、いくつかの大きな要因を感じ取ることができる。

一つは、韓国の内政ないし統治能力に対する強い不信感である。

どうしてこうした不信感が強まったか、その理由は軽々には結論づけ難いが、韓国における近代化のペースとそのやりかた、そして社会的反応、そしてそうした韓国情勢に関する国際的評価と関連していたことは疑いえないところである。

そして、韓国の近代化と内政の安定のためには、地理的に近い日本が、多くの責任を負わねばならぬとする考え方が、当の日本自身と列強によって共有されていたことが、背景となった。

そうした情勢の進展に対して、韓国側の抵抗が、十分有効に働かなかった背後には、抵抗運動の思想的限界と、国際的連帯の欠如といった要因が指摘できよう。

また、この場合、日本国内の政治思想や政治体制が、帝国主義的要素を多分にもち、韓国の抵抗運動と連帯する勢力が、日本国内でいたって虚弱であったことにも目を向けなければならないであろう。

そして、韓国に対する日本の「侵略的」外交政策は、それが、列強の力のバランスによる国際秩序の維持に基本的に合致すると列強が認める場合には許容され、また日本は、そうした許容ないし了解を取り付けるべく外交工作を展開したのであった。そこにおいて、日本のアジア外交は、実体的には、対欧米外交であり、アジアは、そうした外交の「道具」にすぎなかったと言っても言い過ぎではない。

あとがき

本書の、古代、中世の日本と東アジアとの関係について論じた部分の一部は、雑誌『東亜』（霞関会）に連載した「日本のアジア外交の系譜」（二〇〇八―二〇〇九年）により詳細な考察がなされているが、そうした過去のケーススタディの今日的意味づけについては、全く新しい視点から本書においてとりあげたものである。

また、一部については、雑誌『環』（藤原書店）に連載した「近代日本のアジア外交の軌跡」（二〇一〇―二〇一二年）に詳しい論考があるが、ここにおいても、現代の課題との関連性については、本書において新しく光りをあてたものである。

本書は、二〇〇〇年近くにわたる日本と東アジアとの関係にふれ、また近代についても、中国、韓国、インドなど、幅広く外交案件のケーススタディ的考察をおこなったものであり、先陣の研究成果に負うところが大きく、また、長期かつ広範なテーマに係わるだけに、幾多、調査、分析、考察の不十分な点があろうかと思われ、読者のご寛容とご批判を賜れば幸甚である。

最後に、本書は、日本で通常アジア外交を扱った論考とはかなり違った観点から、アジア外交を論じており、本書の上梓に当たっては、藤原書店藤原良雄社長の特段のご配慮をえたことに対して、ここに深く謝意を表するものである。

二〇一三年一月

小倉和夫

本書関連年表（二三八〜一九九五）

二三八	卑弥呼が魏に難升米らを派遣
四七八	倭王武（雄略天皇）が宋に遣使（四二一年〜倭の五王による遣使）
六〇七	聖徳太子が、隋に小野妹子らを派遣
六三〇	犬上御田鍬らが遣唐使（第一回）として遣わされる
六四六	高向玄理を新羅に派遣、新羅による任那の領有権を認知しないことを伝える
六五四	高向玄理が入唐、のち唐で没する
六六〇	白村江の戦い（唐・新羅連合軍と、日本及び百済の残存勢力との軍事衝突）
七〇二	遣唐使粟田真人が唐の人々の称賛をえる
七五九	藤原仲麻呂の新羅征討計画（〜七六一）
八〇四	遣唐使に最澄、空海らが同行
八九四	菅原道真の建白書により、約二〇〇年続いた遣唐使が廃止
九八三	奝然が入宋、太宗に天皇家が長年にわたって続いていることを説く
一〇七八	僧仲回が、一〇七三年の僧成尋の入宋による神宗の書と贈物への返礼を携え入宋

一二六〇	日蓮『立正安国論』
一二六六	元が日本へ初の使者
一二七四	文永の役（蒙古襲来）
一二八一	弘安の役（蒙古襲来）
一四〇一	足利義満が明に使節を送る（以降、一四〇八年頃まで相次いで遣使）
一五八三	イエズス会宣教師マテオ・リッチが広東で布教を開始
一五八七	豊臣秀吉による宣教師追放令
一五九二	豊臣秀吉が朝鮮半島に侵攻（文禄・慶長の役、〜九八年）
一六〇七	江戸時代で初めての朝鮮通信使（呂祐吉ら）
一六一六	明以外の船の入港を長崎、平戸に限定
一六三五	明の来航を長崎のみに限定
一六四四	清に滅ぼされた明が援兵を要請するが、幕府は拒否
一七一五	新井白石の正徳新令により、清との貿易が旧来の半分以下に制限
一八六一	松山藩の儒学者山田安五郎が中国山東方面と朝鮮への侵攻を説く
一八八二	壬午事変（守旧派の大院君が実験を握り、朝鮮への清国の関与が深まる）
一八八四	甲申事変（金玉均らによるクーデタ、日清の衝突）
一八八五	大阪事件。英国による朝鮮巨文島占拠事件。日－清の間に天津条約（日本軍の有事朝鮮駐留が認められる）
一八九三	乙未事変、閔妃暗殺

一八九四	日清戦争（〜九五年）。東学党農民運動
一八九五	日‐清の間に下関条約
一八九六	露‐支協定（日本を対象とする一種の攻守同盟）
一九〇〇	義和団事件
一九〇一	桂内閣成立、「韓国を保護国となす目的を達する」
一九〇二	第一次日英同盟
一九〇四	日露戦争（〜〇五年）。第一次日韓協約
一九〇五	第二次日英同盟。第二次日韓協約
一九〇七	第三次日韓協約
一九〇八	清国で反日運動、辰丸事件が起こる
一九〇九	安重根がハルピンで伊藤博文を暗殺
一九一〇	韓国併合に関する日韓条約調印
一九一一	第三次日英同盟。辛亥革命（孫文らが清朝支配に対して起こした革命）
一九一五	R・B・ボースが日本に偽名で入国、アジアの反植民地運動と国際的な連携を模索
一九一九	パリ講和会議（ベルサイユ講和会議）で日本代表が人種的差別待遇撤廃を提案するも否決
一九二五	対華二一ヶ条要求交渉
一九二七	南京事件。山東出兵（〜二八年）
一九二八	張作霖爆殺事件
一九三一	満州事変

一九四一	真珠湾攻撃、太平洋戦争始まる。モハン・シング大尉率いるインド国民軍が英国軍に反旗を翻す
一九四三	インド独立運動の指導者チャンドラ・ボースが大東亜会議のため来日、日本軍との共闘を強調
一九四四	インドでインパール作戦
一九四五	日本の敗戦
一九六五	韓国と国交正常化
一九七二	中国と国交正常化。金大中拉致事件
一九七九	朴正熙大統領暗殺、全斗煥が政権を掌握
一九八九	中国で天安門事件
一九九五	村山談話

（編集部作成）

な　行

は　行

ま　行

や　行

ら　行

わ　行

事項索引

ら　行

な　行

は　行

ま　行

や　行

さ　行

た　行

人名索引

あ　行

か　行

著者紹介

小倉和夫（おぐら・かずお）

1938年、東京都生まれ。東京大学法学部、英ケンブリッジ大学経済学部卒業。1962年、外務省入省。文化交流部長、経済局長、ベトナム大使、外務審議官（経済担当）、韓国大使、フランス大使などを歴任し、2002年11月に退任。2010年まで国際交流基金理事長、現在同顧問、青山学院大学特別招聘教授、立命館大学特任教授。
著書に『パリの周恩来――中国革命家の西欧体験』（1992年、中央公論新社、吉田茂賞受賞）、『日米経済摩擦――表の事情ウラの事情』（改訂版1991年、朝日文庫）、『「西」の日本・「東」の日本――国際交渉のスタイルと日本の対応』（1995年、研究社出版）、『中国の威信　日本の矜持――東アジアの国際関係再構築に向けて』（2001年、中央公論新社）、『吉田茂の自問』（2003年、藤原書店）、『名作から創るフランス料理』（2010年、かまくら春秋社）など。

日本《にほん》のアジア外交《がいこう》　二千年《にせんねん》の系譜《けいふ》

2013年2月28日　初版第1刷発行©

著　者　小倉和夫
発行者　藤原良雄
発行所　株式会社 藤原書店
〒162-0041　東京都新宿区早稲田鶴巻町523
電　話　03（5272）0301
FAX　03（5272）0450
振　替　00160-4-17013
info@fujiwara-shoten.co.jp

印刷・製本　中央精版印刷

落丁本・乱丁本はお取替えいたします
定価はカバーに表示してあります
Printed in Japan
ISBN978-4-89434-902-5

外務省〈極秘文書〉全文収録

吉田茂の自問

〈敗戦、そして報告書「日本外交の過誤」〉

小倉和夫

戦後間もなく、講和条約を前にした首相吉田茂の指示により作成された外務省極秘文書「日本外交の過誤」。十五年戦争における日本外交は間違っていたのかと問うその歴史資料を通して、戦後の「平和外交」を問う。

四六上製　三〇四頁　二四〇〇円
（二〇〇三年九月刊）◇978-4-89434-352-8

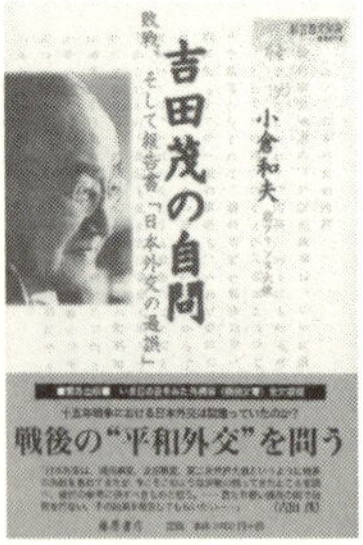

「在外」の視点による初の多面的研究

「在外」日本人研究者がみた日本外交

〈現在・過去・未来〉

原貴美恵編

冷戦後の世界秩序再編の中でなぜ日本外交は混迷を続けるのか？　「外」からの日本像を知悉する気鋭の研究者が「安全保障」と「多国間協力」という外交課題に正面から向き合い、日本の歴史的・空間的位置の現実的認識に基づく、外交のあるべき方向性を問う。

Ａ５上製　三一二頁　四八〇〇円
（二〇〇九年七月刊）◇978-4-89434-697-0

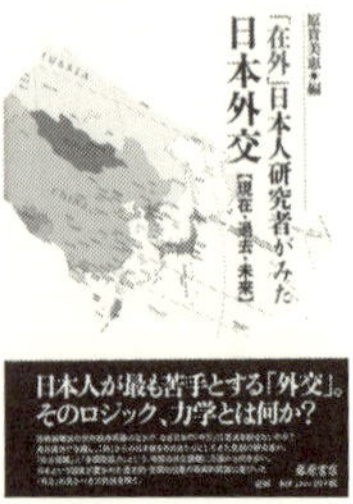

二十一世紀日本の無血革命へ

新しい「日本のかたち」

〈外交・内政・文明戦略〉

武者小路公秀編

川勝平太・姜尚中・榊原英資・武者小路公秀

外交、政治改革、地方自治、産業再生、教育改革…二十世紀末から持ち越された多くの難題の解決のために、気鋭の論客が地方分権から新しい連邦国家の形成まで、日本を根底から立て直す具体的な処方箋と世界戦略を提言。

四六並製　二〇八頁　一六〇〇円
（二〇〇二年五月刊）◇978-4-89434-285-9

新しい「国連」をめざして

国連の限界／国連の未来

J-M・クワコウ

池村俊郎・駒木克彦訳

元国連事務総長のスピーチライターを務めた著者が呈示する〝国連〟の未来像、そして日本が提示しうる国連像とは？　「日本は、安全かつ公正な世界の実現に貢献できる、またとない位置にある」（クワコウ）。

四六上製　三一二頁　三〇〇〇円
（二〇〇七年五月刊）◇978-4-89434-570-6